DINHEIRO, DINHEIRO

JOÃO SAYAD

Dinheiro, dinheiro

*Inflação, desemprego,
crises financeiras e bancos*

1ª reimpressão

Copyright © 2015 by João Sayad
A Portfolio Penguin é uma divisão da Editora Schwarz S.A.

Grafia atualizada segundo o Acordo Ortográfico da Língua Portuguesa de 1990, que entrou em vigor no Brasil em 2009.

PORTFOLIO and the pictorial representation of the javelin thrower are trademarks of Penguin Group (USA) Inc. and are used under license. PENGUIN is a trademark of Penguin Books Limited and is used under license.

CAPA Ciro Girard

PREPARAÇÃO Marina Vargas

ÍNDICE REMISSIVO Luciano Marchiori

REVISÃO Isabel Jorge Cury
Valquíria Della Pozza

Dados Internacionais de Catalogação na Publicação (CIP)
(Câmara Brasileira do Livro, SP, Brasil)

Sayad, João
 Dinheiro, dinheiro : inflação, desemprego, crises financeiras e bancos / João Sayad. — 1ª ed. — São Paulo : Porfolio Penguin, 2015.

 ISBN 978-85-8285-017-6

 1. Bancos 2. Capitalismo 3. Crises financeiras 4. Desemprego 5. Dinheiro 6. Inflação 7. Mercado de capitais 8. Política econômica 9. Política monetária I. Título.

15-02690 CDD-332.4

Índice para catálogo sistemático:
1. Dinheiro : Economia 332.4

[2016]
Todos os direitos desta edição reservados à
EDITORA SCHWARCZ S.A.
Rua Bandeira Paulista, 702, cj. 32
04532-002 — São Paulo — SP
Telefone: (11) 3707-3500
Fax: (11) 3707-3501
www.portfolio-penguin.com.br
atendimentoaoleitor@portfolio-penguin.com.br

O banqueiro:
"Tenho um olho de vidro. Qual é? Se você adivinhar, empresto o dinheiro."
O amigo, desesperado por um dinheiro emprestado:
"O olho esquerdo. Brilha mais e tem mais vida que o outro."
Marshall Sahlins

Sumário

Introdução 11

I. O DEBATE ENTRE KEYNES, OS CLÁSSICOS E SEUS HERDEIROS

1. A síntese neoclássica............................ 19
2. O produto nacional 23
3. O lado real..................................... 28
4. O lado monetário............................... 33
5. O equilíbrio — mercado monetário e mercado real ligados pela taxa de juros................... 37
6. Desemprego e salários nominais rígidos 42
7. Como se faz política monetária nos modelos dos economistas............................... 45
8. A reação monetarista........................... 51
9. A quantidade ótima de dinheiro para os monetaristas: uma proposta radical 57
10. Moeda e crédito 60
11. A reação novo-clássica 66

12. A nova política monetária: o regime de
    metas de inflação 72
13. Os novos keynesianos........................... 79
14. Duas visões sobre o dinheiro................... 82

II. BANCO CENTRAL, MERCADOS MONETÁRIOS E MERCADOS
    FINANCEIROS
15. Currency School e Banking School.............. 89
16. Uma economia nominal 94
17. Crises financeiras ou economia planejada? 97
18. A hierarquia dos dinheiros.................... 100
19. A produção de liquidez — os dealers 104

III. O QUE É DINHEIRO?
20. O que é dinheiro — Keynes e Kaldor 111
21. Bitcoins 117
22. Uma moeda mercadoria 120
23. Respostas mais interessantes 130
24. O que é dinheiro? Georg Simmel 133
25. Arqueologia do dinheiro 137
26. O dinheiro em Marx 141
27. O dinheiro como mito 143
28. Antropologia do dinheiro — A violência da
    moeda e o desejo dos outros 149

IV. EVENTOS ESPETACULARES
29. O que causa inflação?......................... 159
30. Os custos da inflação 167
31. A hiperinflação alemã: 1920-3................. 175
32. A Grande Depressão de 1930................... 184
33. A inflação latino-americana 194
34. Não existe inflação de custo.................. 200

35. A inflação brasileira 205
36. O Plano de Ação Econômica do Governo (Paeg) e a indexação 213
37. A economia indexada 218
38. Desindexação ou indexação total 229
39. O Plano Real 236
40. Como funciona o regime de metas de inflação 241
41. Como as taxas Selic influenciam a economia 243
42. Taxas cambiais fixas e flutuantes 246
43. Regime de metas de inflação e taxas cambiais flutuantes 251
44. Mudança de regime: um exemplo prático do que é dinâmica 257
45. Por que as taxas de juros reais no Brasil estão entre as mais altas do mundo? 260
46. O sistema financeiro internacional depois de 1973 264
47. A crise de 2007-8 274
48. A regulamentação e a desregulamentação dos mercados financeiros 281
49. A crise na zona do euro 284
50. Monetaristas e keynesianos nas reações às crises 291

V. SÍNTESE E CONCLUSÕES
51. O debate 297
52. Uma economia monetária 302
53. As crises 305
54. À guisa de conclusão 307

Apêndice 313
Notas 317
Índice remissivo 333

Introdução

Ônibus, 3,50 reais; cafezinho, três reais; a casa, 2 milhões de reais; a festa de casamento, 20 mil reais; o divórcio, uma pensão mensal de 5 mil reais; o enterro, 3 mil reais. A vida é expressa em reais.

Este livro trata desses números. Trata de dinheiro, preços, inflação, crises financeiras e bancos.

Trata de uma instituição fundamental da economia capitalista, da sociedade em que vivemos há mais ou menos quatrocentos anos.[1] Sem dinheiro não há economia capitalista.[2] Como tudo o que é habitual, colado ao cotidiano, é difícil de ser compreendido. "Os peixes não sabem o que é água."

O tema é controverso e movimentado por debate infindável entre economistas clássicos, keynesianos e marxianos, ou, no Brasil, entre monetaristas e estruturalistas e depois entre neoliberais e desenvolvimentistas, também chamados de heterodoxos. Em diferentes períodos da história, participantes do debate foram batizados com nomes diferentes e as posições teóricas foram modificadas por mudanças históricas na economia — do Império Vitoriano até o fim da Primeira Grande Guerra, a hegemonia americana desde o fim da guerra até hoje, a volta do pensamento conservador a partir do governo Reagan, a globalização financeira na segunda metade do século xx, a crise financeira de 2008 e a ameaça à hegemonia do dólar atualmente.

Enquanto os macroeconomistas debatem sobre qual a melhor política monetária para estabilizar o valor da moeda ou manter o nível de emprego, a organização do mercado monetário e de capitais é um problema em si mesmo, independentemente do impacto que tenha sobre a estabilidade do valor da moeda e o emprego. Aparentemente, as crises espetaculares de 1929 e a crise recente de 2007-8 surgiram a partir do setor financeiro. Desde a criação do Banco da Inglaterra economistas se dedicam a estudar e propor a melhor forma de organizar e regular o mercado monetário.

O objetivo deste livro é apresentar o debate que, apesar de diferente em cada momento, tem uma tradição comum e conceitos que se repetem.

No caso de ciências maduras, particularmente as ciências exatas e as ciências da natureza, o livro-texto se baseia no último paradigma, na última visão de mundo que orienta os pesquisadores de um determinado campo de conhecimento. Em biologia, o livro-texto falaria do DNA e de pesquisas cujo objetivo é testar e investigar os pressupostos desse paradigma.

A economia não é uma ciência madura. Não existe um paradigma vencedor, ainda que em diversos momentos um paradigma seja hegemônico com relação aos demais, que todavia sobrevivem e organizam a discussão contemporânea sobre qual a melhor regra de política monetária ou sobre qual a melhor forma de organizar o sistema bancário e financeiro.

Dos três vencedores do prêmio Nobel de economia em 2013, dois são responsáveis por teorias diametralmente opostas sobre o funcionamento do mercado de capitais.[3] O sobrinho-neto do instituidor do prêmio propôs em entrevista jornalística o fim do prêmio Nobel de economia. A proposta mostra o desconforto com a classificação da economia como ciência ao lado da física, medicina e química. Mas existe o prêmio Nobel de literatura. E ninguém imagina que não se possa dá-lo a Gabriel García Márquez e a Mario Vargas Llosa ao mesmo tempo.

Economistas podem concorrer ao prêmio Nobel assim como escritores e poetas. São premiadas diferentes narrativas, diferentes histórias sobre o funcionamento da economia que acabam se tornando "as melhores regras" para controlar a política monetária ou organizar a economia.

Por isso, neste livro analisamos as diversas teorias monetárias como se fossem diferentes narrativas sobre o mesmo tema fundamental da economia capitalista.

Em economia não se pode escolher entre diferentes narrativas pelo seu teor de "verdade". Porque a "verdade" que se procura é resultado da própria narrativa e da aplicação dessa teoria ao mundo. Os testes econométricos, ainda que cada vez mais poderosos e sofisticados, não permitem escolher definitivamente entre as diversas teorias. Deirdre McCloskey desafiou a postura científica dos economistas. A economia seria uma ciência da retórica, em que os economistas, como os advogados, polemizam sobre temas usando técnicas de retórica.[4] Mas sem direito processual, jurados ou juízes.

Talvez o mesmo problema ocorra com todas as teorias científicas. Mas, no caso da economia, a decisão de tratar "monetarismo" e "keynesianismo" como narrativas concorrentes que não podem ser escolhidas como mais ou menos verdadeiras parece mais fácil de aceitar. Essa é a estratégia escolhida para a elaboração do livro.

Podemos falar em três paradigmas básicos. O paradigma clássico de autores como David Ricardo, Adam Smith e John

Stuart Mill, que justificam e defendem a economia de mercado e o capitalismo que viam nascer como a melhor forma e a alternativa natural para organizar a sociedade humana. O paradigma marxiano, que tenta desvendar a ideologia da economia capitalista ou descobrir o verdadeiro sentido dos conceitos da economia capitalista, que é entendida como apenas uma forma de organizar a sociedade que será superada no futuro por outras formas de organização. O paradigma keynesiano, que, inspirado na crise de 1930, tenta "salvar" a economia capitalista dos seus próprios defeitos.

O debate entre paradigmas, particularmente entre o marxiano e o clássico, é episódico e produziu debates que se encerraram sem conclusão (a tendência declinante do lucro, a possibilidade lógica de tratar o capital como um agregado, por exemplo). O debate entre keynesianos e clássicos é o mais frequente neste livro, ainda que o conceito de dinheiro de Marx seja fundamental para a teoria monetária.

O debate é infindável. A economia capitalista está associada ao mesmo tempo às crises de desemprego e inflação, à concentração de renda, ao crescimento rápido da produção e à prosperidade material. Mais recentemente, é acusada de usar recursos naturais como ar, água e a diversidade da vida como se fossem bens privados, colocando em risco a sustentabilidade da existência humana no planeta. Há um debate permanente entre esquerda e direita, entre defensores dessa forma de organização da economia e de outras formas. E esse debate se repete no caso do dinheiro — entre monetaristas e seus críticos. Não há vencedores definitivos — como numa ópera, conservadores são os barítonos trágicos e misteriosos que assombram com a intimidação do fim da liberdade. Outras formas de organização ameaçam a democracia e a prosperidade material. Os tenores keynesianos fazem o papel de heróis de voz clara, que cantam árias racionais e afirmam que, sem reformas ou políticas que atenuem o vigor do capitalismo, esse mesmo vigor acabará por ameaçar a ordem capitalista. Há ainda um coral de marxianos que esperam por uma nova forma de organização da economia que superará todas as vicissitudes do capitalismo. A ópera dura séculos. O livro pode ser visto como uma apreciação musical que pretende oferecer aos leitores a possibilidade de entender e acompanhar melhor o espetáculo que ocupa visível ou invisivelmente os discursos dos políticos, os editoriais da imprensa, os jornais especializados em economia, a universidade e as eleições.

Se mostrássemos a uma tribo africana uma escultura de Picasso que provocou escândalo no século passado, não haveria escândalo ou surpresa. Se um músico das ilhas Fiji ouvisse Beethoven e Schoenberg, não sabemos qual composição lhe agradaria mais ou qual lhe causaria mais espanto. Para apreciar Picasso ou Schoenberg é preciso conhecer o artista ou os princípios estéticos que cada um tentou ultrapassar.

A mesma coisa acontece com teoria monetária. É preciso conhecer os "princípios básicos" ou as hipóteses mais importantes de uma teoria ou visão de mundo para apreciar a modificação ou a correção apresentada por ela.

Neste livro, começamos com a síntese neoclássica desenvolvida após a publicação da *Teoria geral do emprego, do juro e da moeda*, de John Maynard Keynes. A síntese neoclássica interpreta a teoria keynesiana, incorporando a "revolução keynesiana" aos modelos clássicos. Como resumo de pensamento neoclássico após a publicação da *Teoria geral*, é com base nela que escolhemos apresentar o debate sobre dinheiro. É também com base nela que políticos, jornalistas e economistas debatem os melhores rumos da política econômica. A síntese neoclássica é considerada uma distorção do pensamento de Keynes pelos keynesianos. E uma complicação desnecessária pelos monetaristas. Mas é ponto de convergência entre paradigmas diferentes e sobre o qual se sustenta entre leigos a discussão sobre política monetária e fiscal.

O livro está organizado assim: primeiro, revemos rapidamente o conhecimento básico, isto é, a interpretação neoclássica. Depois apresentamos o debate entre monetaristas e neoclássicos que marcou a discussão em meados do século XX e o debate entre novos clássicos e novos keynesianos agora.

Na segunda parte apresentamos os economistas preocupados com o funcionamento dos mercados monetários e de capital.

Na terceira parte, discutimos moeda e dinheiro segundo os clássicos, os sociólogos e os antropólogos e o conceito de moeda em Marx.

O século XIX produziu os três mestres da suspeição: Marx com a ideologia, Freud com o inconsciente e Nietzsche com a genealogia da moral. No século XX, o estruturalismo foi sucedido pelo pós-estruturalismo, e filósofos como Foucault e Derrida puseram a razão em xeque. As artes passaram às instalações e performances que ainda nos espantam. A economia, a ciência lúgubre (*dismal Science*), permaneceu isolada de tantas reviravoltas e, ao contrário, radicalizou a hipótese de racionalidade e o formalismo matemático. Na terceira parte do livro tentamos aliviar esse isolamento, trazendo a antropologia, a sociologia e a semiologia para enriquecer a conversa sobre dinheiro.

Na quarta parte, estudamos os casos de crise extrema na economia capitalista, particularmente nos mercados monetário e financeiro: a hiperinflação alemã de 1923, a crise de 1930, a experiência inflacionária brasileira e os planos de reforma monetária, a globalização financeira, a crise de 2007 e a crise da nova moeda, o euro.

I. O DEBATE ENTRE KEYNES, OS CLÁSSICOS E SEUS HERDEIROS

1. A síntese neoclássica

A *Teoria geral* de Keynes provocou uma revolução no pensamento econômico. Argumentou que o desemprego poderia ser uma característica estável da economia capitalista se o governo não implementasse políticas que alterassem seu andamento. A crise de 1930 já durava seis anos e havia afetado a economia do mundo inteiro quando Keynes lançou o livro que propõe a utilização das políticas monetária e fiscal para atenuar o problema do desemprego.

As ideias de Keynes foram apresentadas inicialmente, de forma segmentada, em seminários na London School of Economics, onde estava também o economista austríaco Friedrich Hayek, convidado especialmente para combater as ideias ainda iniciais de Keynes.[1] Hayek argumentava que tentativas de intervenção criariam uma solução efêmera que não resolveria o problema. Desemprego e baixo nível de atividade teriam que ser resolvidos espontaneamente pelo funcionamento do mercado.

Hayek não dominava a língua inglesa e expunha modelos de difícil compreensão. Keynes, professor em Cambridge, era um polemista notável que já havia ocupado posições de destaque no governo inglês. O debate foi dominado por Keynes, e o pensamento de Hayek só foi resgatado muito mais tarde, nos últimos trinta anos do século XX. Hayek temia que a intervenção governamental acabasse transformando a economia capitalista numa sociedade totalitária, como estava vendo acontecer na Alemanha nazista e na União Soviética stalinista. Keynes argumentava que a redução do desemprego por meio de políticas governamentais era necessária exatamente para evitar os desastres nazista e stalinista. Como pensamento revolucionário, demandou tempo para que fosse compreendido. No Brasil, até o início dos anos 1960, disciplinas de macroeconomia se resumiam a aulas de contabilidade nacional. A agregação de variáveis econômicas como o Produto Interno Bruto (PIB), o Produto Nacional Bruto (PNB) ou a renda nacional era uma atividade complexa e não fazia parte, naquela época, do currículo universitário nem figurava em matérias jornalísticas ou discussões políticas. No mundo dos economistas em geral a mesma dificuldade estava presente. Em 1937, John Hicks apresentou um modelo, chamado posteriormente de IS-LM,[2] no qual sumarizava as ideias de Keynes. Foi uma apresentação simplificada da *Teoria geral* que permitiu a difusão das ideias de Keynes.[3]

O modelo é estático, isto é, apresenta pontos de equilíbrio do mercado, deixando de lado o tempo que o mercado necessitaria para se ajustar e chegar a um novo equilíbrio. Um modelo estático mostra pontos de equilíbrio como se fossem fotografias de duas situações diferentes (uma situação de pleno emprego, por exemplo, e uma situação de desemprego) sem levar em conta a trajetória para o novo equilíbrio e se este seria alcançado. A afirmação de Keynes de que "no longo prazo, estaremos todos mortos", uma afirmação sobre o tempo de ajuste, não pode ser demonstrada no modelo.

No caso da teoria monetária, o argumento clássico é que um aumento na oferta de meios de pagamento representaria um aumento no nível geral de preços. Se a quantidade de moeda aumentasse 10%, os preços no novo equilíbrio aumentariam 10% e o aumento teria sido inócuo. Não é considerado o que ocorre durante os dois equilíbrios, isto é, como a inflação entre os dois períodos poderia alterar o resultado.

Keynes afirma que os investimentos são determinados pelos *animal spirits*, isto é, pelos humores da alma (*animal*), como a bílis, o sangue e outros humores (*spirits*) que, na medicina antiga, explicariam as doenças e o temperamento das pessoas. O destino da economia depende dos investimentos. Assim, crescimento e desemprego estavam à mercê desses humores. O destino da economia capitalista dependia da volubilidade do ânimo dos capitalistas. No modelo neoclássico, a demanda de investimentos é apresentada como uma função decrescente da taxa de juros, deixando de lado a volatilidade das decisões de investir.

O modelo é uma "teoria geral" que inclui todos os casos: o caso clássico, o caso keynesiano e situações extremas como as crises financeiras. É uma teoria unificadora que trata o caso clássico como caso especial. Assim como a teoria da relatividade geral abrange a mecânica newtoniana como caso especial. Além disso, a teoria keynesiana e a interpretação neoclássica tratam de uma economia fechada, isto é, de uma economia com pouca mobilidade de capital financeiro entre diferentes países, na qual importação e exportação são deixadas de lado.

Os monetaristas criticam a teoria keynesiana como explicação da crise de 1930. Keynes não deveria ter-se dado a tanto trabalho para explicar o desemprego na Inglaterra, que, para eles, resultava antes da taxa cambial sobrevalorizada da libra do que das modificações teóricas apresentadas por Keynes. Somente nos anos 1980, os livros-texto passam a tratar da economia como um sistema aberto que exporta, importa e no qual o dinheiro pode se movimentar entre diferentes economias nacionais.[4]

A teoria keynesiana é analisada com base em um modelo de equilíbrio geral em diferentes mercados. A economia é composta de três mercados: o mercado dos produtos, o PIB, o mercado da moeda e o mercado de trabalho. O desequilíbrio em um desses mercados representa desequilíbrio em outro. Vale a lei de Walras: a soma dos desequilíbrios é igual a zero. Um excesso de oferta no mercado de dinheiro gera excesso de demanda no mercado de bens (PIB), ou um excesso de oferta de mão de obra gera excesso de oferta no mercado de produtos. E o desequilíbrio desses mercados pode ser resolvido por variações nos preços de cada um: variações na taxa de juros, no salário nominal ou no nível geral de preços.

Por essas razões, o modelo é tido como uma simplificação e uma versão atenuada da teoria keynesiana. Na *Teoria geral* de Keynes as variações de preços em cada um desses mercados podem levar ou não ao equilíbrio. Mas é essa versão do pensamento keynesiano que será apresentada pelos livros-texto de economia, como a *Introdução à análise econômica*, do professor Paul Samuelson, e que será divulgada nas faculdades de economia.[5] Torna-se a base comum de análise macroeconômica entre jornalistas, economistas e autoridades encarregadas de formular políticas econômicas.

2. O produto nacional

O modelo de equilíbrio geral tem como objetivo explicar o comportamento do PIB e do nível de emprego e como as políticas monetária e fiscal podem alterar esses valores. A inflação pode ser tratada pelo modelo, mas não é a sua preocupação fundamental. Estamos em 1937 e os problemas principais são a deflação e o desemprego.

O PIB é o valor agregado da produção de todos os bens e serviços da economia durante um ano. É uma variável-fluxo (como a quantidade de água que sai de uma torneira por minuto): produção por ano, renda nacional por ano. E é variável real, isto é, mede a produção de bens e serviços, coisas que exigem esforço para serem produzidas e têm utilidade, isto é, atendem à demanda dos consumidores e das empresas.

O PIB pode ser consumido, investido, exportado ou importado. É plástico, isto é, pode se converter em consumo, em poupança (não consumo) ou em investimento. Essa medida só pode ser aplicada a uma economia complexa e moderna na qual a produção pode ser alterada, produzindo-se mais geladeiras hoje e menos automóveis, ou mais soja e menos canhões, sem grande alteração de preços relativos. Ao medir a produção como um agregado, o modelo deixa de lado as questões microeconômicas; abandona as árvores para considerar a evolução da floresta, não importa se uma floresta de carvalhos ou de aroeiras. O que interessa é o tamanho total da floresta, independentemente de seus componentes.

Trata-se portanto de medida construída para uma economia complexa. Não poderia ser utilizada para medir o nível de atividade de uma tribo indígena do Brasil ou da civilização egípcia. Aliás, não há por que se preocupar com o nível de atividade nesses casos. Não há desemprego nem variações do nível de atividade que precisem de correção. Não deveria ser utilizada para uma economia como as antigas economias da América Central especializadas na produção de bananas, nem para o Brasil quando o café era o produto mais importante da economia brasileira. Nesses casos, o PIB representaria principalmente a produção de um bem só, café ou bananas, que deveriam ser estudados como mercados específicos.

A macroeconomia tem preocupações específicas — o nível de atividade e o desemprego — que não fazem parte das preocupações de uma economia primitiva. Mais tarde, o PIB passa a ser considerado uma medida do nível de bem-estar e é substituído por outros índices, como o Índice de Desenvolvimento Humano (IDH). Mas a preocupação fundamental da medida se refere ao emprego e à possibilidade de que a economia esteja produzindo abaixo do que poderia produzir.

A possibilidade de desemprego e baixa produção não faz parte da agenda dos clássicos, para os quais a produção estaria sempre em pleno emprego e produzindo o máximo possível. Para o pensamento clássico, a economia capitalista é racional — produz bens e serviços para atender às necessidades de consumo da população. Os bens são escassos, a demanda é insaciável e não poderia haver "excesso" de mão de obra ou capacidade ociosa.

Quem produz alguma coisa além do que necessita para o consumo próprio produz porque quer trocar por outra coisa ou, na linguagem da lei de Say, a oferta (a decisão de produzir) cria a sua própria demanda. O oleiro produz tijolos para comprar trigo e o fazendeiro produz trigo para comprar tijolos. Ninguém trabalharia para produzir e ficar com dinheiro guardado debaixo do colchão. Trabalhar para juntar dinheiro e não para trocar por outros bens e serviços seria comportamento patológico e excepcional.

É a existência do dinheiro que nos permite falar em PIB. Pois para somar diferentes produtos é preciso somar maçãs e laranjas e canhões, e essa soma só pode ser feita através de um denominador comum, os preços, que são expressos em dinheiro. Além disso, a possibilidade de haver desemprego depende da existência de dinheiro.

Para os clássicos, o dinheiro é apenas um expediente que facilita as trocas. O dinheiro poderia ser qualquer produto — maçãs ou laranjas — e o produto nacional poderia ser medido em termos de frutas. Se uma maçã pode ser trocada no mercado por duas laranjas, uma economia que produz dez maçãs e dez laranjas por ano teria um produto nacional bruto equivalente a quinze maçãs ou trinta laranjas por ano. O dinheiro é uma convenção simples. No fim dos tempos, quando a economia capitalista fechasse o balanço pela última vez, não haveria ninguém com saldo de dinheiro em caixa. Pois o dinheiro é um expediente que facilita as trocas e não tem outra utilidade a não ser essa.

Na teoria keynesiana o dinheiro é mais importante. Além de facilitar as trocas, é unidade de conta e reserva de valor, isto é, todos os bens têm preços expressos em dinheiro, que pode ser acumulado para ser trocado mais tarde ou no momento oportuno por bens e serviços. Em Marx, a escolha de um produto como representante geral do valor de cada mercadoria muda a sua natureza. Ele deixa de ser um produto como outro qualquer e passa a ser o representante geral do valor. É uma mercadoria abstrata entre várias mercadorias singulares. Como se entre os bois no pasto existisse "o boi", que existe apenas no mundo ideal das formas de Platão.[1] No final dos tempos, quando a economia capitalista fizesse o seu último balanço, haveria grande saldo de dinheiro retido em caixa. Se o final fosse previsto, os saldos de caixa, de dinheiro como representante geral do valor, seriam muito grandes — talvez maiores do que em tempos normais por causa da incerteza criada pela ameaça do fim da economia capitalista.

Tudo o que é produzido é distribuído como rendas — salário, aluguéis e lucro. Lucro é a diferença entre o pagamento dessas rendas e o valor do produto nacional. Portanto, o produto nacional é sempre igual à renda nacional.[2] A renda nacional pode ser consumida ou não. A parcela não consumida se chama poupança. Numa economia sem dinheiro, a parcela da renda não consumida, a poupança, é sempre investida, isto é, transformada em máquinas, estoques, casas, ou seja, vira investimento.

Numa economia com dinheiro e outros ativos financeiros, o que não é consumido pode ser guardado no banco. E o banco pode emprestar para quem queira gastar acima da sua renda anual ou investir. Ou não. Se o dinheiro distribuído como renda nacional não é gasto, a lei de Say não funciona. A oferta cria demanda por bens e dinheiro. E a demanda por dinheiro pode ser transformada em investimentos ou não. Se não for, teremos uma oferta agregada de bens e serviços maior do que a demanda agregada. Oferta maior do que demanda gera ou queda dos preços ou desemprego. Essa é a preocupação keynesiana. O problema keynesiano de desemprego ou falta de demanda agregada está localizado na especialização entre poupadores e investidores. Como são pessoas diferentes, é o funcionamento do mercado monetário que está no centro do problema.

Só existem macroeconomia, desemprego e inflação porque existe dinheiro. Na Universidade de Chicago, onde predomina o pensamento monetarista, o curso de macroeconomia é chamado apropriadamente de "Money". O professor Milton Friedman, da Universidade de Chicago, afirmava que "as pessoas trabalham para viver", e não vivem para trabalhar. Na proposta keynesiana, em economias capitalistas as pessoas podem "viver para trabalhar", isto é, trabalhar para ganhar dinheiro e não para comprar bens e serviços. Marx afirma a mesma coisa quando diz que "o sujeito é o capital". Ou seja, o que move a economia capitalista é o capital que sempre procura se valorizar. E não os desejos dos consumidores.

Se o dinheiro fosse representado por algum bem que exigisse grande quantidade de trabalhadores e máquinas para ser produzido, se fosse representado por pirâmides ou maçãs, o problema macroeconômico de desemprego e inflação não existiria. A demanda por dinheiro geraria demanda por pirâmides e maçãs, que seria atendida pela produção de bens, um bem específico, e o excesso de oferta ou falta de demanda agregados não existiriam. O dinheiro seria parte do mundo real e não do mundo simbólico ou imaginário. A presença do dinheiro como instituição mais importante da economia capitalista é que permite a existência de desemprego e inflação. A economia não consegue explicar por que o ouro ou outros objetos que estão fora da vida econômica são a expressão material do dinheiro.

3. O lado real

Na síntese neoclássica a economia é analisada sob dois aspectos. O lado real é a demanda agregada por bens e serviços: a demanda de bens de consumo e a demanda de investimentos. São variáveis-fluxo — consumo por ano, investimento por ano.

O lado monetário trata de variáveis-estoque (a quantidade de água contida em um reservatório) — a demanda de moeda e a oferta de dinheiro. São variáveis-estoque a quantidade existente de dinheiro em determinado ano, a demanda de dinheiro em determinado ano descritas pela curva LM. A produção e a renda são variáveis-fluxo. Produto nacional por ano, renda nacional por ano. (E não produto nacional *no* ano.)

O consumo depende da renda ou do nível de produção. Mais produção e mais renda aumentam o consumo. Mais consumo ou mais demanda agregada aumentam a produção, que novamente aumenta o consumo. Existe um efeito de realimentação do consumo sobre a renda e da renda sobre o consumo. Mais produção gera mais consumo e mais consumo gera mais produção. O resultado dessa dependência poderia ser indeterminado, infinito. Não é. Porque a propensão a consumir, a parcela da produção que é destinada ao consumo, é menor do que um. Se a propensão marginal a consumir, isto é, a parcela adicional (marginal) de consumo, for 0,8, a cada cem reais de renda a mais o consumo cresce mais oitenta. Assim, cem reais a mais de produção aumentam o consumo em oitenta. O consumo adicional de oitenta aumenta a produção e a renda em mais oitenta. E o consumo aumenta novamente em 0,8 de oitenta, ou seja, 64. Os 64 de consumo adicional geram produção adicional de 64 e consumo adicional de 0,8 de 64, ou seja, 51,2. Então cem reais a mais de renda geram uma soma com um número infinito de acréscimos de consumo.

A soma de um número infinito de parcelas cada vez menores tem um valor limitado. Como se construíssemos um morro de areia, juntando parcelas cada vez menores de areia. Primeiro, uma pá. Depois, 80% de uma pá, depois, 64% de uma pá, e assim por diante. O construtor nunca para de adicionar pás de areia ao morro. Mas as pás contêm cada vez menos areia. No limite, depois de um longo tempo, estará adicionando grãos a um monte de areia já grande. Depois, frações de um grão de areia. O morro não cresce mais aos nossos olhos, embora cresça se medido em milésimos de grão de areia. Se medido em centímetros, chega a um limite fixo. A soma de infinitas pás de areia que contêm cada vez menos areia não é infinita, tem um limite e um tamanho específico quando medida em centímetros.

O mesmo raciocínio se aplica a cem reais a mais de consumo. Um aumento inicial de cem reais no consumo gera aumentos de produção e de renda cada vez menores (porque cada consumidor gasta apenas 80% do acréscimo de renda), e no final a renda total é de quinhentos reais a mais de demanda agregada.[1] Esse é o multiplicador de demanda agregada que levou tempo para ser compreendido e explicado e que faz parte hoje do discurso dos empresários quando pedem redução de impostos, afirmando que a produção maior gerará mais renda, mais arrecadação de impostos e mais emprego. Isso é verdade se a economia estiver em desemprego, com recursos não utilizados e que poderiam ser empregados se houvesse mais demanda agregada.

Essa é a primeira diferença importante entre clássicos e keynesianos. O consumo depende da renda. Poupança é a parcela da renda que não foi consumida. Assim, a poupança também depende da renda.

No modelo clássico, o consumo depende da taxa de juros e consequentemente a poupança, a renda não consumida, também depende da taxa de juros. Se o consumo se reduzir, a poupança aumenta e caem as taxas de juros. Com taxas de juros mais baixas, o investimento aumenta. Assim, a demanda agregada, que é a soma de consumo mais investimento, estaria sempre em equilíbrio, e o ajuste entre mais ou menos consumo seria determinado pela taxa de juros. Menos consumo ou mais poupança reduziriam a taxa de juros e aumentariam o investimento. Mais consumo ou menos poupança aumentariam a taxa de juros e reduziriam o investimento. A soma de consumo mais investimento seria sempre estável. O ajuste decorrente de mudanças de hábitos entre consumidores e investidores provocaria apenas variações na taxa de juros e mudanças na composição da demanda agregada. A taxa de juros é determinada por variáveis reais — a poupança e o investimento. Juros são um fenômeno real.

No modelo keynesiano, em que consumo e poupança dependem do nível de produção e renda, mais poupança ou menos consumo diminuem a demanda agregada. Menos demanda agregada diminui a produção agregada. A mudança de comportamento dos consumidores ou dos investidores é ajustada por variações na produção agregada. O ajuste é perverso — reduz a produção e o emprego.

A taxa de juros no mundo keynesiano é um fenômeno monetário. Os juros não representam a remuneração da parcimônia, isto é, a troca de menos consumo hoje por mais consumo amanhã. Não determinam a parcela da renda que não será consumida ou que será poupada. Determinam em que essa poupança será aplicada — em títulos públicos, em ações, em fundos de investimento etc. Os juros são a remuneração da liquidez. São o pagamento necessário para que um agente deixe de ter dinheiro, liquidez, a fim de comprar algum ativo financeiro ou real menos líquido ou ilíquido. É o preço exigido por quem trocará dinheiro, ativo líquido que pode ser convertido em qualquer coisa, por algum ativo específico — uma ação, uma máquina ou um imóvel.

O conceito de poupança é uma das marcas que permitem distinguir os clássicos dos keynesianos. A biografia de Benjamin Franklin apresenta a frugalidade como uma virtude. E são os escritos de Benjamin Franklin que inspiram Max Weber a relacionar a ética protestante ao capitalismo. Um tostão poupado hoje vale 1 bilhão no futuro.

Entretanto, o investimento não requer poupança como condição antecedente e necessária para que possa se realizar. Se os bancos concedem crédito para a construção de uma barragem hidroelétrica (um investimento), os trabalhadores e os outros fatores de produção utilizados na construção recebem salários, juros e aluguéis, ou seja, renda adicional. Mas o produto nacional que podem comprar já está cristalizado na produção nacional corrente mais o investimento na hidroelétrica. Esse investimento não pode ser consumido. Portanto, mesmo que nenhuma parcela da população tenha feito uma redução no consumo, o investimento se realiza. É uma poupança forçada pelos bancos, nesse caso. Poderia ser uma poupança forçada por gastos governamentais destinados a produzir armamento para uma guerra ou construir pontes, financiadas por dívida pública. Assim, o investimento não requer uma poupança anterior nem a concordância dos consumidores com o investimento desejado.

Esse argumento é utilizado por Paul Samuelson na sua *Introdução à análise econômica*. Se a economia resolve poupar uma parcela maior da renda para todos os níveis de renda como recomendam Benjamin Franklin, os clássicos ou os editoriais da imprensa, a demanda agregada, isto é, a soma de consumo e investimento, diminui. E se a demanda agregada diminui, a renda diminui e a parcela maior de poupança desejada pela economia se aplicará a um nível de renda menor. A parcela da renda poupada é maior mas o volume total de poupança é igual — o que ele chamou de "paradoxo da parcimônia". Todos poupam uma parcela maior da renda, mas a poupança total é igual, pois a renda diminuiu. É o nível de investimento que determina a poupança, e não o contrário. Ainda que poupar seja uma decisão prudente e recomendável no plano individual, no plano macro, isto é, quando se consideram todos os indivíduos ao mesmo tempo, o esforço para poupar uma parcela maior da renda pode não gerar uma poupança total maior.

4. O lado monetário

No modelo keynesiano, juros são determinados no mercado monetário pela demanda e oferta de moeda. Para os clássicos, a demanda de moeda depende apenas do nível de renda ou produto. O dinheiro é somente um meio de troca usado para fazer pagamentos. Quanto maior a produção, maior a demanda de dinheiro.

O dinheiro nem aparece nos modelos clássicos. Decisões econômicas dependem sempre de escolhas racionais sobre o consumo de bens, investimentos em máquinas ou outros equipamentos produtivos. O dinheiro entrava na teoria como um corpo estranho, como "uma peça de roupa que se soca dentro de uma mala abarrotada".[1]

As teorias sobre o dinheiro são formuladas em termos do número de transações. A demanda de dinheiro depende do número de transações de compra e venda realizadas na economia. E depende proporcionalmente desse número de transações — mais 5% de transações aumentam a demanda de dinheiro em 5%. A relação entre número de transações e demanda de dinheiro é dada por um coeficiente de valor constante chamado de velocidade de circulação de moeda.

Numa economia em que os pagamentos são feitos semanalmente, a demanda de dinheiro é menor do que numa economia que faça pagamentos mensais. Hábitos de pagamento são relativamente constantes no tempo.

No tempo da escravidão no Brasil, a demanda de dinheiro era menor pois a fazenda produzia tudo o que era necessário para a subsistência dos escravos. O dinheiro só aparecia na safra, quando o café era vendido. Com a abolição da escravatura, os trabalhadores passaram a receber salários, e o dinheiro se tornou necessário para pagá-los. A demanda de dinheiro cresceu. São modificações estruturais que levam tempo para acontecer. No curto prazo, quando os hábitos de pagamento e a verticalização das empresas são dados, a demanda não se modifica — salários são pagos mensalmente, a safra é anual etc. —, ou seja, a demanda por dinheiro é constante. Assim, a velocidade de circulação da moeda é constante.

A demanda de dinheiro também depende do nível geral de preços, isto é, do preço médio de todas as coisas produzidas pela economia quando expresso em moeda nacional. O nível geral de preços é o inverso do preço do dinheiro. Se o nível geral de preços sobe 10%, o preço de todas as coisas subiu em média 10%. Ou o preço do dinheiro caiu 10%. A demanda de dinheiro é uma função proporcional ao nível geral de preços. Com inflação de 10%, a demanda de dinheiro sobe 10%.

A quantidade de moeda demandada na economia é dada pelo nível geral de preços vezes o número de transações. A demanda de dinheiro é uma demanda por um estoque — uma determinada quantidade de dinheiro em um ano. O número de transações vezes o nível geral de preços é um fluxo — mil transações por ano ao preço médio de x, dado pelo nível geral de preços. V é a velocidade de circulação da moeda que relaciona a quantidade de moeda, um estoque, a um fluxo, o valor das transações por ano.

Mais tarde, na formulação original de Alfred Marshall, o número de transações é substituído pelo valor da renda ou do produto nacional. E a demanda de dinheiro é dada pelo valor do produto medido em termos nominais, isto é, em dólares ou reais. V passa a ser a velocidade-renda da circulação de moeda, que liga um estoque a um fluxo.

Para entender essa relação, imagine que M é a quantidade de água que um reservatório contém e PY a quantidade de água que sai desse reservatório por minuto e volta para o reservatório, como nas fontes ornamentais. V é o número de vezes que uma determinada quantidade de água, ou o PIB nominal, isto é, o PIB medido em reais ou em dólares, retorna ao reservatório. Numa economia que produz 200 bilhões de reais por ano e na qual a velocidade é dez, por exemplo, a demanda de dinheiro seria de 20 bilhões de reais por ano. O dinheiro circularia dez vezes por ano, mudaria de mãos dez vezes por ano.

Essa é a teoria quantitativa da moeda. A quantidade de dinheiro determina o seu preço. O preço da moeda é o inverso do preço médio de todas as mercadorias.

Se o produto é fixo no nível máximo de emprego porque a demanda agregada não varia e a produção agregada tampouco, aumentar a oferta de dinheiro em 10% aumenta o nível geral de preços em 10%. A inflação é o resultado da expansão da oferta de moeda no mundo clássico.

Para Keynes, a demanda de dinheiro também depende do valor nominal do PIB, isto é, do produto nacional medido a preços correntes. Mas a essa demanda ele adiciona uma demanda de dinheiro que depende da taxa de juros. Quanto mais alta a taxa de juros, menor a demanda de dinheiro. Pois dinheiro não rende juros, e reter dinheiro impede que o seu detentor receba os juros de uma aplicação financeira qualquer. Quanto mais baixa a taxa de juros, menor esse custo, e o dono do dinheiro tende a reter mais dinheiro.

Para os clássicos, reter dinheiro em caixa e abrir mão dos juros que esse dinheiro renderia se aplicado seria uma irracionalidade

Para Keynes, não seria irracional. Se o dono do dinheiro espera que a taxa de juros suba de 5% para 20% no ano seguinte, vale a pena perder os 5% que deixa de ganhar este ano para ganhar 20% no próximo ano. Deixa de ganhar 5% este ano, mas ganha 20% no ano seguinte, tendo um lucro de 15% por adiar sua aplicação. Vale a pena especular sobre a evolução da taxa de juros. O funcionamento do mercado monetário e do mercado de capitais e a especulação são a parte mais importante do debate entre clássicos e keynesianos. Para os clássicos e seus descendentes, o mercado de capitais é eficiente e estabiliza os preços das ações e de outros títulos de crédito. Para os keynesianos, o mercado monetário e de capitais funciona mal, está sujeito a processos especulativos que o desestabilizam e causam crises de inflação e desemprego.

Em casos extremos, a taxa de juros pode ser tão baixa que a especulação, isto é, a retenção do dinheiro em caixa é sempre compensadora. É o caso chamado de armadilha da liquidez. Os juros são tão baixos que não compensam a perda de liquidez. É a situação atual das economias americana e europeia, em que os bancos centrais fixam juros próximos a zero e, mesmo assim, o investimento e o produto nacional não aumentam.

5. O equilíbrio — mercado monetário e mercado real ligados pela taxa de juros

A síntese neoclássica é chamada criticamente de modelo hidráulico, pois mostra o equilíbrio da demanda agregada como o equilíbrio entre um estoque, o estoque de dinheiro na economia a que fizemos alusão como a quantidade de água num reservatório, e o fluxo, o fluxo de renda e produto, a quantidade de água que sai do reservatório. Há um "vazamento" de renda que não retorna ao mercado.

A demanda agregada — demanda anual por bens e serviços para consumo e investimento — é igual à produção nacional de bens para consumo e investimento. É igual por definição, é uma identidade. O fluxo de produção é sempre igual ao fluxo de demanda. Como é possível que a demanda agregada seja menor do que a produção agregada? Somente se os investimentos forem menores do que a poupança. Ou seja, se a parcela de demanda agregada que não voltar ao mercado como consumo não for plenamente substituída pela demanda de investimento.

Se um índio pataxó pescar um peixe a mais hoje para deixar de pescar amanhã e construir uma rede, terá havido uma poupança hoje (o peixe não consumido) transformada imediatamente em investimento (a produção da rede). A demanda agregada dada pelo consumo de peixes mais a produção da rede é exatamente igual à oferta agregada dada pela pesca de dois peixes mais a produção de uma rede.

Na economia capitalista essa coincidência imediata entre poupança e investimento pode não ocorrer. O índio pataxó poderia pescar um peixe a mais, vendê-lo e guardar o dinheiro nos cofres de um banco que não o empresta para ninguém. A produção adicional não seria convertida em demanda adicional que volta ao mercado. Na economia capitalista a poupança pode deixar de retornar ao mercado como investimento, pois pode se transformar em dinheiro guardado. Essa possibilidade de desigualdade entre poupança e investimento ou entre demanda agregada e produção pode reduzir a produção e causar desemprego.

Ou, usando a analogia hidráulica, a água que saiu do reservatório como pagamento de renda nacional pode não retornar ao mercado como demanda. Vaza como poupança e não retorna como investimento. É retida ou se perde na demanda de dinheiro. É uma demanda maior por dinheiro que reduz a demanda agregada e a produção agregada e que pode gerar o desemprego.

A redução de demanda agregada pode ser corrigida se o Banco Central aumentar a oferta de moeda, reduzir a taxa de juros e incentivar os investimentos, que cresceriam para compensar a poupança maior. Essa é a primeira novidade keynesiana. A proposta de utilizar a oferta de moeda, a política monetária, como instrumento para aumentar ou diminuir a demanda agregada e evitar o desemprego. Hoje, essa proposta parece normal e é facilmente compreendida. Nos anos em que foi apresentada, era surpreendente.

Mais grave ainda. É possível que em determinadas circunstâncias, como na atual crise, taxas de juros mais baixas não representem mais empréstimos e mais investimentos. No caso da "armadilha de liquidez", o aumento da oferta de moeda não reduz os juros. A moeda adicional é sempre absorvida pela demanda. Os juros são muito baixos, mas os investimentos não ocorrem. Ou porque os empresários estão pessimistas ou porque os bancos estão cautelosos. É possível que os juros caiam e os investimentos não aumentem. Nesses casos, a política monetária se torna ineficaz. É preciso que o governo aumente os seus gastos acima da arrecadação de impostos, ou seja, produza um déficit público. Mesmo que seja para contratar operários para abrir e tapar buracos. Como os investimentos privados são voláteis e difíceis de comandar, talvez o próprio governo tenha que realizar investimentos diretamente ou através de empresas controladas por ele.

Aí está a radicalidade da proposta keynesiana para os tempos em que escrevia. A utilização da política monetária e da política fiscal para controlar a demanda agregada e o nível de produção agregada.

A síntese neoclássica apresenta essa interpretação da teoria geral. Cumpre o papel de esclarecer o ponto de vista keynesiano, mas não leva em conta o regime do padrão-ouro e o fato de a economia inglesa ser uma economia aberta e com grande mobilidade de capital, pois ainda era o centro das finanças internacionais.

No regime do padrão-ouro, o dinheiro em circulação representava a quantidade de ouro depositada nos bancos ou no Banco Central. O dinheiro era ouro ou o direito de trocar papel-moeda em circulação por ouro. O aumento arbitrário da quantidade de dinheiro efetuado pelo Banco Central, isto é, a emissão de mais papel-moeda para a mesma quantidade de ouro seria impossível. Mais papel-moeda em circulação, com a mesma quantidade de ouro, faria com que os donos do dinheiro trocassem a moeda nacional por moeda estrangeira mais valorizada. A tentativa de aumentar a oferta de moeda seria desfeita por uma fuga da moeda nacional para investimentos em moedas estrangeiras, e a oferta de meios de pagamento ampliada pelo Banco Central seria reduzida por essa fuga de capitais.

O mesmo aconteceria no caso de um déficit público. Gastos públicos maiores do que a arrecadação teriam de ser financiados por mais dívida pública e consequentemente mais papel-moeda em circulação, apesar de a quantidade de ouro permanecer constante. O financiamento desse déficit público geraria aumento da taxa de juros e redução dos investimentos. O que levaria a economia para a situação original. Como veremos ao analisar a crise de 1930, seria impossível fazer política monetária ou fiscal enquanto o regime do padrão-ouro estivesse em vigor. Esse é um tema que nem a *Teoria geral* nem sua interpretação simplificada pela síntese neoclássica levam em conta.

A leitura correta do modelo seria diferente. Numa economia livre das regras do padrão-ouro, as políticas monetária e fiscal podem ser utilizadas para controlar o nível de demanda agregada, a produção e o emprego. Ou ainda: para controlar a produção e o emprego, é preciso abandonar o regime do padrão-ouro a fim de que se possa fazer política monetária e fiscal.

As ideias keynesianas na sua interpretação neoclássica serão aplicadas no mundo que passa a existir com o fim da Segunda Guerra Mundial, quando a mobilidade de capitais financeiros entre diferentes países encontra obstáculos impostos pelas regras do Fundo Monetário Internacional (FMI) e do Acordo de Bretton Woods. É o pensamento hegemônico ou vencedor entre 1945 e 1980, quando a globalização financeira ainda era restrita e as regras do padrão-ouro foram abandonadas.

Assim, as ideias keynesianas formularam as "melhores regras" de política monetária e fiscal no período posterior ao Acordo de Bretton Woods em 1945, ao final da Segunda Grande Guerra. Foram inspiradas pela crise de 1930. Mas a crise de 1930 é antes o resultado da aplicação das regras do padrão-ouro — mobilidade de capital financeiro, dinheiro lastreado em ouro e equilíbrio absoluto nas contas públicas.

A economia capitalista tem duas faces. Uma é determinada por tecnologias, estratégias de venda, novos produtos, fábricas, operários, matérias-primas, transportes etc. É o lado real da economia. A outra pertence ao mundo imaginário de símbolos, signos ou mitos. É a face monetária. O dinheiro é quem dá os sinais sobre o que, como e para quem produzir. Como parte do mundo imaginário, é determinado por crenças, hábitos, expectativas. É esse mundo de símbolos ou signos que comanda o mundo real.

6. Desemprego e salários nominais rígidos

A redução da demanda agregada por falta de investimentos ou consumo ou o excesso de oferta agregada geram desemprego. Para os clássicos, esse desequilíbrio no mercado de trabalho só pode existir se os salários não se ajustarem para que a demanda de mão de obra se iguale à oferta de mão de obra. Se existe desemprego é porque os salários estão acima do nível que equilibraria o mercado e não se ajustam. Os salários nominais são rígidos.

E por que isso aconteceria? Uma razão seria a presença de sindicatos, que impedem o livre funcionamento do mercado de trabalho e a redução de salários nominais. Se os salários nominais fossem reduzidos, a demanda de trabalho aumentaria e o desemprego seria eliminado. Outra razão seria a percepção inadequada dos trabalhadores, que levariam em conta o salário nominal, isto é, expresso em moeda nacional, sem considerar o salário real, isto é, o poder de compra que o salário nominal representa. A solução para o desemprego, portanto, passa pelo aperfeiçoamento do mercado de trabalho, o fim dos sindicatos e a possibilidade de variação dos salários nominais.

Para Keynes, a flexibilidade dos salários nominais não resolveria o desequilíbrio. Salários nominais mais baixos trariam uma expectativa de preços em geral mais baixos, ou seja, deflação. Dependendo da velocidade de queda dos salários nominais e dos preços em geral, o salário real poderia permanecer estável ou mesmo subir, e o desequilíbrio se agravaria. Além disso, se existe uma expectativa de deflação, com taxas de juros nominais dadas, o dinheiro se torna uma aplicação cuja rentabilidade é dada pela taxa de deflação, e aumenta a demanda por dinheiro. A flexibilidade dos salários nominais não garante que o mercado de trabalho encontre novo equilíbrio com nível de emprego mais alto. Trata-se de um problema dinâmico (velocidade de ajustes do salário e dos preços) de que o modelo simplificado não trata.

A solução poderia vir através da inflação. A maior oferta de moeda aumenta o nível geral de preços. Os salários nominais rígidos por erro de percepção dos trabalhadores ou porque são fixados em contrato se tornam mais baixos em termos reais e o emprego aumenta. Mais tarde, a relação entre emprego e inflação será tratada como uma relação estável, a curva de Phillips.

A curva de Phillips é um achado estatístico do economista William Phillips, que acabou batizando a regularidade que encontrou. Phillips observou uma relação estável e negativa entre nível de desemprego e taxas de inflação. Quanto mais alta a inflação, menor o desemprego. Várias teorias foram apresentadas para explicar esse achado estatístico.

Keynes argumenta que salários nominais rígidos são condição lógica para a existência de moeda. A moeda é líquida se os preços dos bens que pode comprar forem mais ou menos estáveis quando expressos em moeda nacional. E esses preços são estáveis se os salários nominais forem estáveis ou rígidos em termos nominais. Eis a contradição: a economia capitalista só existe se existir dinheiro, e o dinheiro só existe se os salários nominais forem rígidos.

O desemprego é um problema permanente da economia capitalista e requer a intervenção do governo para a sua correção.

Essa é a descrição simplificada que traduz a teoria geral do emprego e da renda para os economistas da época, para todos os alunos de economia e posteriormente para jornalistas e autoridades sobre o funcionamento da economia capitalista. O pensamento revolucionário e complexo para o mundo do início do século XX se transforma no pensamento hegemônico no mundo que passa a existir depois da Segunda Grande Guerra.

A interpretação é neoclássica pois traduz os conceitos de Keynes para o pensamento clássico e faz com que a economia capitalista seja uma economia que pode e deve ser controlada pela utilização da política monetária e fiscal. Não é a única leitura possível da *Teoria geral* e do pensamento de Keynes. Ele terá leituras alternativas por parte dos monetaristas, que o criticam, e dos neokeynesianos, que se consideram intérpretes mais fiéis da *Teoria geral* e são menos otimistas sobre a possibilidade de domesticar o funcionamento da economia capitalista.[1]

7. Como se faz política monetária nos modelos dos economistas

O dinheiro é um evento histórico. Ele é uma coisa no período do padrão-ouro, entre o fim da Guerra Franco-Prussiana e o início da Primeira Grande Guerra, em 1914. É outra coisa entre o Acordo de Bretton Woods e 1973, quando a taxa cambial do dólar passa a flutuar. Modifica-se novamente com a globalização financeira. Finalmente, a partir da crise de 2008, ocorrem mudanças importantes que ainda não sabemos se serão permanentes ou temporárias. "Só podemos definir o que não tem história."

Para compreender como se faz política monetária, começamos com a definição teórica do período posterior a 1945 e antes das modificações recentes da globalização financeira. No período do padrão-ouro, o Banco da Inglaterra funcionava como banco central e banco comercial ao mesmo tempo. Os Estados Unidos não tinham o Federal Reserve, criado apenas em 1913. No Brasil, o Banco do Brasil desempenhava as funções de banco central, como o antigo Banco da Inglaterra.

Assim como a síntese neoclássica serve de pano de fundo para apresentar o debate entre diversas escolas de pensamento, apresentamos o "banco central típico" do mesmo período, com base no qual podemos entender o debate. O Banco Central, que é responsável pela política monetária e pela criação do dinheiro, pode ser definido como o banco do governo, banco dos bancos, banco emissor e banco responsável pelas reservas em moeda estrangeira.

Como banco do governo, o Banco Central compra a dívida pública emitida pelo governo e é o agente mais importante no mercado desses títulos. Assume essas funções na Inglaterra e nos Estados Unidos depois que guerras exigem que o governo tome empréstimos para financiar o esforço militar.

Como banco dos bancos, financia os bancos comerciais quando estes precisam de dinheiro, redescontando os empréstimos que fizeram ao setor privado. Como banco responsável pelas reservas em moeda estrangeira, o Banco Central as mantém para que esteja sempre pronto a comprar e vender dólares a um preço constante. Mais tarde, quando as taxas cambiais passam a ser livres, ainda mantém reservas para ter a possibilidade de evitar saltos bruscos na taxa cambial.

Para realizar todas essas operações ele se financia emitindo a moeda nacional. O saldo das emissões de papel-moeda é chamado de passivo financeiro líquido do Banco Central ou base monetária, ou *high powered money*, em inglês.

O aumento de qualquer componente do ativo do Banco Central — títulos públicos que mantém em carteira e não vendeu ao setor privado, saldo das reservas em dólares, redescontos que fez aos bancos comerciais — implica aumento do passivo do Banco Central, ou seja, aumento da base monetária. A menos que o aumento de um ativo — títulos públicos comprados por ele — seja compensado pela diminuição de outro ativo — venda de títulos públicos ao setor privado, redução das reservas em dólares ou dos redescontos aos bancos comerciais.

A definição convencional de moeda é dada pela quantidade de papel-moeda em poder do público (o que você tem na carteira ou guardado em casa) mais os depósitos à vista (o dinheiro que você tem depositado em conta-corrente e contra o qual pode emitir cheques). Isso é o que se chama meios de pagamento. Mas o Banco Central controla apenas a base monetária, isto é, o dinheiro que emitiu e que está nas mãos do setor privado não bancário e os depósitos que os bancos fazem no Banco Central voluntária ou compulsoriamente. É a soma do que o Banco Central deve ao setor privado. Deve o dinheiro em nosso poder e as reservas que os bancos depositaram no Banco Central. A base monetária é menor do que o total de meios de pagamento. Porque os bancos "criam" meios de pagamento. De cada cem reais depositados em conta-corrente, os bancos podem emprestar, por exemplo, oitenta reais se o Banco Central fixar como reserva compulsória vinte reais. Esses empréstimos são depositados em outros bancos e, portanto, são meios de pagamento. Os depósitos feitos em outros bancos, por sua vez, são em parte depositados como reserva compulsória no Banco Central e 80% deles viram novos depósitos que podem ser novamente emprestados, criando novos depósitos. Assim, o depósito inicial de cem reais cria muito mais depósitos em outros bancos e amplia a oferta de meios de pagamento. Isso é possível porque os depositantes confiam nos bancos e os bancos sabem que podem emprestar a maior parte criando outros depósitos. No final, se a taxa de reserva compulsória for de vinte para cada cem reais de depósito, os cem reais de depósito iniciais teriam gerado quinhentos reais de depósito e, portanto, de meios de pagamento na economia. Isso acontece se, e apenas se, os bancos estiverem dispostos a emprestar o máximo permitido de 80% dos depósitos. Se não estiverem dispostos a emprestar, como numa crise financeira, o montante de depósitos "criado" é muito menor ou mesmo nulo.

O resultado importante é que o Banco Central controla apenas a base monetária, e a oferta de meios de pagamento depende do comportamento dos bancos comerciais e de sua política de empréstimos.[1]

Em primeiro lugar, porque a definição de dinheiro como depósitos à vista mais papel-moeda em poder do público é convencional. Por que não incluir depósitos de poupança? Ou outros títulos que têm muita liquidez? Essas modificações no conceito de ativos financeiros mais líquidos variam com o tempo e com as inovações criadas pelo sistema financeiro para contornar regulamentações e captar recursos.

Nos anos 1960, bancos comerciais não podiam pagar juros sobre depósitos à vista. Logo criaram uma *now account*, uma conta de poupança que poderia ser remunerada. E os depósitos à vista dos clientes que mantivessem a *now account* poderiam ser nulos. O banco comercial garantia que, quando o cliente emitisse um cheque contra a conta de depósito à vista, haveria uma transferência automática da conta de poupança para a conta à vista. O depósito de poupança, portanto, deveria ser incluído na definição de *M*.[2] Ou, alternativamente, títulos da dívida pública de prazo menor e de alta liquidez e que podem ser vendidos rapidamente também poderiam ser incluídos como *M*. Daí surgiram as designações de *M0*, *M1*, *M2*, *M3* e *M4*, cada um desses representando ativos um pouco menos líquidos do que papel-moeda em poder do público e depósitos à vista.

Em segundo lugar, porque a decisão de manter depósitos à vista como reservas por parte dos bancos comerciais é altamente sensível à própria taxa de juros. Depois da crise de 2008, os bancos comerciais relutam em ampliar as carteiras de empréstimos. A base monetária do Banco Central aumenta bastante, mas a oferta de meios de pagamento não se expande.[3]

Política monetária e política fiscal são intimamente relacionadas. Os gastos do governo são financiados por impostos e pela emissão de mais dívidas públicas, que são compradas pelo Banco Central. Ele realiza gastos em despesas correntes e no pagamento dos juros da dívida pública que emitiu e não resgatou.

O Banco Central usa a base monetária para financiar compra de dólares, dar liquidez ao sistema financeiro e financiar o governo.

Se o governo tem déficit, obriga o Banco Central a expandir a base para financiar o déficit. Mas o reverso também é verdadeiro: se o Banco Central tem que salvar bancos ou opera no mercado cambial com prejuízos, aumenta a base monetária. Se o Banco Central aumenta as taxas de juros para atrair dólares para o mercado nacional, aumentam as despesas do governo com a dívida pública, o que influencia o orçamento do Tesouro.

Nas crises, os conservadores ou monetaristas apontam o déficit público como responsável. Os barnabés, a corrupção e a ineficiência do governo são culpados pela crise. Os progressistas ou os keynesianos apontam para as despesas com juros e para a política monetária como causadoras de parte importante dos gastos do Tesouro. Essa é uma maneira fácil de saber a origem teórica de quem está falando.

O apoio do governo americano aos bancos na crise de 2008 aumentou o déficit público. E os representantes conservadores do Tea Party reclamam cortes nos gastos com saúde e outras despesas correntes do Tesouro americano. Na crise da dívida externa brasileira, o déficit público era apontado como responsável, enquanto o crescimento do déficit decorria da própria dívida externa.

Déficit público é definido como aumento da dívida do governo. O aumento da dívida externa brasileira nos anos 1982-94 não decorria de gastos do governo, mas do aumento das taxas de juros americanas. A mesma discussão ocorre no caso da crise de hiperinflação da Alemanha e na crise de 2008 nos países periféricos da

Europa. O apoio dos Estados europeus indispensável à salvação dos bancos depois da crise de 2007 é uma das razões para o crescimento das dívidas públicas desses países. E o corte dos gastos públicos se torna necessário para financiar essa despesa inesperada.[4]

8. A reação monetarista

Estamos nos anos 1960. Quinze anos depois do estabelecimento dos Acordos de Bretton Woods, da criação do FMI e da definição das regras que ordenariam o sistema internacional financeiro e de pagamentos. As taxas de câmbio devem ser fixas no longo prazo. Variações na situação de cada país que exijam variações na taxa cambial são evitadas pela concessão de empréstimos pelo FMI. Se a necessidade de variação cambial for resultado de uma modificação estrutural (isto é, permanente ou irreversível), a taxa cambial pode ser modificada, depois de negociações com o FMI. A mobilidade de dinheiro entre países é dificultada pelos controles dos diversos bancos centrais. A política fiscal, assim como a política monetária, é instrumento de controle da atividade econômica — o governo deve produzir déficits públicos ou expandir a política monetária para aumentar a demanda agregada.

Este regime — taxas cambiais fixas, mobilidade controlada de capitais financeiros e políticas monetárias e fiscais ativas — é a regra hegemônica do período 1945-80. A Europa é contemplada com o Plano Marshall, que empresta dólares para investimentos aos países europeus devastados pela guerra. O Japão passa por reformas impostas pelos americanos e se torna uma economia mais aberta e com instituições semelhantes às instituições dos países ocidentais.

O resultado é auspicioso. Europa e Japão crescem rapidamente, assim como a América Latina. Os países do Sudeste Asiático são muito pobres e crescem lentamente. A política neoclássica-keynesiana parece bem-sucedida. No final do período, Estados Unidos, Alemanha e Japão são as maiores economias do mundo. A União Soviética parece, mas apenas parece, um caso bem-sucedido de crescimento, e o aparente sucesso é uma ameaça aos países do mundo ocidental.

Os monetaristas da Universidade de Chicago representam o pensamento derrotado nessa época. Seriam os heterodoxos, ainda que conservadores, do período. É quando Milton Friedman apresenta o que seriam as bases teóricas do pensamento monetarista com o trabalho clássico "The Quantity Theory of Money: A Restatement" [O resgate da teoria quantitativa da moeda].[1]

O dinheiro sempre ficou de lado na teoria econômica que trata da produção de bens e serviços e dos mercados desses bens. A demanda de moeda era uma definição empírica que não podia ser deduzida dos princípios de maximização de utilidade e lucro como todas as outras demandas e ofertas da teoria econômica.

No artigo, Friedman analisa a demanda de moeda como uma demanda por um ativo qualquer, semelhante à demanda por capital (máquinas, imóveis), títulos que representam propriedade de capital, como ações *bonds*, debêntures e outros ativos financeiros cujo retorno depende do retorno sobre o capital físico, ou à demanda por capital humano. O conceito de capital humano, à primeira vista um paradoxo, representa o investimento feito por um indivíduo na sua formação educacional (valor atual dos rendimentos maiores decorrentes de mais anos de educação).

A demanda de moeda depende da sua taxa de retorno e das taxas de retorno de todos os demais ativos da economia mencionados no parágrafo anterior. E depende da riqueza total (da soma total de ativos de cada agente) e do nível de renda.

Em seguida, Friedman introduz a hipótese clássica de que o dinheiro é um véu, ou seja, de que não existe nenhum tipo de ilusão monetária, ou atraso na correção de preços nominais, como salários, ou percepção incorreta sobre os preços do capital (preço de ações ou outros títulos). Considerando essas hipóteses, a taxa de retorno real de todos os ativos não varia diante de modificações no nível geral de preços ou da oferta de moeda. A moeda que rende taxas de juros nulas é função da demanda para fazer pagamentos ou do nível de renda. A riqueza total é constante no curto prazo. Se essas hipóteses são verdadeiras, então pode-se afirmar que a velocidade-renda de circulação da moeda é constante.

Assim, a demanda de moeda como ativo é uma demanda que depende da taxa de retorno de todos os outros ativos, mas o retorno dos outros ativos é insensível à política monetária. Aumentando a quantidade de moeda, a única variável que pode ser ajustada, o único preço que acomoda essa quantidade maior de dinheiro é o nível geral de preços. Se a oferta de meios de pagamento aumentar $x\%$ os preços aumentam $x\%$.

Portanto, Friedman e os monetaristas reapresentam a teoria do dinheiro como parte da teoria econômica geral, igual ao processo de escolha que os indivíduos fazem ao comprar qualquer outro ativo como ações ou imóveis.

Falta, entretanto, testar empiricamente a hipótese formulada, isto é, testar se a velocidade-renda de circulação da moeda é mesmo constante.

Se um analista calcular a velocidade como o cociente do produto nacional dividido pela oferta de meios de pagamento para vários anos ou diferentes meses, verá que a velocidade não é constante. Cresce rapidamente com a expansão da economia, quando o produto nacional aumenta, e decresce em períodos de contração, quando o produto nacional diminui. Assim, os dados empíricos rejeitam a hipótese dos monetaristas.

Mas os monetaristas da Universidade de Chicago, Friedman especialmente, são grandes polemistas e hábeis econometristas. Friedman reafirma sua posição: a renda ou o PIB que deve ser considerado não é a renda corrente de cada ano, mas a renda esperada pelos agentes, consumidores ou empresários.

Ele calcula a renda esperada com a hipótese de expectativas adaptativas: as pessoas esperam que a renda do ano seguinte seja igual à renda que esperavam no ano anterior mais um fator de correção dado por uma porcentagem do erro cometido no ano anterior. Com essas hipóteses, a renda esperada pode ser calculada como uma média ponderada das rendas de anos passados. O peso é dado pela taxa de ajuste entre a renda esperada e a renda que efetivamente ocorreu.

Calculada a renda esperada dessa forma, a velocidade-renda permanente de circulação da moeda aparece como constante, ou seja, como previsto na teoria quantitativa da moeda. Portanto, a teoria não pode ser rejeitada. As consequências dessa revalidação são conhecidas. A inflação resulta de um crescimento na oferta de meios de pagamento. Se a inflação é de 10% ao ano é porque a oferta de meios de pagamento cresce 10% ao ano.

Como deve ser o comportamento da política monetária? A política monetária, assim como a política fiscal, não deve se preocupar com o emprego ou com o nível de atividade. É esperado que uma economia dinâmica como a economia capitalista, que gera modificações tecnológicas, novas formas de produzir, novos hábitos de consumo, passe por ciclos de expansão e contração. Não se pode esperar estabilidade de uma organização tão dinâmica. A instabilidade vem do lado real da economia, e as tentativas do

Banco Central ou do governo de aumentar ou diminuir a demanda agregada para controlar o nível de atividade acabam por gerar apenas mais instabilidade — mais desemprego ou mais inflação.

A inflação decorre de um vício populista do Parlamento e do Executivo. Preferem realizar gastos financiados por emissão de dinheiro ou emissão de títulos públicos que acabam sendo financiados por mais dinheiro em circulação. Dessa forma, distribuem benefícios (mais gastos) sem mostrar com clareza os custos que teriam que ser cobertos por mais impostos.

O Banco Central deve seguir uma regra rígida. A oferta de meios de pagamento deve crescer à taxa dada pelo crescimento do produto (vezes a elasticidade-renda da demanda de moeda, o que define o crescimento da demanda de moeda) mais uma taxa de inflação anunciada (de preferência, muito baixa). Se a elasticidade-renda da demanda de moeda for 1, se o produto deve crescer 5% ao ano e a inflação desejada é de 2%, a oferta de moeda deve crescer 7%.

Mas é impossível controlar tão estritamente o crescimento da oferta de meios de pagamento. O Banco Central controla a base monetária e o sistema bancário controla a criação de empréstimos e depósitos. Monetaristas chegam a propor que o sistema bancário deveria trabalhar com reservas de 100%, isto é, emprestar apenas o que tem em caixa, sem correr nenhum risco de descasamento entre seus passivos (depósitos à vista) e seus ativos (empréstimos com um determinado prazo). Os bancos passariam a ser simples caixas-fortes que recebem moeda nacional para guardar e emprestam apenas por um prazo igual ao que os depositantes informam sobre quando vão querer de volta o dinheiro depositado.

O pensamento monetarista não prevalece nesse período. Somente no final do período, quando as taxas de inflação se elevam, chegando a dois dígitos nos Estados Unidos, o pensamento monetarista acaba prevalecendo, durante o mandato de Paul Volcker como presidente do Banco Central americano e de Ronald Reagan como presidente dos Estados Unidos. O presidente Reagan produz um grande déficit público por meio da redução de impostos, e o Federal Reserve, com um discurso monetarista, aumenta significativamente as taxas de juros. Apesar de falar em controle da quantidade de moeda, controla de fato as taxas de juros do Federal Reserve.

9. A quantidade ótima de dinheiro para os monetaristas: uma proposta radical

Depois do fim do padrão-ouro, a moeda nacional pode ser chamada de *fiat money*, isto é, de uma moeda de curso forçado baseado em lei, na vontade do Estado. É um pedaço de papel estampado que todos aceitam como forma de pagamento — cancelamento de dívida, pagamento de impostos, compra de mercadoria — porque assim está determinado em lei e porque todos os cidadãos do país aceitam a regra. Esse dinheiro não custa nada para ser produzido. O custo de impressão é praticamente nulo se comparado ao valor de cada moeda ou papel-moeda emitido.

Entretanto, as pessoas economizam dinheiro. Pois, ao reterem dinheiro, deixam de fazer um depósito de poupança ou de comprar um título de crédito para usufruir as vantagens da liquidez, a possibilidade de fazer pagamentos inesperados. Essa "economia de dinheiro" ou "economia de liquidez" representa uma distorção no funcionamento econômico. As pessoas deveriam reter dinheiro até que a vantagem de ter mais liquidez fosse totalmente atendida. Não o fazem porque o dinheiro guardado custa mensalmente a taxa de juros do ativo financeiro que não foi comprado.

Como resolver essa distorção? Fazendo com que o custo de reter dinheiro seja nulo. Se a taxa real de retorno obtida num empréstimo ou com os dividendos pagos por uma ação fosse de $x\%$, a distorção seria resolvida se o dinheiro rendesse $x\%$. Como obter esse resultado? Gerando uma deflação de $x\%$, isto é, fazendo com que o preço das coisas fique $x\%$ mais baixo todos os anos ou que o nível geral de preços caia $x\%$ todos os anos. Assim, a demanda de dinheiro poderia ser plenamente satisfeita, o que está de acordo com o fato de que o custo de produzir dinheiro é nulo. Não custa nada produzir dinheiro, portanto, guarde tanto dinheiro quanto quiser, sem perder os juros que outros ativos financeiros menos líquidos pagam.[1]

Os keynesianos, ao contrário, viam o dinheiro como o porto seguro, o paraíso dos proprietários de riqueza — não tem a incerteza dos investimentos (créditos podem não ser pagos, projetos podem não gerar o retorno esperado) e pode ser transformado em qualquer coisa: em uma ação cujo preço vai subir amanhã, em dólares que serão desvalorizados semana que vem, em um terreno na frente do qual passará uma linha de transporte público. Para Keynes, o dinheiro concorre com os investimentos reais e portanto afeta o nível da demanda agregada, podendo diminuir a produção e o emprego. Apareceram, do lado keynesiano, propostas tão exóticas quanto a dos monetaristas. Numa delas, o dinheiro que não fosse usado todos os meses e carimbado perderia valor. Assim, o dinheiro teria que circular para não ser tributado. E o porto seguro, o dinheiro, teria um custo, para que concorresse com menos vantagens em relação aos investimentos reais.

Nas discussões que levaram à criação do FMI e do sistema internacional de pagamentos, que seriam implementados depois de 1945, Keynes propunha a criação de uma moeda internacional, o bancor. Países deficitários nas contas externas tomariam empréstimos à taxa de 3% ao ano. Países superavitários acumulariam saldos de bancor que seriam taxados em 3% ao ano. Não só os países deficitários teriam um incentivo para corrigir o déficit do balanço de pagamentos; os países superavitários sofreriam uma penalidade por acumular reservas em bancor. A proposta criava um "imposto sobre reservas internacionais" ou um imposto sobre esse tipo de dinheiro para forçar o ajuste das contas externas. Não foi aceita porque os Estados Unidos tinham grandes superávits comerciais e acumulavam reservas em moedas das maiores economias do mundo.

10. Moeda e crédito

As teorias monetaristas parecem ser derivadas do dinheiro de épocas passadas — dos tempos medievais, quando dinheiro era ouro ou, com a existência de bancos, era o vale-ouro emitido por eles, ou o papel-moeda emitido como representante do ouro depositado nesses bancos.

O preço médio do dinheiro era o preço do ouro. A maior quantidade de ouro decorrente da extração no Novo Mundo gerou uma inflação em toda a Europa no século XVI. Como o ouro ficou mais barato, a moeda valia menos, ou seja, o preço das coisas expresso em moeda-ouro era mais alto.

Os soberanos podiam recolher a moeda fundida com uma determinada quantidade de metal precioso e usá-lo na emissão de mais moeda utilizando a mesma quantidade de ouro. O rei ou duque seria dono de mais moeda e poderia financiar seus gastos ou promover guerras. E o preço das coisas seria expresso em um dinheiro desvalorizado, que representasse menos quantidade de ouro. Esses ganhos do soberano são chamados de ganhos de senhoriagem e fazem parte, até hoje, entre os monetaristas, dos conceitos relevantes da teoria monetária.

Essa visão de dinheiro como mercadoria equivale à visão da teoria quantitativa da moeda. O preço da moeda, ou o nível geral de preços, depende da quantidade de dinheiro em relação à quantidade de bens produzidos. Ela não considera que nas economias modernas dos séculos XIX, XX e XXI os sistemas bancário e financeiro são mais complexos e os mercados de dinheiro e de capital estão interligados. Quando se definem meios de pagamento como papel-moeda em poder do público mais depósitos à vista, o dinheiro emitido e controlado pelo governo é apenas uma parte pequena desse total. A maior parte do dinheiro provém de depósitos à vista junto aos bancos. E depósitos são a forma de financiar os empréstimos que os bancos realizam. Ou são créditos que o depositante tem a receber dos bancos.

Com o fim do padrão-ouro, parcial em 1945 (quando apenas o Federal Reserve garantia que um dólar comprava uma onça troy de ouro) e definitivo a partir de 1973 (quando o presidente Richard Nixon suspendeu a conversibilidade do dólar em ouro e deixou a taxa cambial flutuar), o dinheiro não tem mais nenhuma relação importante com o ouro. Estamos em sistemas monetários baseados no crédito e parte integrante, hoje, dos mercados de capital (mercado de bônus, debêntures, *commercial papers*, ações, derivativos etc.).

Nessa situação, a proposta de controlar a quantidade de moeda como regra mais importante da política monetária é difícil de definir. O que é moeda e o que é crédito? A definição de moeda como papel-moeda em poder do público mais depósitos à vista é a definição relevante do ativo mais líquido da economia ou será outra?

A integração teórica entre moeda e crédito aparece em primeiro lugar no debate entre monetaristas e neoclássicos, particularmente em artigos do professor James Tobin[1] e no livro *Money in a Theory of Finance* [O dinheiro em uma teoria dos ativos financeiros], de John Gurley e Edward Shaw.[2] Tobin desenvolve uma teoria da demanda de moeda de forma mais completa. Primeiro, analisa a demanda de moeda como uma demanda por estoques.[3]

No artigo "Liquidity Preference as Behavior towards Risk" [Preferência pela liquidez como um comportamento com relação ao risco],[4] Tobin define a moeda como o ativo livre de risco e com taxa de retorno nula. Os demais ativos financeiros ou reais da economia têm taxas de retorno dadas por uma distribuição de probabilidades. Estão sujeitos a risco. Essa é a visão neoclássica. Para Keynes os investimentos são eventos únicos cuja previsibilidade não pode ser dada por uma distribuição de probabilidade (qual seria a distribuição de probabilidade dos retornos de um investimento como o Facebook?).

Tobin simplifica a construção da teoria supondo que os riscos têm uma distribuição de probabilidades normal, que pode ser descrita com apenas dois parâmetros (a média, que é igual à mediana e à variância). Os ativos de risco têm retornos correlacionados positiva ou negativamente e podem ser reunidos numa carteira que tem o menor risco possível para uma dada taxa de retorno. Assim, a escolha entre esse portfólio de risco mínimo e outro com mais moeda e menos ativos de risco depende da aversão ao risco de cada investidor. A demanda por moeda é explicada como uma demanda por um ativo sem risco e será maior ou menor no portfólio de cada investidor dependendo do seu apetite por risco. Quanto maior o risco assumido, maior a taxa de retorno da carteira do investidor. Quanto menor o risco assumido, maior a participação do dinheiro nessa carteira.

Na discussão com os monetaristas, Tobin insiste que a política monetária não pode ser analisada como foi em várias discussões entre monetaristas e neoclássicos: como chuva de dinheiro ou dinheiro caído do céu (semelhante, por exemplo, à descoberta de ouro ou à redução do preço do ouro). A política monetária trata de uma troca de ativos entre governo e setor bancário e está associada às contas do governo, a um déficit ou superávit do Tesouro.

Além disso, Tobin considera que existem vários ativos financeiros e reais com taxas de retorno diferentes. Na *Teoria geral do emprego, do juro e da moeda*, Keynes se refere a "*a* taxa de juros". Provavelmente estava levando em conta a taxa de juros dos títulos de longo prazo do governo inglês. Quanto mais baixas essas taxas, mais interessante era aplicar o dinheiro em investimentos reais. Os gastos do governo financiados por *bonds* de longo prazo aumentariam as taxas de longo prazo. Os gastos do governo, por aumentar a taxa de juros de longo prazo, diminuem os investimentos privados. Os títulos do governo de longo prazo concorrem com os investimentos reais (ações, equipamentos, imóveis). Esse efeito foi chamado de *crowding out* ou "congestionamento" do mercado de capitais.

Na realidade, existem diversas taxas de juro para prazos diferentes e ativos diferentes. Para analisar os efeitos da política monetária é preciso considerar todos os ativos financeiros existentes e a característica particular de cada mercado em cada país. Nos Estados Unidos podemos considerar, naquela época, as dívidas do governo como o papel-moeda em poder do público, títulos públicos de diferentes prazos de vencimento, depósitos à vista (dívida do setor bancário privado) e outros créditos do setor privado. Não se pode concluir *a priori* como uma expansão da quantidade de moeda por uma operação de mercado aberto (compra de títulos públicos por parte do Banco Central) alterará essa constelação de taxas de juros e como será a reação agregada a essa operação.

Não é razoável supor que mais moeda fará com que os consumidores comprem mais bens e se livrem da moeda excedente, causando inflação. Se a moeda é um ativo, ou seja, propriedade de um estoque (como uma casa, ações ou títulos públicos), quantidades maiores de moeda provocam efeito sobre o mercado de ativos e só secundariamente sobre o mercado de bens. Os detentores de moeda não se "livram" da moeda que o Banco Central usou para comprar títulos públicos como se fosse moeda caída do céu ou como se a moeda emitida pelo senhor feudal tivesse sido refundida e contivesse menos ouro.

Um exemplo de como a política monetária pode alterar a demanda agregada é esclarecedor. Suponha que o governo produza um superávit fiscal, isto é, arrecade mais em impostos do que gastou durante um ano. Não há dúvida, do ponto de vista dos fluxos de demanda agregada, que esse superávit fiscal é contracionista: diminui a demanda agregada.

Esse superávit fiscal pode ser usado para recomprar títulos públicos vendidos ao setor privado. Qual o efeito dessa compra sobre o nível de atividade quando se considera o balanço patrimonial do setor privado? Depende de como o mercado de diferentes ativos financeiros reagirá a essa quantidade menor de títulos públicos.

Na *Teoria geral*, o governo compra títulos de longo prazo e reduz ativos de longo prazo nas mãos do setor privado que concorrem com investimentos privados. "*A taxa de juros*" considerada por Keynes é a taxa de juros de títulos longos da dívida pública inglesa, que concorrem com o investimento privado. O efeito será expansionista — o setor privado substituirá a dívida longa do governo que estava no seu portfólio comprando ações ou fazendo investimentos reais. Teremos uma reversão do efeito *crowding out*, que ocorre quando mais dívida pública concorre com o investimento privado. O mercado de capitais deixa de estar "congestionado" com a dívida pública do governo.

Mas e se o governo comprar títulos da sua dívida de curto prazo que são substitutos próximos da moeda? O setor privado tentará recompor os seus ativos líquidos demandando mais moeda e aumentando a taxa de juros de curto prazo. A demanda por mais moeda terá um efeito contracionista: menos ações ou menos investimentos reais e mais demanda por moeda.

Portanto, o efeito da política monetária não pode ser previsto. O resultado depende do efeito da política monetária sobre o preço de demanda do capital (o preço das ações, por exemplo) e sobre o preço do capital novo, o custo de produzir o novo capital. Esse cociente é chamado q de Tobin. Se a política monetária aumentar q, terá efeito expansionista. Se reduzir, o efeito será contracionista.

Harry Johnson, professor da Universidade de Chicago, tenta uma síntese. A Teoria Quantitativa da Moeda valeria em países cujo mercado financeiro é simples e pouco desenvolvido. Mais moeda gera mais compra de bens e inflação. Em países onde o mercado financeiro é mais complexo e oferece ativos diferentes, não vale a teoria quantitativa, e sim uma teoria como a proposta por Tobin.

Tobin foi presidente do Conselho de Consultores Econômicos do presidente John Kennedy e implementou uma política de compra de títulos públicos longos para incentivar os investimentos privados, através de uma operação chamada Operação Twist. A operação, entretanto, não deu os resultados esperados, pois o Tesouro americano tomou medidas opostas que cancelaram seus efeitos.

11. A reação novo-clássica

Estamos no início dos anos 1980. Ronald Reagan assume a presidência nos Estados Unidos e Margaret Thatcher é escolhida como primeira-ministra na Inglaterra.

Reagan assume depois de um período conturbado. A derrota na Guerra do Vietnã e o imenso déficit público criado pelo conflito. O abandono do regime de conversibilidade do dólar em ouro a preço fixado em 1945 no Acordo de Bretton Woods, depois de a hegemonia do dólar como moeda internacional ser contestada pelos bancos centrais das maiores economias do mundo, que ameaçam exigir a conversão das reservas de dólares em ouro. O aumento da taxa de inflação americana a níveis superiores a dois dígitos, agravado por duas elevações do preço internacional do petróleo, em 1974 e 1979. A ameaça da Opep de abandonar o dólar como moeda de cotação para os preços do petróleo. Uma política monetária expansionista do presidente Jimmy Carter. O fiasco do governo Carter em operação militar no Oriente Médio. A insurgência urbana com o crescimento da violência nas grandes cidades, o movimento da contracultura dos hippies, sequestros e assaltos. A estabilidade e a hegemonia da maior nação democrática do mundo estão ameaçadas. Ronald Reagan representa a reviravolta conservadora necessária para a estabilização política e econômica americana.

Logo no início do mandato, enfrenta greve dos controladores de voo dos aeroportos americanos. Reage à greve demitindo todos os controladores. A decisão marca o início do enfraquecimento do movimento sindical nos Estados Unidos. Reagan adota a teoria simples do *supply side* [lado da oferta], segundo a qual a inflação e a alta carga tributária impedem o crescimento da produção e o espírito empreendedor dos americanos. Propõe um programa de redução de impostos maior para os estratos mais ricos da sociedade americana. De fato, as alíquotas do imposto de renda para pessoas físicas haviam crescido porque, mesmo com a inflação elevada, as alíquotas desse imposto não foram alteradas. Conta-se que Reagan, antes de assumir o governo da Califórnia, desistiu de participar de um novo filme pois receberia apenas 25% do seu cachê, uma vez que teria de pagar 75% do cachê como imposto de renda. A redução de impostos aumenta muito o déficit público, que será controlado apenas na administração do presidente Bill Clinton, nos anos 1990.

O presidente do Federal Reserve é Paul Volcker, indicado no final do mandato do presidente anterior, James Carter. Ele anuncia uma política monetarista — promete controlar rigidamente a quantidade de moeda. De fato, aumenta as taxas de juros a níveis inéditos na história americana. Esse aumento é a causa próxima da crise da dívida externa da América Latina, que será resolvida somente doze anos depois, em 1993, quando o Brasil é o último país latino-americano a renegociar e volta a ter um relacionamento normal com os mercados financeiros internacionais.

O Tesouro americano tem um grande déficit público e o Federal Reserve adota uma política monetária conservadora e contracionista. A reviravolta conservadora chega à Academia. Professores da Universidade de Chicago, como Robert Lucas, Robert Barro e Thomas J. Sargent,[1] substituem a hipótese empírica das expectativas adaptativas pela hipótese de expectativas racionais.

Sargent argumenta que a política monetária do Federal Reserve durante o período inicial do governo Reagan não conseguirá reduzir a taxa de inflação. As taxas de juros nominais geravam taxas de juros reais mais altas do que a taxa de crescimento da economia. Assim as despesas com juros cresciam mais rapidamente do que a arrecadação. Em algum momento do futuro, o Tesouro americano teria que aumentar a emissão de títulos da dívida pública para pagar juros. A dívida pública continuaria crescendo e o Federal Reserve continuaria a ampliar a base monetária e a oferta de meios de pagamento. O que causaria inflação. Ora, sabendo que isso iria acontecer, trabalhadores e empresários ajustariam os preços imediatamente, causando mais inflação. A política monetária não consegue anular os efeitos inflacionários da política fiscal. Política fiscal e política monetária precisam ser coordenadas sem predominância alguma de uma sobre a outra. Expectativas racionais e o mercado impedem que a política monetária controle a inflação.

Os economistas das expectativas racionais propõem alternativa radical. Nos modelos macroeconômicos mais antigos, supunha-se que consumidores e investidores tomavam decisão olhando para variáveis do seu entorno, isto é, preços de venda, compra, salários pagos, novas tecnologias. Não tinham consciência do modelo macroeconômico. Somente os economistas e as autoridades de política econômica sabiam do funcionamento da macroeconomia.

Economistas e autoridades sabiam tudo e fixavam impostos, gastos públicos e taxas de juros. Os agentes econômicos não sabiam nada e reagiam passivamente às decisões de política econômica. Com a hipótese de expectativas adaptativas, essa passividade era atenuada. Os agentes não sabiam direito por que haviam errado ao fazer suas previsões e corrigiam parcialmente os erros cometidos. Agora, a nova hipótese era que os agentes econômicos conheciam o modelo macroeconômico. Antes, nós sabíamos tudo e eles não sabiam nada. Depois, nós sabíamos tudo e eles tentavam adivinhar. Com a hipótese de expectativas racionais, eles sabem que nós sabemos que eles sabem as mesmas coisas.

À primeira vista, a hipótese parece pouco realista, o que não é critério relevante para os monetaristas, já que adotam um positivismo instrumental como método. Não importa se a hipótese é realista ou não. Importa que os resultados do modelo baseado nessas hipóteses geram boas previsões.

Mas a hipótese está baseada na observação empírica de que o preço das ações, por exemplo, segue um *random walk* [curso aleatório]. A melhor previsão sobre a evolução desse preço é dada pelo preço corrente mais uma variável aleatória. É impossível prever a evolução do preço das ações melhor do que o próprio preço de mercado. O mercado de capitais é um mercado eficiente e todas as informações relevantes sobre a evolução do preço das ações estão refletidas nos preços. Não vale a pena decidir sobre a compra de ações com análises e especulação, pois tudo o que se pode saber sobre esses preços se reflete rapidamente no preço de mercado. O mercado de capitais é eficiente e é impossível ganhar dinheiro com qualquer estratégia. A menos que se tenha informações privilegiadas (*inside information*), o que é ilegal. É a teoria de Eugene Fama, agraciado com o prêmio Nobel de economia em 2013 juntamente com Robert Shiller, que desenvolve uma teoria comportamental dos investidores muito diferente da proposta de Fama.

Em termos de política fiscal e monetária, os resultados dessa suposição são dramáticos: as políticas monetária e fiscal se tornam inócuas, isto é, não afetam o andamento da economia. Se o governo reduzir impostos, os contribuintes sabem que no futuro os impostos terão que ser aumentados novamente e aumentam a taxa de poupança hoje para fazer os pagamentos do imposto maior no futuro. Essa hipótese, chamada de hipótese ricardiana, atenua ou reduz totalmente o efeito da política fiscal expansionista ou contracionista.

Na política monetária, um aumento percebido ou anunciado da oferta de meios de pagamento gera reações imediatas dos trabalhadores, que exigem correção dos salários nominais, e dos empresários, que reajustam preços nominais, pois sabem que haverá inflação. Assim, a política monetária não produz nenhum efeito sobre a demanda agregada, a produção e o emprego. A menos que o Banco Central faça tudo às escondidas.

O argumento clássico foi resgatado: o governo deve ter orçamento equilibrado. A política monetária deve ser neutra.

No século XIX e no início do século XX, a política monetária estava imobilizada porque seguia a regra do padrão-ouro. Dinheiro era ouro e a quantidade maior ou menor de dinheiro dependia das reservas de ouro. A expansão monetária seria desfeita pela fuga do dinheiro.

Agora, a política monetária não altera a demanda agregada porque os agentes econômicos preveem corretamente a evolução dos preços nominais e fixam preços de forma a manter o preço real ou relativo. Compartilham da hipótese de que mais dinheiro gera mais inflação.

John Maynard Keynes e Hyman Minsky afirmavam que o mercado de capitais funciona com base em um processo de adivinhação de terceiro grau, o que é uma hipótese análoga à hipótese de expectativas racionais. Os investidores compram e vendem ações não porque acham que as empresas terão mais ou menos lucros no futuro. Compram e vendem imaginando que os outros investidores acham que o preço dessas ações vai subir. E os demais investidores reagem da mesma forma. Todos adotam a mesma estratégia, em um comportamento de manada. Portanto, são mercados que funcionam mal.

A hipótese de mercados eficientes é semelhante. Mas investidores do mercado financeiro e consumidores sabem qual o verdadeiro modelo que determina o comportamento da economia, o preço das ações e a taxa de inflação.

A diferença entre Keynes e o modelo de expectativas racionais é que no caso de Keynes não se sabe qual modelo macroeconômico ou de funcionamento do mercado de ações será compartilhado pelos diversos investidores ou pelas autoridades econômicas e pelos agentes econômicos. Não importa saber se o modelo adotado é o que melhor descreve o comportamento do mercado. A melhor estratégia é seguir as previsões do modelo que todos usam, certo ou errado.

O modelo de expectativas racionais é uma modificação dos modelos monetaristas consistente com a evolução dos mercados financeiros. Com o crescimento do setor financeiro que integra mercado monetário e mercado de capitais nacional e internacionalmente (a globalização financeira), o papel das expectativas, racionais ou de outro tipo, é determinante no funcionamento dos mercados. Assim, a nova hipótese é uma modificação oportuna da teoria, pois acompanha o crescimento da importância dos mercados financeiros. Se as hipóteses sobre o funcionamento da economia são as mesmas para as autoridades econômicas e o setor privado, é outra questão. E se são as mesmas entre monetaristas e não monetaristas, uma segunda questão.

Os que afirmam que os mercados financeiros e de capital são eficientes prevalecem. "Ninguém ganha do mercado" se torna a regra do discurso público e privado. A proposição é verdadeira. Mas não se sabe se o mercado está certo ou não. A crise de 2008 reabre a discussão.

12. A nova política monetária: o regime de metas de inflação

A proposta de política monetária dos monetaristas é controlar ativamente a quantidade de moeda. Quando essa era a proposta dominante e vencedora, nos anos 1960 e 1970, o Banco Central deveria controlar o crescimento da base monetária e anunciar explicitamente qual era a meta de crescimento.

No Brasil, que tinha taxas de inflação muito altas, essa foi a regra anunciada pelo Banco Central do Brasil. E o jornalismo econômico da época, menos informado do que atualmente, cometia alguns enganos interessantes na tentativa de entender questões monetárias. Ao aumentar as reservas compulsórias, para controlar o crescimento da oferta de meios de pagamento, aumentava a base. Já que a base é a soma do papel-moeda em circulação — papel-moeda em poder do público — mais as reservas compulsórias e voluntárias dos bancos comerciais. Entretanto, reduzia a possibilidade de expansão de M. Alguns jornais noticiavam que o Banco Central, apesar de ter aumentado os compulsórios, estava aumentando a base e desviando-se da meta preestabelecida. O dinheiro e a política monetária são de fato misteriosos. Talvez tenham mesmo que ser.

A proposta monetarista logo gerou controvérsias com os neoclássicos. Qual quantidade de moeda deveria ser controlada e crescer a taxa igual à do crescimento do produto mais a inflação planejada? $M0$ — papel-moeda em poder do público? Ou $M1 = M0$ mais depósitos à vista? Ou $M2 = M1$ mais depósitos de poupança? Ou $M3 = M2$ mais títulos públicos de curto prazo? Ou $M4$? A resposta monetarista a essa crítica é que a escolha de qualquer M não faz diferença desde que a relação entre os diversos Ms permaneça constante.

Mas a prática dos bancos centrais acaba controlando a taxa básica de juros — a taxa de juros dos Fed Funds, por exemplo, aplicada para operação de troca de reservas entre diferentes bancos nos Estados Unidos. Essa taxa é aquela que se estabelece entre bancos que precisam de reservas e bancos que dispõem de reservas para emprestar. O Comitê de Operações de Mercado Aberto do Fed fixa uma meta para essa taxa e opera indiretamente — através de operações de compra e venda de títulos públicos, fixação da taxa de redesconto — para que ela seja atingida nesse mercado.

Quando Paul Volcker anuncia a política monetarista no final dos anos 1970, atua, na prática, aumentando a taxa dos Fed Funds. Ou seja, o Banco Central americano passa a atuar usando as taxas de juros de curtíssimo prazo, que devem afetar a estrutura da taxa de juros para diferentes prazos — desde as taxas de prazos mais curtos até as de prazo mais longo. Essa estrutura de taxas de juros se chama curva de juros a termo. Em períodos normais, as taxas de juros crescem quando o prazo da operação a termo (isto é, o prazo de vencimento) aumenta.

A regra de determinação da taxa de curto prazo é derivada de um achado estatístico do professor Paul Taylor. Taylor verifica estatisticamente que o Banco Central aumenta a taxa de juros básica numa proporção muito maior do que o aumento na taxa de inflação esperada. Assim, se a inflação esperada aumenta 5%, a taxa de juros deve aumentar muito mais do que 5% e imediatamente para controlar a taxa de inflação.

Esse achado, a regra de Taylor, passa a ser considerado o comportamento ótimo para o Banco Central. Assim, a regra de política monetária deixa de ser o controle do crescimento da base monetária e passa a ser a estrutura de taxas de juros a termo. O Banco Central, entretanto, fixa apenas a taxa de curtíssimo prazo, esperando que ela influencie as taxas para prazos maiores.

Interessante notar que, apesar de essa ser a regra do novo período de austeridade monetária inaugurado por Paul Volcker nos Estados Unidos, ela se baseia em um modelo completo que tem ingredientes clássicos e keynesianos, à moda da síntese neoclássica que apresentamos no início do livro.

A taxa de inflação esperada é resultado da diferença entre produto potencial e produto efetivo, isto é, depende do desvio entre a produção nacional corrente e a produção máxima. Essa relação é equivalente à curva de Phillips, uma relação estatística entre desemprego e inflação. A inflação seria tanto maior quanto menor fosse o desemprego. E tanto menor quanto maior fosse o desemprego. A curva de Phillips também foi alvo de controvérsia entre monetaristas e neoclássicos. E deixava as autoridades monetárias diante do dilema de escolher entre dois males — mais desemprego ou mais inflação.

Friedman, mais uma vez, argumenta que a relação negativa entre desemprego e inflação existe apenas no curto prazo, quando a relação estatística estabelecida usa a inflação corrente e o desemprego corrente. Se fosse usada a inflação esperada (calculada pelo método de expectativas adaptativas), a curva seria na verdade vertical. Haveria um nível de desemprego "natural" dado pelas condições de funcionamento da economia real — novas tecnologias, competição entre diferentes mercados, variações exógenas (guerras, elevação do preço do petróleo etc.). Friedman argumentava ainda que a política monetária não deveria se preocupar com o desemprego.

Mesmo assim, a regra do regime de metas de inflação utiliza a curva de Phillips não vertical como informação para fixar a taxa de juros básica, a taxa Selic, no caso brasileiro.

Por outro lado, os bancos centrais que seguem o regime de metas de inflação têm como objetivo apenas a taxa de inflação. Não consideram o desemprego como problema a ser resolvido pela política monetária, o que é uma avaliação monetarista e não neoclássica.

O Federal Reserve não diz que segue o regime de metas de inflação. Afirma que fixa a taxa de juros em função da inflação e do desemprego. Mas vários países do mundo utilizam esse regime. Que tem ingredientes das propostas novo-clássicas sobre expectativas. O Banco Central avalia as expectativas de inflação do setor financeiro e formula a sua própria expectativa analisando os componentes do nível geral de preços — quanto vão subir os preços mais importantes, qual será a repercussão desses aumentos sobre os demais preços (o repasse). A inflação esperada é determinada — pelas apostas do setor financeiro e pelas suas próprias previsões —, e o Banco Central anuncia a taxa de juros básica, usando os princípios da regra de Taylor.

O regime de metas de inflação combina o ponto de vista monetarista com o ponto de vista neoclássico (curva de Phillips, equações de preços). Usa uma equação de preços, isto é, uma expressão que mostra o cálculo do nível geral de preços: o preço da gasolina, a taxa cambial e os preços que dependem da taxa cambial, o preço do trigo, do aço, enfim, todos os preços da economia. Ao usar essa equação, supõe implicitamente que o nível geral de preços é determinado por todos os preços da economia. Ou que o valor da moeda, o inverso do nível geral de preços, é dado pelos preços e não pela quantidade de moeda. A variação dos preços nominais é que influencia o valor da moeda. E não o contrário, como supõe a Teoria Quantitativa de Moeda.

De qualquer forma, o Banco Central assume uma posição clássica ou conservadora com relação ao desemprego. O desemprego não é objetivo da política monetária. O único objetivo da política monetária é a estabilidade de preços. Essa orientação é conservadora e consistente com o ciclo econômico e político dos últimos trinta anos, desde a reviravolta conservadora do governo Reagan até a crise de 2008.

O modelo poderia ser chamado de neoclássico ou mesmo keynesiano. Mas o objetivo do regime de metas — a estabilidade do valor da moeda, independentemente do nível de desemprego — é uma estratégia conservadora ou clássica. O regime de metas de inflação é um modelo keynesiano que não se preocupa com o desemprego, somente com a inflação.

O período que se segue na política monetária sob a liderança de Alan Greenspan, que sucede a Paul Volcker, é chamado de período da Grande Moderação. As taxas de crescimento da produção são altas e a taxa de inflação americana e do mundo inteiro são muito mais baixas, inclusive no Brasil, depois do Plano Real de 1994.

As taxas de juros reais americanas são baixas e as diversas bolsas de valores americanas e europeias vivem períodos de alta e de processos especulativos em série, que terminam abruptamente — a crise asiática, a crise da dívida russa, a crise das ações de empresas de tecnologia e finalmente a crise do mercado de hipotecas imobiliárias e a quebra do Lehman Brothers e da seguradora AIG, que se transforma em crise financeira mundial. O regime de metas passa a sofrer críticas, mas é o regime que prevalece.

No mundo das expectativas racionais, a política econômica e a política monetária se constituem em um jogo. As autoridades econômicas decidem sobre o que fazer com a política monetária e fiscal sabendo que os "agentes econômicos" reagirão a essa política considerando o mesmo modelo.

Os dois conjuntos de tomadores de decisão — Banco Central de um lado e setor privado e sindicatos do outro — decidem como dois jogadores de xadrez que observam o mesmo tabuleiro, têm regras de comportamento conhecidas e veem cada um as peças do outro. O sucesso no controle da inflação pode ser visto como o resultado da mudança de comportamento de um dos jogadores — o Banco Central. O outro jogador — sindicatos e setor privado — sabe que o Banco Central não terá receio ou escrúpulos para combater a inflação restringindo a produção e o emprego diante de pressões por aumento de preços. Sacrifica a rainha, mas não perde a batalha para salvar o rei — a estabilidade monetária. As taxas de inflação mais baixas são o resultado dessa estratégia.

O regime de metas de inflação já era o regime prevalecente quando surgiram as teorias que o justificam. A mesma coisa aconteceu com a revolução keynesiana. Franklin Delano Roosevelt encontrou-se poucas vezes com John Maynard Keynes. E já havia definido e implementado políticas fiscais — programa de obras, programas de seguridade social — e políticas monetárias, quando abandonou o padrão-ouro em 1932 e aumentou o preço do ouro, mais tarde, para provocar inflação, corroer as dívidas e o valor dos ativos monetários e incentivar a produção. A *Teoria geral* foi publicada apenas em 1936.

Com o regime de metas de inflação, também há um descompasso entre a implementação do regime e o arcabouço teórico. O livro do professor Michael Woodford oferece as bases teóricas do novo regime.[1] Constrói modelos de equilíbrio geral intertemporal e com a presença de risco. Consumidores decidem e investidores tomam decisões maximizando utilidades e lucros, levando em conta o momento presente e momentos futuros com a presença de risco. Esses modelos, chamados de modelos de equilíbrio geral intertemporal com risco, informam como a taxa de juros de curto prazo influencia todas as decisões econômicas de hoje e do futuro, como consumo, investimento, demanda de moeda, nível de investimento. E demonstram como fixar as taxas de curto prazo, ou como fixar as taxas básicas de juros do regime de metas de inflação.

Índices de preços tratam apenas de preços de produtos de consumo corrente — alimentos, preços de transporte público e privado, aluguéis etc. Não consideram preços de ativos — terrenos, ações, ouro, títulos da dívida pública e privada etc.

Foram construídos para orientar negociações salariais e contratos de prazo longo que precisam ter seus preços reajustados. Incluem incorretamente preços de automóveis e eletrodomésticos, que também são ativos, isto é, bens de capital que não precisam ser comprados todos os anos e podem ser alugados.

O livro do professor Woodford, com base nos modelos que utiliza, afirma que o índice de preços que deveria ser considerado no regime de metas de inflação deveria ser abrangente, incluindo o preço de todos os ativos, particularmente o preço das ações. A política de juros baixos do período de Alan Greenspan controlou a inflação medida convencionalmente, mas não controlou o preço das ações, muito menos o preço dos imóveis residenciais. Se tivesse considerado um índice geral de preços que incluísse os preços das ações e dos imóveis, as taxas de juros fixadas seriam mais altas e a Grande Moderação teria afetado também o mercado de ações e o mercado imobiliário sem que houvesse os períodos de elevação excessiva dos preços desses ativos.

13. Os novos keynesianos

O desemprego analisado na *Teoria geral do emprego, do juro e da moeda* resulta em parte da rigidez dos salários nominais.

Em 1997, vários professores escrevem uma "segunda edição" da *Teoria geral*, com um artigo para cada capítulo do livro original.[1] Na questão do emprego, os professores William Darity Jr. e Warren Young lamentam que Keynes tenha dado ênfase à rigidez dos salários nominais. Pois essa ênfase inaugurou um conjunto de estudos sobre a rigidez de preços que tentava explicar por que alguns preços são rígidos em termos nominais do ponto de vista microeconômico. Por que os cardápios dos restaurantes, as diárias dos hotéis e tantos outros preços são rígidos? Quais as vantagens dessa rigidez para as empresas e para os consumidores?

As teorias propostas geram resultados interessantes: assimetria de informações, custo da mudança de preços. E essas razões microeconômicas explicariam também a rigidez dos salários nominais e os problemas mais importantes do desemprego e da inflação. Para os professores Darity Jr. e Young, os novos keynesianos que seguiram essa linha de investigação se desviaram da mensagem essencial da *Teoria geral* sobre a instabilidade da economia capitalista.

Os novos keynesianos que criticam os novos clássicos são herdeiros diretos dos neoclássicos e continuam se contrapondo aos monetaristas. George Akerlof, Janet Yellen, Greg Mankiw e outros podem ser incluídos nessa classificação.

Todo o pensamento econômico se deslocou no sentido dos clássicos. Mesmo os herdeiros keynesianos passam a tratar como problema importante da macroeconomia a rigidez de preços nominais. E explicam essa rigidez como resultado dos custos de obter informações, da distribuição assimétrica de informações. A economia, uma ciência conservadora, se tornou mais conservadora.

Muitos economistas passam a propor que a macroeconomia seja o resultado de uma agregação de modelos microeconômicos. A macro seria desnecessária.

O problema macroeconômico, entretanto, é diferente: o todo funciona distintamente da soma das partes e o dinheiro é o protagonista. O desequilíbrio macroeconômico não deriva apenas do comportamento especial de mercados com preços nominais rígidos, ainda que seu estudo possa produzir resultados importantes.

A reação fisiológica do corpo humano é um bom exemplo. Ainda que a febre seja uma reação defensiva à presença de uma infecção, deve ser contida por antitérmicos para que não cause problemas maiores, como a convulsão. O problema é análogo em macro: se o desemprego levar a reduções do salário nominal, que tenderiam a ajustar o mercado de trabalho, poderá causar redução da demanda agregada ou do nível geral de preços, que agravam o problema do desemprego. No mercado monetário e de capitais, como veremos em seguida, o desequilíbrio entre oferta e demanda de ativos pode levar à queda do preço dos ativos, chamada de margem de empréstimos cujas garantias se tornam insuficientes, contração do crédito, quedas adicionais nos preços dos ativos, novas contrações de crédito, falências bancárias, e assim cumulativamente.

14. Duas visões sobre o dinheiro

Clássicos e keynesianos, neoclássicos e monetaristas ou novos clássicos e novos keynesianos veem o dinheiro de forma diferente.

Para os clássicos, a economia capitalista é uma organização racional que, apesar da aparência confusa e desorganizada em que cada indivíduo procura satisfazer o próprio interesse, chega a um resultado harmônico e de máximo bem-estar coletivo. Nessa sociedade, consumidores e empresários procuram a máxima satisfação e o máximo lucro por meio de bens e serviços que lhes sejam úteis, satisfatórios e lucrativos. É uma economia "real" voltada para a produção e o consumo de bens. São chamados de clássicos pois são os primeiros a formular a teoria que justifica e apoia o sistema capitalista como a melhor forma de organização da economia, da política e da sociedade.

Mas poderiam ser chamados de clássicos também por acreditarem que os resultados dessa economia tão inovadora, dinâmica e competitiva são produzidos por seres humanos racionais, que decidem de forma racional o que é melhor para si mesmos minimizando os sacrifícios ou o trabalho que têm que realizar de forma a obter o máximo de satisfação. São clássicos porque veem o capitalismo como um mundo harmônico como as esculturas clássicas, a *Vênus de Milo* ou o *Davi* de Michelangelo. O personagem clássico, consumidor ou empresário, parece mais um hippie escolhendo entre comer mais maçãs e comer mais peras, gente que trabalha para viver e não vive para trabalhar.

São personagens diferentes dos *traders* e banqueiros de investimento que vemos nos documentários e livros sobre Wall Street nos últimos anos, ou dos industriais sovinas e cruéis dos livros de Charles Dickens do século XIX.

No mundo clássico, o dinheiro é apenas uma mercadoria escolhida por algumas características — oferta inelástica — que facilita as trocas. Como uma mercadoria qualquer, seu preço é determinado principalmente pela quantidade existente dessa mercadoria. O preço da batata é determinado principalmente pela oferta e demanda da batata, ainda que possa ser modificado pelo preço de produtos substitutos ou concorrentes, como a cenoura, a mandioca etc. Daí decorre a teoria quantitativa da moeda, que surge primeiramente como uma identidade contábil: o produto nominal é sempre idêntico à quantidade de moeda vezes a velocidade de circulação da moeda. E depois, com os monetaristas, se transforma numa demanda de moeda como um ativo, mas moeda que serve apenas para facilitar as trocas. Que não é demandada para outros fins. E, portanto, quando aumenta a quantidade de moeda, cai o seu preço, que é o inverso do preço médio das coisas que pode comprar, isto é, o inverso do nível geral de preços.

Para os keynesianos, os agentes do capitalismo, consumidores e empresários, são movidos pelos *animal spirits*. Vivem para trabalhar, produzindo bens e serviços para serem trocados por dinheiro. A economia capitalista é próspera e consumista — cria necessidades para expandir o consumo. E como organização dinâmica, afetada pela "criação destrutiva", está sujeita a incertezas. Nessa sociedade, o dinheiro é o porto seguro, a redenção do esforço produtivo e do investimento. Produzimos e investimos para ganhar "dinheiro", tomar fôlego, respirar e chegar a um período sabático definitivo, quando poderemos olhar a confusão da economia de uma janela bem alta da torre de marfim. E se essa vida for insossa, temos dinheiro para entrar na confusão novamente e recuperar a adrenalina.

A economia capitalista é essencialmente uma economia monetária. O setor financeiro é sua essência. O dinheiro cumpre a função de reserva geral de valor, de porto seguro. E o objetivo da produção é ganhar dinheiro.

O preço do dinheiro não é determinado pela demanda e pela oferta de moeda. Depende do preço dos bens produzidos. Se o dinheiro for puro crédito, como atualmente, o nível geral de preços ou o inverso do preço do dinheiro é indeterminado: se aumentam os salários, aumentam os preços, aumenta o valor nominal do crédito, que aumenta os salários, que aumentam os preços, e assim por diante. O nível geral de preços e salários é indeterminado como o local de repouso de um cilindro perfeito que role sobre uma superfície sem atrito. É preciso que haja uma âncora ou um obstáculo que impeçam a corrida entre preços e salários.

Para os monetaristas, essa âncora é a quantidade fixa de moeda em circulação. Fixadas a quantidade de moeda e a velocidade de circulação, o nível geral de preços não pode aumentar. Aumentos de salários e preços esbarram em uma impossibilidade física: não há recursos suficientes para financiar essa produção mais cara. A quantidade fixa de moeda replicaria a rigidez da oferta de ouro mesmo num regime monetário não baseado no ouro. A quantidade de moeda seria a âncora do nível geral de preços, no lugar do ouro.

Para os keynesianos, a quantidade de moeda não consegue

desempenhar o papel de âncora. Pois, na economia monetária, todos os ativos aspiram a ser líquidos como a moeda. Bancos criam mais moeda, ativos menos líquidos se transformam em ativos mais líquidos, quase moeda. A âncora precisa ser algum preço importante — os salários nominais ou a taxa de câmbio. E a estabilidade desses preços nominais pode ser obtida por uma demanda agregada menor e desemprego, no caso dos salários, ou pelos superávits no balanço de pagamentos que permitem estabilizar a taxa de câmbio. São preços nominais rígidos — câmbio ou salários — que fixam o valor da moeda.

A discussão que apresentamos anteriormente entre clássicos e keynesianos e seus herdeiros tem como foco principal a inflação e o desemprego. A organização dos mercados monetários e de capital recebe atenção maior dos neoclássicos depois do trabalho de Gurley e Shaw e de Tobin, que consideram explicitamente a presença do dinheiro entre outros ativos financeiros. Mas a observação mais cuidadosa sobre o funcionamento desses mercados é feita por outros economistas preocupados com a sua organização e regulamentação.

II. BANCO CENTRAL, MERCADOS MONETÁRIOS E MERCADOS FINANCEIROS

15. Currency School e Banking School

A *Teoria geral*, assim como a sua interpretação neoclássica e a reação monetarista, focaliza os efeitos da moeda sobre a produção e o emprego. E desfocaliza o funcionamento real dos mercados financeiros. Deixa de lado outros ativos financeiros menos líquidos mas ainda bastante líquidos e que concorrem com a moeda nacional ou complementam suas funções. Mesmo o modelo de Tobin, que define a moeda como um ativo concorrente ou substituto dos outros ativos financeiros, não trata em detalhe da complexidade dos mercados monetários e financeiros.

O funcionamento do mercado monetário e das políticas monetárias, entretanto, é um problema em si mesmo, sem considerar os seus efeitos na economia em geral. A organização do sistema monetário inglês, na segunda metade do século XIX, foi decidida após intenso debate entre dois pontos de vista. Os defensores de uma moeda baseada no crédito, a Banking School, afirmavam que dinheiro é criado a partir de créditos dos comerciantes e industriais que antecipam suas receitas descontando contas a receber por dinheiro ou depósitos no sistema bancário.

Os bancos concederiam empréstimos e, portanto, criariam depósitos garantidos por essas operações de crédito — as exportações e as importações lastreadas nos documentos de embarque das mercadorias. Uma vez liquidadas essas operações, os créditos se cancelariam, assim como os depósitos criados por esses créditos, e a oferta de moeda, que havia crescido quando os créditos foram concedidos, se contrairia automaticamente. A oferta de crédito aumentaria de acordo com as necessidades da economia real. A proposta da Banking School enfatiza a flexibilidade dos mercados monetários.

Numa economia de puro crédito, como a proposta pela Banking School, o nível geral de preços seria indeterminado. Se aumentam os salários, por exemplo, aumentam os preços e os créditos criados pelos bancos. E os salários podem aumentar novamente e os preços são outra vez aumentados. E assim por diante, sem que a corrida preços-salários ou salários-preços pare.

Esse regime monetário precisa de uma âncora, alguma coisa que impeça a criação ilimitada de crédito e moeda e fixe o nível geral de preços. Knut Wicksell propõe que seja a taxa de juros "natural" — aquela que iguala o fluxo de poupanças ao fluxo de investimentos, ou seja, que mantém a demanda agregada estável. Para Friedman, seria a quantidade de *M1*, limitada pelo Banco Central e independente da quantidade de ouro em reservas no Banco Central. No Brasil, a âncora escolhida pelo BC na elaboração do Plano Real foi a taxa de câmbio.

Para os economistas da Currency School, a quantidade de moeda tem que ser proporcional à quantidade de ouro em reserva nos bancos privados ou no Banco da Inglaterra. As notas bancárias que são usadas como meio de pagamento ou base do crédito oferecido ao setor real têm que ser proporcionais à quantidade de ouro que representam.

Como o ouro era a moeda internacional, e os estoques de

ouro variavam com a situação do balanço de pagamentos, a quantidade de moeda ou de crédito passa a ser determinada pela situação do balanço de pagamentos. A proposta da Currency School dá ênfase à disciplina do mercado monetário.

O dinheiro cumpre uma função difícil. Representa a escassez, é o signo que indica quanto custa produzir mais de um bem e menos de outro. Mas não é escasso, pois, como operação de crédito, pode ser ampliado ou reduzido por simples registros contábeis, como no caso da proposta da Banking School. Banking School e Currency School podem ser consideradas antecessoras do debate que ocorreria cem anos depois entre monetaristas e neoclássicos. Os primeiros defendendo a rigidez da oferta de crédito e de meios de pagamento e os segundos defendendo a flexibilidade.

A questão de como organizar o sistema monetário, entretanto, não estava resolvida. O Banco da Inglaterra, que operava como banco comercial e privado, passa a assumir as funções de Banco Central como definidas hoje. É uma agência de compensação, que administra a troca de reservas entre bancos privados com falta ou excesso de reservas. E é o emprestador de última instância para os bancos privados.

Walter Bagehot, o teórico do Banco da Inglaterra, formula a regra: o Banco da Inglaterra deve sempre descontar (isto é, trocar empréstimos por dinheiro) para os bancos privados solventes (com ativos maiores do que passivos), ainda que a uma taxa de desconto punitiva, para impor disciplina à política monetária. Pois, como empresas com alta alavancagem (isto é, que têm ativos muito maiores do que o capital próprio), a falência de um levaria a uma sequência de falências de outros bancos. E a uma contração da oferta de moeda que afetaria a produção e o emprego. Portanto, a liquidez do sistema bancário teria que ser garantida pelo Banco da Inglaterra sempre que esses bancos forem solventes.

Além da necessidade de um centro de compensação entre os

bancos, a organização do mercado financeiro também esteve sujeita a outras regulamentações cujo objetivo principal era evitar falências e a instabilidade. O sistema financeiro tem várias funções. A primeira delas é administrar o sistema de pagamentos. Essa função era privativa dos bancos comerciais, que se financiavam por depósitos à vista e podiam oferecer empréstimos limitados a um determinado prazo. Bancos de investimento eram financiados por depósitos a prazo e faziam empréstimos e outras operações (lançamento de ações no mercado, compra de participações em empresas etc.) de prazo maior. A separação entre as duas atividades era importante tanto para reduzir o risco dos bancos comerciais como para garantir alguma compatibilidade entre prazos de aplicações e prazos de captações. Nos Estados Unidos essa separação era definida pela Lei Glass-Steagall, que vigorou entre 1933 e 1999. A partir de 1999 não havia mais a proibição de que uma instituição financeira atuasse tanto como banco de investimento quanto como banco comercial.

A entrada de um novo banco no setor financeiro também era controlada no início do século XX tanto nos Estados Unidos quanto no Brasil. O Brasil tinha aproximadamente quatrocentos bancos em 1964, cada um deles autorizado por uma carta patente emitida pelo Banco Central. Dada a limitação do número de cartas patentes, estas tinham um valor expressivo e podiam ser vendidas para um investidor que pretendesse abrir um novo banco. A recessão de 1969 e a queda da taxa de inflação criaram dificuldades para vários bancos. O governo militar da época adotou como estratégia o apoio à compra dos bancos com problemas financeiros pelos bancos que estavam em boa situação. Assim surgiram os grandes bancos brasileiros, como Itaú, Bradesco, Nacional, Bamerindus e Unibanco, entre outros.

Em 1990, o Banco Mundial, acompanhando a onda de desregulamentação do sistema financeiro, fez um empréstimo ao Banco

Central do Brasil condicionado à abertura do sistema bancário a novos participantes. Os novos bancos, chamados de bancos múltiplos, pois eram bancos de investimento e bancos comerciais, fizeram que o número de instituições bancárias crescesse novamente, chegando próximo aos quatrocentos bancos de 1964.

Depois do Plano Real, o Banco Central aprovou nova legislação, que dava mais flexibilidade ao governo para intervir em bancos que apresentassem situação financeira problemática, programa esse chamado de Programa de Estímulo à Reestruturação e ao Fortalecimento do Sistema Financeiro Nacional (Proer). Grandes bancos como o Nacional foram liquidados. O número de bancos múltiplos reduziu-se significativamente.

Até a metade dos anos 1990, a presença de bancos estrangeiros no Brasil também era rigorosamente limitada. Um banco estrangeiro poderia operar no Brasil apenas se o seu país de origem permitisse que um banco brasileiro operasse, em contrapartida, em seu território. Hoje, a abertura de um banco estrangeiro no Brasil depende apenas de autorização do presidente da República, e o número de bancos estrangeiros aumentou significativamente.

Nos dias atuais não existem mais barreiras à entrada no setor bancário a não ser a necessidade de capital mínimo, tanto do banco quanto dos acionistas, fixado em nível bastante elevado para assegurar que a solvência do banco seja garantida pelo patrimônio dos controladores.

16. Uma economia nominal

Minsky parte de uma visão diferente do funcionamento das economias capitalistas e do mercado financeiro. No curto prazo, as empresas são administradoras de fluxos de caixa: gerem os compromissos de pagamento que assumiram e as promessas de recebimento que aceitaram. Ou entradas e saídas de dinheiro programadas para cada dia por um longo período.

No curto prazo, a sobrevivência das empresas depende das restrições de liquidez impostas pelo fluxo de caixa. Sobrevivem ou não em função da liquidez. É verdade que se forem solventes conseguirão crédito e liquidez para continuarem a operar. Mas mesmo se não forem solventes, isto é, se não tiverem lucros para que o ativo seja maior ou cresça mais depressa do que o passivo, sobreviverão se obtiverem empréstimos, ou conseguirem vender ações para investidores que acreditem que no futuro se tornarão solventes e líquidas. Teria sido o caso da Amazon, que se tornou o site de vendas mais bem-sucedido do mundo, ainda que com prejuízos por um longo período. Assim, as empresas vivem numa economia nominal, em que o dinheiro que entra e o dinheiro que sai determinam vida e morte. Não importa se há ilusão monetária ou não. Na prática, é preciso que todos os dias a quantidade de dinheiro que entra seja suficiente para honrar os compromissos de pagamento assumidos.

O Banco Central do Japão fixa taxas de juros próximas a zero há pelo menos vinte anos. E a economia japonesa enfrenta deflação. As empresas japonesas, por isso, não enfrentam uma restrição forte de liquidez. Podem ter lucros nulos ou próximos a zero e se financiar permanentemente com juros muito baixos ou nulos. Por esse motivo, a pressão competitiva sobre essas empresas seria muito pequena. Podem ter lucros baixos ou prejuízo por um longo tempo sem que isso crie um problema de liquidez.

O sistema financeiro para Minsky é a essência, o coração da economia capitalista. Permite que os empresários assumam os riscos de investir em novos projetos em troca da criação de compromissos de pagamento, dívidas que devem ser honradas. Mas o equilíbrio entre os investimentos que deram certo e os que deram errado é precário. A economia capitalista está sempre criando e destruindo atividades, setores e empresas. Em momentos de acúmulo de erros, o sistema financeiro adia o acerto de contas. Os empréstimos ou os créditos a receber crescem apenas para pagar juros dos empréstimos concedidos e que não podem ser pagos. É o que se chama de efeito Ponzi, que tem vida limitada. Bernie Madoff, o administrador de fundos que pagava rendimentos altíssimos aos investidores, pagava esses rendimentos a partir das novas aplicações que recebia para administrar. Estava, portanto, operando um efeito Ponzi. Foi preso depois da crise de 2007-8, quando o esquema foi revelado.

No limite, frustrações dos retornos esperados dos investimentos geram falências no setor financeiro. O preço das garantias dadas aos empréstimos cai, e os emprestadores precisam de novos créditos. O setor é instável e sujeito a crises. Pois sua atividade é administrar créditos para novos investimentos que podem gerar os lucros esperados ou não. São decisões sobre o futuro sempre incerto.

17. Crises financeiras ou economia planejada?

O setor financeiro é o coração da economia capitalista. Está organizado para garantir a liberdade de investir dos empreendedores e também para que as decisões sejam tomadas por muitos e não de forma centralizada.

Se a economia nacional tivesse apenas um banco monopolista, o problema seria diferente. Não haveria necessidade de compensação de reservas entre diferentes bancos privados. O banco único seria o emissor de moeda: criaria depósitos e concederia empréstimos para as atividades e projetos de investimento. Se os investimentos financiados dessem errado, perderia ativos reais, e o saldo de compromissos que assumiu teria que ser pago com a emissão de mais passivo monetário, mais base ou mais papel-moeda em circulação. Que é o passivo que ele próprio emite e que não precisa ser resgatado.

Talvez o valor da moeda se reduzisse se muitos investimentos dessem errado. Teríamos mais moeda financiada por menos ativos reais. Mas as decisões sobre investimentos, sobre a nova produção da economia seriam tomadas por uma única agência, o banco único. Seria uma economia planificada, sem grandes crises no setor financeiro como na economia capitalista.

A existência de muitos bancos, corretoras, bancos de investimento como organizações que competem umas com as outras favorece a descentralização de poder econômico e de decisões de investimento. A economia está sujeita a crises financeiras de euforia e depressão. A crise de 2008 foi chamada por alguns jornalistas de Momento Minsky, quando os investimentos não deram os resultados esperados e passaram a ser financiados por mais crédito, um momento Ponzi. O setor financeiro tende a corrigir os erros mais rapidamente do que um banco único sem restrições quanto ao total de passivos que pode assumir.

Entretanto, a multiplicidade de bancos e a liberdade do setor financeiro criam outro problema. A incoerência entre projetos de investimento que prometem rendimentos futuros e compromissos, que pode e deve ocorrer na economia capitalista, gera crises financeiras que levam à falência de empresas do setor financeiro. As falências têm efeito cumulativo. Destroem depósitos e promessas de pagamento em série. Independentemente do funcionamento dos outros setores da economia, o mercado financeiro é instável. Pode inflar o valor dos ativos, das garantias dadas para os empréstimos concedidos, e gerar créditos baseados nessas garantias reais. O processo de encolhimento do setor por causa da incoerência entre compromissos e promessas de pagamento, entre ativos e passivos financeiros, é o preço a pagar pela escolha de descentralizar o mercado monetário e de crédito.

A questão é quem erra mais: o sistema financeiro ou um órgão central de planejamento que decide quais investimentos devem ser financiados? A debacle da economia centralizada da União Soviética aponta a favor da decisão descentralizada. A crise financeira que se iniciou em 2008 indica a necessidade de uma regulamentação adequada para impedir que a crise gere uma redução de produção e emprego, que já dura sete anos.

A economia capitalista é schumpeteriana — destrói para criar. Mas ao custo de crises financeiras. Que também ocorreriam no caso de planificação central, só que ao custo de os erros de investimentos levarem mais tempo para serem corrigidos ou nunca serem corrigidos, pois o banco único, também encarregado de produzir liquidez, pode postergar a hora da verdade, uma vez que não é punido pelo mercado, que exige no curto prazo liquidez das empresas e, em prazo maior, solvência.

18. A hierarquia dos dinheiros

A organização real dos mercados financeiros é mais complexa do que supõem os monetaristas e do que admitem os modelos neoclássicos, particularmente o de Tobin. Perry Mehrling fala do dinheiro como uma hierarquia de dinheiros.[1]

No topo da hierarquia estava o ouro. Hoje, no topo da hierarquia está o dólar. A substituição do ouro pelo dólar não modifica o raciocínio. Trataremos do dólar como reserva internacional em outro capítulo.

O ouro era o "lastro" das notas emitidas pelo Banco da Inglaterra ou pelo Fed. Logo abaixo do ouro, vêm essas notas, que são promessas de troca pelo ouro. Entretanto, o padrão-ouro prometia trocar notas por ouro apenas para outros bancos centrais. Os portadores de notas que não estivessem de acordo com a quantidade de ouro representada nas notas poderiam comprar notas de outros bancos centrais cujas reservas de ouro dariam valor maior à moeda estrangeira. A quantidade de notas nacionais, portanto, diminuiria até que representasse uma quantidade de ouro igual à das moedas estrangeiras. Ou o Banco Central poderia aumentar as taxas de juros que paga pela dívida pública do Tesouro ou por empréstimos que toma no mercado internacional, e atrair moeda estrangeira (junto com o ouro que representa), evitando a contração monetária.

Logo abaixo do ouro vêm os depósitos dos bancos privados. Depósitos de bancos privados são promessas de pagamento desses depósitos com notas. A promessa é de pagamento ao par — um depósito de um real pode ser trocado por uma nota de um real. Os bancos dão empréstimos criando depósitos. Um empréstimo de cem reais concedido a uma empresa é concedido por meio da criação de um depósito de cem reais na conta do cliente. Os bancos privados têm depósitos no Banco Central. Assim os depósitos, promessas de pagamento de notas, são lastreados por reservas no Banco Central.

Os títulos de crédito podem ser reunidos em carteiras de empréstimos de características homogêneas numa empresa ou num fundo que emite cotas para os investidores que quiserem pedaços dessa carteira. São securitizados. Os títulos securitizados são promessas de pagamento financiadas por aplicações de investidores em fundos. E as cotas podem ser líquidas, isto é, podem ser trocadas a um preço variável por depósitos.

Assim, temos uma hierarquia de moedas. No topo havia o ouro no passado e hoje há o dólar, a moeda internacional. Ele é o *outside money*, o dinheiro não criado, que é resgatado ou pago por ele mesmo.

Se alguém for ao Banco Central do Brasil e pedir para "resgatar" um real, receberá outro real igualzinho ao primeiro. O real é o *outside money* para os brasileiros. Assim, a base monetária é *outside money* para os bancos privados. Que podem comprar dólares a uma taxa variável determinada pelo mercado para remeter ao exterior, se autorizados pelo Banco Central.

Para todo o mundo, exceto os Estados Unidos, o dólar é *out-*

side money, uma moeda que só pode ser criada por esforço produtivo — mais exportação e menos importação, ou mais empréstimos internacionais.

O real pode ser criado por decisão unilateral do Banco Central do Brasil. Mas para o setor privado, bancário e não bancário, o real é "*outside money*", pois só pode ser criado por esforço produtivo — venda de ativo real, empréstimo ou geração de renda.

Os depósitos que financiam os créditos são resgatados em troca de moeda nacional. Os títulos de crédito de curto ou longo prazo podem ser resgatados por depósitos a uma taxa de desconto variável.

Essa hierarquia de dinheiros tem liquidez diferente e representa créditos de pagamento em moedas diferentes. Depósitos são resgatados em moeda nacional. Títulos de crédito privados ou públicos, resgatados por depósitos.

A cada ativo corresponde um passivo. E mesmo no regime do padrão-ouro esses ativos e passivos podem ser ampliados e contraídos pelos agentes financeiros. Não só os bancos "criam" moeda multiplicando depósitos. Todos os agentes financeiros criam moeda ou ativos financeiros líquidos, ainda que com graus de liquidez diferentes.

A moeda nacional no Brasil representa 16% do PIB. A dívida pública bruta, 60% do PIB — quase quatro vezes o valor da moeda nacional. A base é o ativo mais líquido, mas não é o único ativo líquido.

A política monetária segue as regras ditadas por Bagehot, controlando a taxa de desconto do Banco da Inglaterra. Taxa de desconto representa o custo de transformar os ativos diferentes de moeda em moeda. Quanto mais alta essa taxa, menor será a criação dos diferentes tipos de moeda. Pois o custo de resgatar em moeda nacional será maior para os detentores desses ativos. E menor será a criação de cada tipo de crédito da hierarquia. Quando o Banco da

Inglaterra eleva as taxas de juros, atrai investidores estrangeiros para aplicações na Inglaterra e aumenta a quantidade de ouro, o *outside money*. A taxa de juros básica controla a quantidade dos diversos créditos ou dos diversos tipos de moeda e a liquidez da economia em geral. Quando o dólar substitui o ouro como reserva internacional, funciona o mesmo mecanismo.

19. A produção de liquidez — os dealers[1]

Liquidez não é característica imutável dos ativos financeiros. A liquidez da moeda nacional é absoluta em território nacional. Primeiro, porque é a moeda incumbente, aquela que já é usada por todos os brasileiros. Segundo, por força de lei. Quem puser uma mercadoria à venda no Brasil terá que aceitar o pagamento em reais; não poderá receber em dólares, por exemplo. Assim, todos os preços de produtos comprados e vendidos no Brasil são expressos em reais. O vendedor de vinhos pode afirmar que fixa o preço em função do dólar. Mas, uma vez fixado o preço em dólares, cota em reais e é obrigado por lei a aceitar reais em pagamento.

Para os demais ativos financeiros a liquidez depende de várias coisas. Primeiro, do tamanho do mercado e do seu número de participantes. Se o mercado for profundo (grande), vale a pena ser um dealer. O que é um dealer? O supermercado é, por exemplo, um dealer unilateral — tem estoque e está sempre disposto a vender ao preço da etiqueta.

O dealer é um agente financeiro que está sempre disposto a comprar e vender um ativo financeiro a um determinado preço de compra e de venda. Seu lucro decorre dessa diferença (spread) entre preço de compra (*bid price*) e preço de venda (*call price*).

O dealer mantém um estoque desse ativo financeiro. Pode ter ativos comprados com capital próprio ou emprestado. E pode ter dívidas expressas nesses ativos. Porque vendeu ativos para entrega futura, ou porque alugou esses ativos de terceiros e promete devolvê-los numa data futura.

Suponha que o dealer opere no mercado de ações da empresa A. Pode ter no ativo 100 milhões de ações da empresa A e pode dever 100 milhões de ações que tomou emprestadas no mercado na forma de aluguel ou garantia de um empréstimo junto a um banco. Seu estoque líquido — ações que possui e ações que deve — pode ser nulo. Essa é a regra proposta por Paul Volcker para os bancos, e que foi aprovada nos Estados Unidos em novembro de 2013. Assim, bancos não correm riscos de perdas com a variação dos preços dos ativos em que operam como dealers.

Mas o estoque bruto — total de ações que estão no ativo e total de ações que estão no passivo — soma 200 milhões. A partir desses estoques, o dealer compra a um preço e vende mais caro qualquer quantidade de ações. Seu lucro depende desse spread entre preço de compra e preço de venda. As operações do dealer estabilizam o preço do ativo e permitem que ele seja comprado ou vendido a um preço igual ao anunciado, todos os dias e a qualquer hora durante o horário de funcionamento do mercado.[2]

Se a demanda por batatas aumenta e a oferta se mantém constante, espera-se que o preço vá subir. O dealer compra e vende batatas com spread fixo e atenua essa variação de preços. O preço corrente pode ficar longe do preço de equilíbrio por longo período.

A liquidez é, portanto, uma característica que pode ser produzida pelo mercado financeiro, por operadores que procuram maximizar o lucro. Através de seu trabalho, o ativo tem sempre um preço de mercado ao qual é possível comprá-lo ou vendê-lo sem alterar significativamente esse preço. A linha de preços desse ativo apresentada num gráfico é contínua. O preço pode subir ou descer, mas em todos os momentos existe um preço pelo qual compradores e vendedores podem comprar ou vender o ativo. Não existem dealers para imóveis, operadores de mercado que têm estoques de imóveis que compram e vendem com um spread. Existem apenas corretores que ligam compradores potenciais a vendedores potenciais. O mercado de imóveis, em que cada imóvel tem características singulares, é muito pouco líquido. Não se pode traçar uma linha contínua dos preços que um apartamento tem no mercado.

O resultado da atividade dos dealers é que os preços de muitos ativos financeiros sobem ou descem mais lentamente do que no caso de eles não existirem. Porque há estoques que amortecem a variação de preços causada pelas variações de demanda e oferta.

A operação dos dealers, ao aumentar a liquidez dos ativos financeiros e estabilizar os seus preços, tem consequências para a hipótese dos mercados de capital eficientes. Fischer Black, ganhador do prêmio Nobel de economia que formulou a equação de Black-Scholes, afirmou em discurso na American Finance Association que acreditava que os mercados de capital eram eficientes. E que o preço corrente dos ativos financeiros apresentava uma variação da ordem de 200% em relação ao preço de mercado fundamental, isto é, ao preço médio que seria estabelecido depois de uma informação que alterasse demanda ou oferta por esse ativo!

Em países emergentes, onde os mercados de moeda estrangeira são mais rasos do que os mercados internacionais, os dealers privados de dólar não conseguem, por si sós, suavizar as variações da taxa de câmbio, que não podem ser abruptas, pois desequilibrariam a taxa de inflação e criariam problemas para os agentes com posições curtas em dólar. Nessas economias, mesmo com taxas cambiais flutuantes, a intervenção do Banco Central como dealer pode ser importante, apesar das críticas que os defensores do regime de metas de inflação fazem a qualquer intervenção do Banco Central no mercado de dólares.

As empresas procuram liquidez. Têm compromissos a pagar e várias contas a receber. Correm o risco de ter um caixa negativo. Podem vender as contas a receber de compradores com características semelhantes (grandes empresas com bom crédito) ou de um grande número de pequenos compradores (com crédito menor e maior risco de inadimplência, mas que, sendo em grande número, permitem prever qual será a taxa de inadimplência média). As contas a receber se transformam em cotas de um fundo. A empresa antecipou pagamentos e transformou o seu ativo pouco líquido em ativo mais líquido. Pode ela mesma comprar uma parte dessas cotas, e vendê-las no mercado quando quiser, a um custo de desconto que compensa as vantagens de diminuir os riscos do seu fluxo de caixa.

Bancos tomam dinheiro emprestado no curto prazo (depósitos à vista) a uma taxa de juros zero e emprestam a um prazo maior. Correm um risco de inadimplência (se o tomador de empréstimo não pagar) e um risco de liquidez, se os depósitos à vista se reduzirem. Podem recorrer a outros bancos, pedindo empréstimos em reservas bancárias. Ou, em último caso, pedir redesconto ao Banco Central, como emprestador de última instância.

Podem também vender os empréstimos homogêneos (empréstimos hipotecários para pessoas de renda média) e empréstimos hipotecários para pessoas de baixa renda (*subprime*) em fundos que vendem cotas a investidores. Os empréstimos se transformam em cotas que são líquidas (podem ser compradas e vendidas instantaneamente no mercado). Substituem os empréstimos que estão no ativo por aplicações de alta liquidez que podem ser vendidas ou compradas a preço conhecido e rapidamente. Conseguem com essa operação contornar as regulamentações que limitam o ativo em empréstimos a no máximo dez vezes o montante do capital próprio. Esses fundos ou essas empresas são separados dos bancos e chamados de *shadow banks* e protagonizaram a crise do *subprime* que acabou gerando a crise de 2008.

Em conclusão, a partir do *outside money*, existe uma hierarquia de diferentes "dinheiros" — podem ser promessas de resgate do ativo financeiro em moeda nacional, em depósitos, em reservas. As empresas administram fluxos de caixa e procuram reduzir o risco de sobrevivência, ou aumentar a própria liquidez. Produzir liquidez, como os dealers produzem, é uma atividade rentável e que muda a característica dos ativos financeiros. Numa economia nominal, em que as empresas administram fluxos de caixa, a liquidez é a variável mais importante para garantir a sua subsistência.

Finalmente, a discussão entre neoclássicos e monetaristas sobre qual a melhor política monetária deixa de lado questões importantes: que o setor financeiro é instável, erra e acerta, gera crises de expansão e contração que estão na origem das crises das economias capitalistas. Que por isso requerem a presença de um Banco Central ativo, que reduza os riscos de insolvência e iliquidez independentemente da situação da economia real. Mesmo que o desemprego dos anos 1930 não tivesse ocorrido, e mesmo que as propostas de política monetária e fiscal de Keynes não tivessem tido sucesso, o setor financeiro é um gerador de crises e requer regulamentação e administração da política monetária.

III. O QUE É DINHEIRO?

20. O que é dinheiro — Keynes e Kaldor

Já discutimos a definição de dinheiro dos monetaristas — um expediente que facilita as transações de uma imensa e complexa economia de troca — e dos keynesianos — um porto seguro contra a incerteza dos investimentos.

O capítulo 17 da *Teoria geral do emprego, do juro e da moeda* procura as razões lógicas para que a taxa de juros do dinheiro seja a taxa mais importante. Pois é possível calcular taxas de juros para quaisquer mercadorias que tenham mercados futuros.

Se o preço do trigo no mercado spot é cem e no mercado futuro, 107, podemos falar numa taxa de juros própria do trigo como 107 sobre cem, ou 7%. Essa operação consiste na compra de trigo hoje ao preço cotado hoje no mercado futuro para entrega daqui a um ano. O preço do mercado futuro não é necessariamente igual ao preço que vai vigorar no mercado daqui a um ano.

A operação de empréstimo pode ser vista como uma operação no mercado futuro de dinheiro. É possível comprar dinheiro hoje para devolver no futuro, visto do lado do tomador de empréstimo. Ou comprar dinheiro para entrega futura, quando visto do lado do emprestador. Se a taxa de juros for de 5% podemos dizer que o dinheiro para entrega futura está cotado a 105.

Com esses dados hipotéticos, é possível realizar a seguinte operação de arbitragem: vender trigo no mercado futuro e comprar trigo no mercado spot. E o lucro dessa operação pode ser visto através do fluxo de caixa a seguir:

venda de trigo futuro = + 107
compra no mercado spot = − 100
empréstimo (compra de dinheiro spot) = + 100
pagamento (venda de dinheiro futuro) = − 105
resultado da operação = + 2

Dizemos que dois ou 2% é a taxa de juros monetária própria do trigo. É a diferença entre o rendimento obtido com a venda de trigo futuro e o custo de tomar cem emprestado à taxa de juros monetária.

Nesse exemplo, não vale a pena plantar e produzir trigo, pois os preços correntes ou spot estão abaixo dos preços futuros. Podemos supor que o preço futuro, para entrega daqui a um ano, reflete o custo marginal de longo prazo. E o preço corrente reflete os preços do mercado atual ou o custo marginal de curto prazo. Se o preço corrente é menor do que o custo de longo prazo, não vale a pena produzir para entrega imediata.

O exemplo fica mais claro se pensarmos num imóvel. Suponha que o preço corrente ou spot do metro quadrado seja cem e o preço para entrega futura seja 107. Esse preço para entrega futura deve ser o custo de construir um metro quadrado novo. Mas o mercado está cotando o preço do metro quadrado em apenas cem. Não vale a pena construir. Melhor comprar apartamentos e vendê-los pelo preço futuro, embora não existam mercados futuros para imóveis.

Podemos formular o mesmo exemplo com dólares. Se a taxa cambial spot é cem e a taxa futura (para entrega futura) praticada hoje é 107, enquanto a taxa de juros monetária é de 5% ao ano, vale a pena vender dólares futuros (tomar empréstimos em dólar para pagar daqui a um ano) e comprar dólares spot. Há um ganho de arbitragem nessa operação: a taxa de juros própria do dólar é maior do que a taxa de juros monetária da moeda nacional. O fluxo de caixa seria:

Venda de dólares futuros = +107
Compra de dólares spot = − 100
Compra de reais spot (empréstimo em reais) = + 100
Venda de reais futuros (pagamento do empréstimo) = − 105
Resultado da operação = + 2

Só são produzidos os ativos que têm taxa própria de juros menor ou igual à taxa de juros monetária. No exemplo do dólar, vale a pena aplicar em dólares tomando empréstimos em reais. Nessa situação a taxa cambial spot deve aumentar, pois haverá mais saída de dólares do que entrada. Os investidores estarão numa posição curta em dólares e longa em reais: têm ativos em reais e passivo em dólares.

Em todos os exemplos anteriores as operações não correm o risco de variação do preço do trigo nem da taxa cambial, já que foram fechadas no momento presente. Se o preço do trigo subir ou cair, o vendedor de trigo futuro não ganha nem perde. O aplicador em dólares futuros não ganha nem perde porque a taxa cambial já foi fixada na data em que ocorreu a operação. No exemplo, haverá uma tendência de subida da taxa cambial spot até que a taxa de juros própria do dólar caia e fique igual à taxa de juros monetária.

Keynes pergunta por que a taxa de juros monetária é a taxa

de juros que serve de parâmetro para as taxas de juros próprias de todos os outros ativos — trigo, dólar, ações e outros ativos que tenham mercado futuro? Porque a taxa de juros monetária é a taxa de juros que menos varia, que cai menos quando aumenta a oferta. Nos exemplos haverá uma tendência de subida do preço spot do trigo ou da taxa cambial até que a taxa própria de juros do ativo considerado seja igual à taxa de juros monetária.

Em ativos que podem ser produzidos, taxas de juros próprias mais altas do que a taxa monetária diminuem a produção. Não há incentivo para aumentar a produção de trigo ou a construção de apartamentos. Em ativos que podem ser "produzidos" (ingresso de capitais), como o dólar, no exemplo anterior, haverá compra de dólares spot com empréstimos em reais até que a taxa cambial suba. Por que não esperamos esse ajuste na taxa de juros monetária?

A resposta é que a oferta de moeda é inelástica. O dinheiro é *outside money*, ouro no período do padrão-ouro, e a sua taxa própria de juros não pode ser alterada por maior oferta. A resposta parece insatisfatória. Mesmo no período do padrão-ouro o Banco da Inglaterra podia fixar a taxa de juros e aumentar ou reduzir a quantidade de reservas de ouro. De qualquer forma, se a taxa de juros do Banco da Inglaterra caísse, mais ativos teriam taxas de juros próprias mais altas do que a taxa de juros monetária, e haveria incentivo a sua produção.

No mesmo capítulo, Keynes especula que as leis de usura foram estabelecidas por causa dos empréstimos hipotecários. Como a terra é ativo cujo preço pode subir persistentemente por causa de processos especulativos, porque a oferta de terras é absolutamente inelástica, a taxa de juros própria da terra pode ser relevante para comparação com outras taxas de juros próprias e para diminuir o incentivo a sua produção. Apesar de ser uma observação incidental no texto, ela é relevante. Serve como advertência para o que aconteceria na crise recente do mercado imobiliário americano.

Noutro trecho, Keynes afirma que a moeda existe apenas porque os salários nominais são rígidos, isto é, porque o preço das coisas que a moeda pode comprar varia pouco quando expresso em moeda. Se os trabalhadores insistissem e conseguissem receber salários expressos em trigo, o trigo cumpriria a função de moeda nacional, pois seria o ativo mais líquido da economia, já que usando o trigo como moeda poderíamos comprar qualquer outro produto da economia a preço estável. O que os clássicos consideravam uma anomalia no funcionamento do mercado de trabalho, Keynes considera condição lógica para a existência de dinheiro. A rigidez dos salários nominais ou a ilusão monetária são a condição lógica para a existência da moeda. Sobra a questão: por que cestas básicas ou algum item importante do orçamento dos trabalhadores nunca cumpriram a função de moeda?

Nicholas Kaldor critica o capítulo 17.[1] A taxa de juros monetária é a que cai mais devagar se a subida dos preços spot provocar uma subida menos do que proporcional dos preços futuros. Se o preço spot sobe 1%, o preço futuro sobe menos que 1%. Ou seja, depende da elasticidade do preço futuro com relação a variações no preço spot.

Isso só acontece se os preços spot dependerem do salário nominal e o salário nominal for rígido. Sobe o preço spot e os salários não sobem tanto em termos nominais, e a relação preço futuro-preço spot cai lentamente. Assim, preços nominais rígidos tornam a taxa de juros monetária a que cai mais devagar. Outra explicação para a taxa de juros monetária ser a que cai mais devagar. Em outras condições, a taxa de juros relevante pode ser a taxa própria de outro ativo. Se os salários nominais forem flexíveis para cima, como na situação de pleno emprego, a taxa que cai mais devagar pode ser a taxa média de todos os demais ativos, e não a taxa de juros monetária. Em conclusão, salários nominais rígidos tornam a taxa de juros monetária a taxa de juros de corte ou relevante para a comparação com as taxas de juros próprias de outros ativos.

Mas por que os salários são rígidos em termos nominais? Por que o ouro é o representante sensorial do dinheiro? A resposta da economia não é completa. É preciso procurá-la mais longe.

21. Bitcoins

Nos tempos em que estamos vivendo, de facilidades de cálculo e de informação por causa da internet, vamos refletir se é possível imaginar um sistema que não crie esses problemas para a economia capitalista. É um esforço teórico cheio de armadilhas mas compensador: afinal, a manutenção da estabilidade do valor da moeda exige sacrifícios reais em termos de desemprego e custos políticos, sacrifícios que podem desestabilizar as economias contemporâneas. As crises financeiras que podem ser atribuídas ao funcionamento do sistema monetário, como a crise de 2007-8 e, lógico, a longa crise de 1930, justificam o esforço.

Além disso, o momento é oportuno, pois foi lançada recentemente uma moeda eletrônica chamada bitcoin, por uma pessoa ou um grupo de pessoas que se autobatizaram com um nome japonês.

Essa moeda tem as seguintes características: é criada por um algoritmo cuja operação exige uma capacidade de processamento muito grande. Assim, poucos participantes da rede podem "criá-la" ou "garimpá-la" (*mine*, em inglês).

O algoritmo garante que o total de moeda garimpado não ultrapasse o valor de 21 milhões de bitcoins. Esse número, como nesta altura do livro devemos saber, poderia ser 21 milhões, 21 bilhões ou simplesmente 21 unidades ou 0,21 unidade. Mas o número é fixo. Os criadores do bitcoin parecem ter sido orientados pela teoria quantitativa da moeda e pensam que o número fixo garante a estabilidade do valor da moeda. O resultado até agora tem sido o oposto: o valor do bitcoin, quando expresso em dólares, oscilou entre 1200 e dez dólares.

Cada moeda criada pelo algoritmo é única, mas o portador dessa moeda única é anônimo. A moeda é impessoal como o dinheiro. E o comércio eletrônico — sites como Amazon, iTunes e outros sites comerciais — tem aceitado o bitcoin como forma de pagamento.

Não é possível dizer se esse tipo de moeda crescerá ou se se trata apenas de um evento passageiro. Há preocupação com a possibilidade de o bitcoin ser usado para lavagem de dinheiro, e algumas regulamentações já foram criadas nos Estados Unidos.

Os motivos que inspiraram os criadores dessa moeda virtual são desconhecidos. Às vezes, parece que se trata de um excesso antirregulatório: uma moeda "livre" dos governos, dos bancos centrais, de impostos e de regulamentações. Parece também inspirada no padrão-ouro radicalizado: a quantidade de moeda é matematicamente rígida, 21 milhões de bitcoins. Paul Krugman já declarou que o bitcoin é *evil* [nocivo], pois prefere que o dinheiro seja de fato garimpado pelos produtores de ouro e portanto tenha alguma elasticidade ou que a sua quantidade seja determinada pelo Banco Central, que pode garantir a flexibilidade da oferta de moeda.

Não se sabe se essa moeda acabará tendo uma utilização mais ampla. É difícil entender por que é aceita como forma de pagamento, a menos que tenha custos de transação mais baixos do que os dos cartões de crédito ou de serviços de pagamento como o PayPal, por exemplo.

O bitcoin, porém, revela enfaticamente o caráter simbólico do dinheiro. É apenas um conjunto de dígitos zero e um que pode ser trocado por coisas reais que exigem sacrifício humano ou trazem satisfação ao consumidor, como as coisas que são vendidas pela internet.

22. Uma moeda mercadoria

Inspirando-se nessa invenção, vale a pena imaginar como poderia ser a moeda ideal da economia capitalista. Ideal no sentido de evitar que esteja sujeita a instabilidades — inflação ou deflação —, cuja correção sempre passa pelo aumento do desemprego ou pelo corte de serviços públicos essenciais. E que possa ser excluída do conjunto de causas que geram o desemprego — crises financeiras ou salários nominais rígidos.

Comecemos imaginando como seria possível a existência de dinheiro sem que se corresse o risco de inflação ou deflação.

A solução seria uma economia em que não houvesse uma medida geral de valor — uma economia de trocas. As trocas seriam realizadas entre bens específicos e não entre mercadorias e dinheiro.

O comprador apresentaria como pagamento da transação uma mercadoria qualquer, maçãs, por exemplo, que ele pretende trocar por trigo. Para que isso seja possível é preciso que as mercadorias apresentadas para realizar a transação sejam homogêneas, como é homogêneo o dinheiro. Seriam maçãs argentinas classificadas de alguma forma oferecidas em troca de trigo americano de algum tipo específico.

Essas mercadorias deveriam ser negociadas em bolsas de mercadorias: a maçã argentina está sendo negociada na bolsa de mercadorias por x unidades de trigo americano. Um sistema de informações eletrônicas disponível numa pequena máquina parecida com as máquinas dos cartões de crédito informaria que a relação de troca entre maçãs e trigo está sendo cotada na bolsa de mercadorias a um determinado valor. E a troca seria efetivada a essa taxa.

O vendedor de trigo não receberia na sua loja um caminhão de trigo. Receberia vales-trigo, ou contratos para recebimento de trigo spot ou trigo futuro que seria utilizado por ele, depois, para fazer outras transações.

Quais seriam as mercadorias que poderiam ser usadas nessa economia de trocas? É necessário que as mercadorias utilizadas sejam duráveis: cereais, petróleo, aço, alumina etc. Não podem ser alfaces, tomates ou mesmo maçãs. Essas mercadorias não podem ser estocadas, a produção varia anualmente ou mesmo dentro de um ano, e seu preço pode ser muito variável.

As mercadorias que sejam realmente mercadorias podem ser produzidas ou consumidas como os bens duráveis que mencionamos. Assim, têm um valor de uso ou de produção, como o petróleo, por exemplo, e têm um valor de troca.

Nessa economia de trocas imaginária, algumas mercadorias acabarão sendo utilizadas nas trocas mais frequentemente e outras menos. Se houver a expectativa de crescimento de preços de uma mercadoria qualquer, aumento do preço do petróleo, por exemplo, os compradores não oferecerão petróleo em troca de outra mercadoria. E os vendedores vão querer trocar as suas mercadorias por petróleo. O resultado dessa expectativa de elevação do preço do petróleo fará com que ele deixe de ser usado como meio de troca. É o resultado conhecido: a boa moeda (o petróleo) é expulsa pela má moeda (as mercadorias cujos preços vão ficar estáveis ou cair).

Essa economia não está sujeita a inflação por um simples motivo: não existe moeda nem um preço médio de todas as coisas. Pode ser que o preço de uma mercadoria que esteja sendo muito utilizada para as trocas apresente uma tendência decrescente, ou seja, uma inflação — o trigo compra cada vez menos de outras coisas pois a safra de trigo foi muito grande. Os produtores de trigo seriam os responsáveis por essa inflação, e não o Banco Central.

É possível ter um sistema financeiro, isto é, um setor encarregado de oferecer financiamento para os investimentos? O banco *A* quer financiar a construção de uma siderúrgica. Como fazer? O investidor promete entregar por vários anos uma determinada quantidade de aço para o banco se o banco lhe entregar imediatamente mercadorias suficientes para serem trocadas pelos serviços de engenharia, dos operários que trabalharão na obra e para a compra de matérias-primas, fornos e máquinas que serão utilizados na construção da usina.

Se a operação for feita, o banco terá entre seus ativos contratos futuros de entrega de aço e emitirá para o tomador de empréstimos vales que serão usados na compra de tudo o que for necessário para a construção da usina. O lucro do banco virá da taxa de juros própria do aço comparada com a taxa de juros própria das mercadorias que o banco entregou ao investidor para pagar mão de obra e equipamentos. Se a taxa de juros própria do aço (preço do aço no mercado futuro dividido pelo preço do aço no mercado spot) for maior do que a taxa de juros própria do que o banco entregou ao investidor, a operação se realiza: o banco terá um lucro decorrente da diferença entre essas duas taxas.

Como acumular riquezas nessa economia de trocas? A riqueza será um estoque de diversas mercadorias — trigo, aço, petróleo, alumina, nióbio etc. Qual o valor dessa riqueza? Depende de qual mercadoria for utilizada como medida. Pode ter um valor decrescente se medida em trigo, porque a produção de trigo está crescendo e a relação de trocas entre trigo e outros produtos está caindo. E ao mesmo tempo um valor crescente quando medida em petróleo, pois a oferta de petróleo está diminuindo e a relação de trocas entre petróleo e outras mercadorias está subindo. O dono da riqueza se torna um bilionário, dono de bilhões de *bushels* de trigo, e um milionário, dono apenas de milhões de barris de petróleo.

As relações de troca entre as mercadorias podem ser correlacionadas. Quando a relação de troca da manteiga por outras mercadorias sobe, a relação de troca da margarina desce. Rapidamente, os bancos calcularão quais são as mercadorias cujos preços têm correlação negativa, como a manteiga e a margarina, e oferecerão a seus clientes uma cesta de produtos com essas características. Essa cesta tem relações de troca com as outras mercadorias mais estáveis: o proprietário não se torna nem bilionário em petróleo nem milionário em trigo. Tem em compensação um conjunto de mercadorias com relações de troca mais estáveis com todas as demais mercadorias.

E os trabalhadores, aceitarão quais mercadorias como pagamento pela sua mercadoria, o trabalho? Os trabalhadores acumulam pouca riqueza, isto é, poupam pouco e têm margem menor de flexibilidade. Não podem ser pagos em petróleo, pois correm o risco de o preço do petróleo cair e não terem as mercadorias suficientes para sua sobrevivência.

Talvez os trabalhadores preferissem receber mercadorias de uma cesta básica: determinada quantidade de alimentos, vales-transporte, vales-saúde, vales-aluguel etc. Essa cesta básica seria logo objeto de transações na bolsa de mercadorias. Se a demanda de trabalho estiver aumentando, os trabalhadores exigirão e conseguirão mais cestas básicas por hora de trabalho que anteriormente. O setor produtor de cestas básicas enfrentará uma demanda maior por seus produtos e ampliará a produção. O custo da mão de obra aumenta, pois exige mais cestas básicas por hora trabalhada, e o custo de produção da cesta básica aumenta também porque mais cestas básicas serão produzidas, o que exige mais terra, mais trabalhadores, mais ônibus etc. Não se pode falar, novamente, em inflação, mas sim num aumento da relação de trocas com relação às demais mercadorias. Quem acumulou riqueza em cestas básicas está mais rico; quem acumulou em outras mercadorias, mais pobre.

Existe uma boa chance de que a mercadoria mais utilizada nas trocas seja essa cesta básica. Pois com ela é possível contratar mão de obra a preços estáveis, e a mão de obra é o fator de produção utilizado em todas as mercadorias.

Pode haver desemprego porque os trabalhadores exigem uma quantidade maior de cestas básicas do que os empresários estão dispostos a pagar? O trabalhador da indústria automobilística quer receber x cestas básicas por hora e cada hora de seu trabalho produz y automóveis que são trocados por menos do que x cestas básicas? Pode. Sob essas condições, não vale a pena contratar esse trabalhador e ele não será contratado. Ou aceita menos cestas básicas por hora de trabalho ou está desempregado. Poderia acontecer também que a taxa de juros própria da cesta básica aumentasse e a produção de cesta básica aumentasse tanto que a relação cesta básica/automóvel se reduzisse, transformando a contratação do trabalhador em uma contratação rentável para a montadora de automóvel.

O fato de o instrumento utilizado para trocas ser real, isto é, produzido, como o trigo, o vale-transporte ou o petróleo, atenua ou anula a possibilidade de desemprego. Se cresce a demanda por cesta básica, a produção de cestas básicas deve aumentar, o que implica contratação de mais trabalhadores.

É bem possível que nessa economia de trocas algumas mercadorias ou uma mercadoria específica sejam utilizadas mais frequentemente ou sejam as únicas utilizadas para as trocas. Poderia ser a cesta básica, porque é a mercadoria que consegue ser trocada a preço estável pela mão de obra, que é o fator de produção de todas as mercadorias dessa economia de troca.

Se isso acontecer, a cesta básica passa a ser a "moeda" dessa economia de trocas e a taxa de juros própria da cesta básica passa a ser a mais importante para a decisão de investimentos da economia, como a taxa de juros monetária.

Na bolsa de mercadorias, a cesta básica tem um preço spot, para entrega imediata, e um preço futuro, baseado nas estimativas sobre a produção futura de cestas básicas. Se o preço spot for muito alto em relação ao preço futuro, a taxa de juros própria da cesta básica será muito baixa e os donos de riqueza preferirão manter menos cestas básicas e mais de outras mercadorias. A produção de cestas básicas diminuirá e a de outros produtos aumentará.

O preço futuro é um preço esperado, resultado das previsões dos investidores e produtores de mercadorias. É possível que os preços futuros subam muito ou caiam muito e afetem as decisões de produção da economia, aumentando ou diminuindo incorretamente a produção de cestas básicas. Não criariam desemprego mas grandes movimentações de mão de obra entre o setor produtor de cestas básicas e os produtores de outras mercadorias.

Preços futuros são contratos para entrega futura. Pode ser que os contratos não possam ser cumpridos pois as expectativas de produção e de compra não se realizam como esperado. E são apenas promessas de transação. Vale a pena ter uma autoridade que intervenha nesse mercado para evitar frustração dos contratos? Um Banco Central, por exemplo?

Se a resposta for positiva, o Banco Central deveria vender contratos de venda futura de cestas básicas. Com o resultado dessas vendas — uma coleção de mercadorias outras que não a cesta básica — compraria contratos de compra spot das outras mercadorias. Dessa forma, regularia a taxa de juros própria das cestas básicas e o nível de investimentos e de atividade da economia. Mas para quê? Não há inflação nem desemprego — apenas movimentação de trabalhadores (talvez excessiva) entre o setor produtor de cestas básicas e os demais setores da economia.

A quantidade de contratos futuros comprados por esse "banco central de mercadorias" se transformaria na base monetária da economia. Se comprou excessivamente, a taxa de juros própria das cestas básicas cai, e há um aumento da produção das outras mercadorias. Há uma "inflação" — a relação de troca das cestas básicas com as outras mercadorias aumenta, é preciso mais cestas básicas para trocar pelas mesmas quantidades das outras mercadorias.

Se a economia capitalista fosse uma economia de trocas, ou seja, uma economia na qual as mercadorias são trocadas diretamente umas pelas outras, seria possível que:

a) apenas algumas mercadorias ou mesmo uma mercadoria só fossem escolhidas como as mais utilizadas nas trocas;

b) essa mercadoria poderia ser a cesta básica que representa o padrão de consumo dos trabalhadores;

c) não existiria inflação, a menos que se considerasse a relação de troca cesta básica/outras mercadorias como a medida de inflação;

d) não haveria desemprego involuntário, pois a falta ou o excesso de cestas básicas provocaria uma realocação de trabalhadores entre os setores da cesta básica e os demais setores;

e) a acumulação de riqueza, no caso, a acumulação de mercadorias, também não representaria uma razão para o desemprego, já que mais riqueza acumulada representaria mais mercadorias acumuladas, que precisariam ser produzidas com máquinas e trabalhadores;

f) as trocas de mercadorias por mercadorias exigiriam o funcionamento de uma bolsa de mercadorias na qual fosse possível comprar e vender contratos de compra spot e futura;

g) os contratos de entrega futura são resultado de previsões e de especulação que podem ser cumpridos ou não, caso as previsões ou a especulação se enganem sobre a disponibilidade futura das mercadorias ou da cesta básica;

h) pode ser que a instabilidade dessa bolsa de mercadorias exija a presença de uma autoridade reguladora encarregada de estabilizar a relação preço futuro/preço spot da mercadoria mais utilizada nas trocas, a cesta básica, por exemplo. Seria um Banco Central da economia de trocas;

i) pode ser que o setor financeiro acabe por inventar contratos de derivativos que oferecem mais estabilidade e liquidez para uma cesta de mercadorias diversificada. As cotas desses fundos de mercadorias podem assumir o papel de moeda;

j) alternativamente, pode ser que os contratos futuros emitidos pelo Banco Central para estabilizar preços da bolsa de mercadorias acabem cumprindo o mesmo papel do dinheiro numa economia monetária.

Uma conclusão provável dessa reflexão é que logicamente uma economia de trocas na qual existem crédito e investimento tenderia a se transformar numa economia monetária. E a especulação sobre o futuro, que pode errar ou acertar, exigiria alguma intervenção pública para reduzir a oscilação das relações de troca ou a falência dos contratos futuros.

Os problemas da economia monetária — desemprego e inflação — não parecem decorrer da presença da moeda, que sempre aparecerá, mas da possibilidade de fazer transações com o futuro sempre imprevisível. O horizonte mais amplo e mais longo das economias capitalistas e a possibilidade de investir certo ou errado seriam as causas da inflação e do desemprego. É porque a economia capitalista é próspera — isto é, consegue produzir muito mais do que o necessário para a sua subsistência para pelo menos uma parte da sociedade — que ela é sujeita à inflação e ao desemprego.

    Procuramos especular sobre como funcionaria a economia que usa uma mercadoria real como moeda. Concluímos que essa economia acabaria por escolher apenas uma mercadoria como moeda. Mas se existe crédito, se existe confiança para emitir vales-mercadoria que serão entregues no futuro, é possível que haja uma emissão excessiva desses vales e a impossibilidade de honrar os contratos assinados sobre entrega futura dessas mercadorias. Assim as crises financeiras, agora crises na bolsa de contratos futuros, criam novamente a necessidade de regulação ou de limitações do total de contratos futuros assinados.

    Para finalizar essa especulação, podemos considerar o caso real de uma economia, que não seja a economia americana, que passe a adotar o dólar como moeda nacional. Para todas as economias do mundo, exceto os Estados Unidos, o dólar é uma mercadoria — precisa ser produzido pelas importações ou pode ser adquirido através de empréstimos em dólar. Hong Kong usava o dólar como moeda e o Plano Cavallo na Argentina experimentou a mesma solução.

    Se não existe inflação na moeda americana, então o país que utiliza o dólar como moeda nacional não está sujeito a inflação. Se houver desemprego nesse país, será impossível aumentar a oferta de dólares para incentivar a demanda agregada. Os investidores decidirão se investem ou não em novas fábricas ou equipamentos comparando a taxa de juros que podem obter em dólar com a taxa de retorno do capital investido no país.

    Por que o experimento argentino acabou em crise financeira? O argumento mais frequente é que o Tesouro argentino teve déficits elevados e se financiou com dólares e pesos. Havia mais pesos em circulação do que dólares nas reservas dos bancos e do Banco Central. Ou seja, os bancos fizeram empréstimos em dólar, multiplicando a quantidade de ativos financeiros em dólar mesmo quando a quantidade de dólares existentes era constante.

23. Respostas mais interessantes

Até agora, analisamos o dinheiro a partir da economia. Meio de pagamento, para os clássicos. Reserva de valor e ativo financeiro que concorre com o investimento, para os keynesianos. Crédito de diferentes naturezas, para os economistas atentos ao funcionamento dos mercados financeiros.

Nesta terceira parte, tentamos responder à pergunta olhando do lado de fora da economia. Comecemos pela etimologia. Dinheiro vem de denário, moeda romana que continha dez outras moedas (daí denário, de dez). Moeda vem do templo de Juno Moneta, deusa romana. Perto do templo, cunhavam-se as moedas romanas. A deusa era protegida por gansos, daí o "moneta" (gansos), que tem a mesma origem de "monitor", os gansos que guardavam o templo. Se a origem da palavra for essa mesmo, moeda vem de ganso!

Mas qual a diferença entre moeda e dinheiro, *money*, *currency* ou *cash*, em inglês, *monnaie* e *argent*, em francês, e *Gelze* para dinheiro e *Munze* para moeda, em alemão? Moeda está associada a dinheiro na forma metálica. Dinheiro é mais geral: inclui moedas metálicas e papel-moeda. Mas o curso universitário se chama moeda e bancos, no Brasil e no mundo inteiro, como se o dinheiro fosse apenas moeda metálica. Dinheiro tem um significado mais abrangente; ele inclui o conceito de moeda. Em inglês, o conceito mais abrangente seria *money*, que inclui *cash* e *currency*. O conceito de dinheiro e sua expressão material, a moeda, se confundem.

Dólar vem de *tal* e *thaler*, vale, no sentido geográfico do termo. Pois havia uma mina de prata na cidade de Joachimsthal (vale de São Joaquim), na fronteira entre a Alemanha e a antiga Checoslováquia, onde se cunhavam moedas. Peso vem de *peso*, assim como *pound*, em inglês.

No Brasil, a moeda se chamava mil-réis, nome português para mil reais, até que na República passou a ser chamada de cruzeiro. Um vintém valia vinte réis, um tostão, oitenta réis, uma pataca, 320 réis, um cruzado, 480 réis, um patacão, 960 réis, uma dobra, 12 800 réis, e um dobrão, 20 mil réis. Um conto são mil réis.

O cifrão vem de *cifr*, palavra árabe. Uma linha sinuosa em forma de *S*, representando a viagem de um soberano árabe, era cortada por duas linhas verticais que representariam as Colunas de Hércules, a força. O cifrão usado pelo dólar tem uma linha vertical apenas. Sua origem seria o peso espanhol usado nas colônias inglesas e representado por *P* de *peso* e *S* de *Spanish*. O *S* cortado pelo *P* transformou-se em $.

O dinheiro é um símbolo ou um signo? A seguir argumentaremos que é um mito — o signo de um signo. Significante e significado se confundem quando falamos moeda e dinheiro. Dinheiro seria o significado e moeda um dos seus significantes. O padrão-ouro ou as moedas metálicas em geral, representando certa quantidade de ouro ou de prata, são a origem dos nomes e do dinheiro.

Não há explicação satisfatória ou racional do ponto de vista econômico para que o ouro tenha representado o valor desde a origem da história até 1973. Por que o ouro? Keynes e outros argumentam, como mostramos, que a oferta de ouro é inelástica. Mas por que o ouro e não diamantes ou esmeraldas? Por que não o petróleo ou o nióbio? E por que uma mercadoria como essa, externa, pouco dependente da vida econômica?

Um metro se refere a um determinado comprimento dado por um pedaço de metal depositado em Paris que não varia com temperatura ou pressão. Um quilo se refere a uma determinada força de atração de um corpo para o centro da Terra. Mas um real ou um franco ou um dólar não representam nada além de um real, um franco ou um dólar. E poderiam ser transformados em real novo, dólar novo ou franco novo sem criar nenhuma dificuldade para a economia dos seus países. Apenas uma economia de espaço nos computadores. Um real, um dólar, uma pataca ou um escudo são números puros.

Os preços expressos em moeda nacional são números puros, índices no sentido estatístico do termo (e não no sentido da semiótica). O salário mínimo é de 788 reais, quando um cafezinho custa três reais e uma passagem de ônibus vale 3,50 reais. Os valores poderiam ser um cafezinho, três mil reais, o ônibus, 3,5 mil reais, e o salário mínimo, 788 mil reais. Do ponto de vista dos preços relativos, nada mudaria. O país já usou cruzeiros, depois cruzeiros novos, que valiam mil cruzeiros velhos. Depois, cruzados e cruzados novos, com as mesmas regras. E na França, houve o franco e o franco novo, que valia mil francos "velhos". É por isso que os monetaristas afirmam que a moeda é neutra.

Quando a moeda é reserva de valor, isto é, quando pode ser trocada por bens em diferentes momentos, precisa deixar de ser um número puro. Precisa representar o poder de compra de hoje em uma data futura. Guardo mil reais hoje para financiar a aposentadoria daqui a trinta anos. Nesse caso o número puro precisa manter o seu valor; o índice precisa representar valor de compra futuro. É nesse caso que a desconfiança sobre o valor do dinheiro é ameaçadora.

24. O que é dinheiro? Georg Simmel[1]

A sociedade moderna em que vivemos desde as revoluções americana e francesa no século XVIII é uma sociedade de indivíduos. Indivíduos são pessoas reconhecidas pelo Estado e por outros indivíduos como portadoras de direitos e deveres. Reconhecem seus deveres e têm seus direitos reconhecidos. Vivemos numa sociedade de indivíduos livres. Podem decidir livremente se querem trabalhar ou não, se querem trabalhar como pintores ou como donos de mercearia, se querem morar no lugar em que nasceram ou mudar de país. Essa sociedade só pode existir se houver dinheiro. Cada indivíduo vende seu trabalho e gasta os rendimentos desse trabalho como quiser.

Isso não seria possível na sociedade feudal, na qual em geral o servo só poderia trabalhar na gleba que o senhor feudal indicasse ou no burgo, só poderia ser artesão se a corporação medieval o aceitasse depois de um período de treinamento. Não poderia viajar porque não tinha como andar pelo mundo como cidadão. Seria sempre o artesão ou o servo do barão ou do duque, a quem devia obediência e que lhe dava sustento.

Numa economia totalmente planificada, na qual a produção e a distribuição fossem determinadas por algum organismo do Estado, essa liberdade também não poderia existir, já que a produção planificada exigiria que trabalhadores exercessem uma atividade específica ou num lugar específico.

A transformação do trabalho em mercadoria só é possível se existir o dinheiro que será usado para medir e pagar cada trabalhador e cada capitalista. O dinheiro é, portanto, a instituição necessária para a existência de uma sociedade de indivíduos. É a instituição (a regra do jogo e não o jogo) fundadora da sociedade em que vivemos, uma sociedade de indivíduos.

O dinheiro transforma todas as coisas em quantidades. Separa os indivíduos uns dos outros. As suas preferências e decisões são negociáveis de forma impessoal através dos preços. O relacionamento entre os indivíduos é pacificado pela negociação sobre "quanto é?".[2]

O dinheiro é objetivo — uma nota de cem reais é igual a qualquer outra nota de cem ou dez notas de dez, independentemente de quem as esteja apresentando para comprar alguma coisa. A relação estabelecida pelo dinheiro é impessoal. "Amigos, amigos, negócios à parte." No limite, consegue atribuir à mais íntima relação humana, o sexo, um preço que é expresso em quantidade de dinheiro.

Existem ilhas de pessoas nas quais a negociação através de preços não ocorre. Na família, o responsável pelo sustento. Na política, as preferências individuais, que se traduziriam pelos votos. Mas o dinheiro tende a inundar essas ilhas. A família, por exemplo, se torna menor. Os adolescentes recebem mesadas, mas são levados a ser independentes ou autônomos mais cedo. O laço matrimonial é acompanhado por contratos civis que especificam como será a divisão patrimonial dos bens familiares. A solidariedade ou a responsabilidade entre pessoas são substituídas por negociações nas quais as disputas são resolvidas com dinheiro. O mundo do dinheiro invade paulatinamente todas as esferas do relacionamento interpessoal.

O dinheiro é fungível, permite comparar todas as coisas que se expressam em preço. Tudo tem ou pode ter um preço. O problema ambiental — esgotamento de recursos naturais, aquecimento global, desmatamento —, de acordo com os economistas, existe porque muitos recursos da natureza são ainda considerados públicos (isto é, produtos cujo consumo por um indivíduo não diminui a possibilidade de consumo por outro indivíduo, como é o caso da Justiça ou de uma ponte não congestionada). E com o crescimento econômico do mundo esses recursos não são mais públicos, precisam ter um preço.

O dinheiro é anônimo — ninguém sabe ou pergunta quem emitiu a nota de cem reais. O furto e o roubo só são possíveis por causa do dinheiro. O ladrão de carros vende o carro, que tem data de fabricação, número de chassis e placa, e recebe dinheiro. Enquanto portador de dinheiro, não pode ser preso. É preciso que haja um flagrante ou que ela seja filmado por uma câmera enquanto praticava o crime. O receptador do carro, que faz o seu desmanche, pode ser preso porque tem em sua propriedade um bem particular, que é identificável, assim como seu proprietário. Sem dinheiro, não há furto mas expropriação. Robin Hood toma pela força alguma propriedade do barão, um cavalo ou sacos de cereais, que distribui entre os pobres.

O dinheiro é sigiloso, secreto. Ninguém sabe quanto dinheiro tem o milionário ou o mendigo. Para saber é preciso uma ordem judicial que vasculhe as contas de um e de outro. Quebrar o sigilo bancário de qualquer indivíduo sem autorização judicial é crime. O servidor público pode guardar o dinheiro que recebeu de forma criminosa assim como o sonegador fiscal pode esconder o fruto dos seus crimes em paraísos fiscais, que podem ser controlados, mas nunca deixarão de ser esconderijos quase invioláveis.

A liberdade política depende da existência de dinheiro ou pelo menos exige menos coragem do transgressor. Posso acusar o deputado poderoso da minha região de qualquer coisa e manter o meu emprego, ou mudar de emprego apenas porque existe dinheiro. Posso fazer oposição à ditadura e viajar para o exílio porque tenho como levar dinheiro para o exterior ou como vender meu trabalho no país estrangeiro. Assim, o dinheiro é a instituição que garante a liberdade do indivíduo.

Finalmente, o dinheiro é ao mesmo tempo nada — um pedaço de papel estampado ou uma moeda que contém algum metal precioso — e tudo — pode ser transformado em qualquer coisa.

Repare no comportamento de um comprador em uma loja. Enquanto examina as vitrines e prateleiras, é abordado aulicamente pelos vendedores — o senhor deseja alguma coisa? Ele tem dinheiro no bolso que pode ser transformado em terno, relógio ou sapato. Depois que realizou a compra, é apenas o dono de um relógio ou de um terno, que só pode trocar na segunda-feira, das nove às onze horas, e se levar a nota fiscal. A loja ficou com o dinheiro, agora possui um pedaço de papel que pode ser trocado por qualquer coisa quando o seu dono desejar.

25. Arqueologia do dinheiro

A grande transformação, de Karl Polanyi, é um livro seminal sobre a sociedade capitalista. E fundou um campo de estudos e pesquisas, a antropologia econômica.[1] Economista e antropólogo, sua preocupação era analisar a vida econômica de sociedades.

Os defensores da sociedade capitalista argumentam que sua forma de organização é "natural" — decorre do egoísmo dos indivíduos que procuram sempre o melhor para si mesmos. Que são insaciáveis (querem sempre comprar mais ou acumular dinheiro sem parar) e fazem escolhas sobre o que comprar ou onde trabalhar num mundo de escassez, onde os recursos naturais ou do trabalho não podem produzir tudo o que todos gostariam de ter. Os clássicos e monetaristas falam em desemprego "natural", taxas de juros "naturais" e na impossibilidade de ir contra a lei da oferta e da procura. Polanyi estuda as sociedades primitivas e encontra até, nas ilhas do Pacífico Sul, sociedades em que não existem nem a noção de insaciabilidade nem a noção de escassez.[2]

Ele estudou várias sociedades antigas ou primitivas. Antigas como a civilização mesopotâmica e civilizações pré-colombianas e primitivas como tribos africanas. Analisou o que era o dinheiro nessas sociedades.

Nelas, as funções do dinheiro são desempenhadas por diferentes instrumentos. Polanyi corre um risco metodológico, pois chamará de dinheiro objetos diferentes que cumprem funções diversas que nas sociedades modernas são desempenhadas por um instrumento só, o dinheiro.

Uma das funções do dinheiro seria a de meio de pagamento. Nas sociedades primitivas existem objetos que são utilizados para fazer pagamentos. Não pagamentos em troca de bens e serviços, mas pagamentos que evitam castigos devidos por um clã a outro, ou por uma tribo derrotada na guerra à tribo vencedora. Esse "dinheiro" usado como forma de pagamento consiste em pedregulhos, conchas ou ossos que são colecionados pelos chefes do clã ou da tribo apenas para serem entregues ao vencedor do conflito, para evitar violência ou maus-tratos. O pagamento ou o cancelamento de uma obrigação é feito através da entrega desses objetos a alguém.

O achado é surpreendente. Pois os economistas tratam do dinheiro como um instrumento que facilita as trocas. As sociedades primitivas usam objetos que "pagam" uma prenda sem que exista uma troca de bens.

As sociedades primitivas também acumulam tesouros: penas coloridas de aves, ossos de animais mortos, pedras preciosas, animais empalhados, armas. Os tesouros dão prestígio aos seus proprietários e jamais são usados como meio de pagamento. A função de reserva de valor do dinheiro seria cumprida pelos objetos entesourados.

Em sociedades asiáticas antigas nas quais a produção agrícola é determinada pelo soberano, rei ou sacerdote, são mantidos estoques de produtos de abastecimento, cereais que podem ser armazenados para consumo futuro ou usados como semente. Nessas sociedades se desenvolvem sistemas de medição dos estoques de grãos, o que seria a fundação da primeira contabilidade. Algum cereal é utilizado nelas como unidade de conta. Não quer dizer que a moeda é uma quantidade de cereais. O dinheiro pode ser representado por outro objeto, mas a unidade de conta são as quantidades de cereais.

Apenas nessas sociedades a unidade de conta desempenha as demais funções do dinheiro: a unidade de conta também é meio de pagamento e reserva de valor. Portanto, se os achados de Polanyi puderem ser generalizados, quando algum objeto é usado como unidade de conta, passa a exercer as funções de meio de pagamento e reserva de valor. As funções do dinheiro deixam de ser representadas por objetos diferentes e passam a ser realizadas por um objeto só.

O achado contraria a visão clássica do dinheiro. Só quando o dinheiro passa a ser unidade de conta, suas diversas funções se reúnem num objeto único. O achado poderia ser traduzido em termos de rigidez dos salários nominais. Só quando as coisas são expressas na mesma unidade de medida em que o dinheiro é expresso é que existe dinheiro. O salário precisa ser expresso e avaliado em unidades monetárias para que exista dinheiro.

Metais preciosos são utilizados como dinheiro apenas para trocas externas entre comunidades diferentes. Dentro de cada comunidade não ocorrem trocas. A distribuição de bens é determinada por tradições ou hierarquia.

Keynes e depois Friedman citam o resultado da pesquisa de um antropólogo sobre o dinheiro numa pequena ilha no sul do Pacífico.[3] Na ilha, o dinheiro é representado por imensos rochedos submersos no mar. Cada família é proprietária de um rochedo específico. As transferências de dinheiro são feitas como trocas de propriedade desses rochedos acertadas entre as famílias.

É um dinheiro estranho aos nossos olhos. Mas o papel tradicional do ouro na organização do sistema monetário das economias capitalistas, analisado pelos olhos de um antropólogo, é igualmente estranho e inexplicável. Por que o ouro? Se levarmos a sério a explicação do capítulo 17 da *Teoria geral*, o ouro teria a vantagem de ter oferta inelástica. Então poderiam ser rochedos submersos também? Não encontramos racionalidade econômica na escolha do ouro ou dos rochedos submersos como expressões materiais do valor. Ele é uma convenção arbitrária.

26. O dinheiro em Marx

Marx começa pela mercadoria. A mercadoria é uma unidade de contrários: é valor de uso e valor de troca. E o dinheiro é a expressão do valor. O dinheiro serve antes como meio de circulação, depois como unidade de conta e finalmente como reserva de valor. Na economia capitalista, o sujeito não é o indivíduo autônomo. "O sujeito é o capital." A sociedade capitalista se move pelas vontades de um sujeito externo, o capital em busca de valorização.

O dinheiro é um símbolo e não um mito (como apresentado no próximo capítulo). Como símbolo, é uma representação do ouro embora não seja o ouro. Há discussões sobre se Marx anteviu ou não a economia monetária sem o ouro. O ouro, uma mercadoria específica, teria sido, segundo Marx, a condição necessária para a função de entesouramento.

A troca de mercadorias que se faz inicialmente no circuito mercadoria-dinheiro-mercadoria no capitalismo é substituída pela circulação dinheiro-mercadoria-dinheiro. Ou seja, o dinheiro ou o capital passa a ser o objetivo final da sociedade capitalista.

Keynes, que não lia Marx,[1] e Minsky têm a mesma visão da economia capitalista. O dinheiro não é, como quer a Teoria Quantitativa da Moeda, um instrumento que facilita as trocas, mas o objetivo final das trocas, a redenção (ou o paraíso, ou a salvação) das trocas na economia capitalista.[2] O dinheiro clássico é apenas meio de pagamento ou meio de circulação. Enquanto é um meio de circulação que não é entesourado, mas que circula em função da circulação das mercadorias, a inflação não causa um problema sério. Pois o objetivo final da circulação, a inflação, não ameaça o valor da mercadoria. Quando o dinheiro pode ser entesourado ou representa poder de compra futuro, a inflação se torna uma ameaça, pois o valor estocado está sujeito a revisão.

No fim da economia capitalista, no último balanço consolidado do mundo, Keynes diria que haveria grandes saldos de dinheiro. Muitos morreriam cheios de dinheiro. Para os clássicos, não haveria dinheiro. Para Marx, haveria ouro, pois vivia no mundo em que predominava o padrão-ouro, o *outside money* de todas as economias.

O dinheiro é um "universal concreto" — como se "o boi", a ideia abstrata de boi, a palavra boi estivesse pastando no mesmo pasto com bois reais, bois particulares e concretos. Na economia capitalista esse signo ou mito, como veremos a seguir, se transforma em fetiche — não deixa ver o que está por trás, ou a essência da economia capitalista, o capital que se valoriza.[3]

27. O dinheiro como mito[1]

O dinheiro seria um signo na linguagem semiótica? Não é um signo. É signo de um signo, chamado de mito. Mito se opõe a história. A história procura desvendar o que aconteceu realmente no passado. O mito é uma história, ou melhor, uma estória que não aconteceu realmente. A Bíblia é um mito que moldou a vida e a história do povo judeu. O Jesus histórico não é importante para as Igrejas cristãs, mas sim o Jesus mítico que construiu os valores das sociedades modernas — somos todos filhos de Deus, irmãos que devem ser tratados de forma igual.

O signo faz parte da primeira língua: um salário mínimo vale trezentos cafezinhos. O mito é o signo do signo: um cafezinho custa três reais e o salário mínimo vale trezentos reais.

Signo é a relação entre o significante (a expressão material das letras, *b-o-i*, ou as ondas sonoras emitidas quando se fala *boooi*) e o significado boi (a ideia de boi ou o boi no mundo das formas de Platão). A palavra "boi" é um signo, a relação entre a expressão material boi (som ou escrita) e o boi platônico. A palavra é parte de um sistema social espontâneo (quem chamou o boi de boi e por quê?), a língua.

O dinheiro é mito, e não apenas signo, porque é signo de uma segunda língua, um signo de signo. A primeira língua, no caso do dinheiro, diz que um cafezinho vale ½ pães com manteiga. Ou que a quantidade A da mercadoria a tem o valor de troca equivalente à quantidade B da mercadoria b. A relação entre A e B é o valor de A expresso por B, ou o valor de B expresso por A. Dinheiro é a expressão que relaciona a quantidade de qualquer coisa, A, B ou C, a um valor. A ciência dos signos chama o dinheiro de mito.[2] Assume múltiplas formas físicas, como cheques, notas bancárias, dívida pública e outros instrumentos financeiros aceitos em pagamento.

Os clássicos e monetaristas acham que essa tarefa pode ser cumprida se existir uma quantidade fixa e constante de "reais". Depois do ouro (um mito) propõem sempre ritos ou regras (a regra de crescimento da oferta de meios de pagamento) que visam salvar o mito da racionalização. Keynes pretende desmitificar o dinheiro e apresentá-lo como um obstáculo ao pleno emprego.

Se reais são mitos, como santinhos ou como bandeiras nacionais, podem ser multiplicados infinitamente. Não é possível limitar estritamente a quantidade de signos. Havendo confiança, os bancos podem dar crédito e criar depósitos que representem o "verdadeiro" dinheiro.

Na época das religiões, as relíquias eram pedaços de madeira que haviam tocado o madeiro da cruz. Ou pedaços de pano que haviam tocado o corpo dos santos. A "verdadeira" imagem de Nossa Senhora Aparecida raramente sai da basílica no vale do Paraíba. Uma vez por ano, vai a São Paulo uma "cópia" da "verdadeira" imagem que atrai milhares de peregrinos ao parque da Água Branca. Qual é a "verdadeira" Nossa Senhora Aparecida — a que ficou na basílica, a que foi a São Paulo ou a ideia do aparecimento dessa imagem no rio Paraíba?

A mesma coisa acontece com o dinheiro. Qual o dinheiro verdadeiro? O ouro depositado no Banco da Inglaterra ou notas que representam esse ouro? Ou notas que representam notas que representam o ouro? Os significantes de qualquer ideia ou coisa são reproduzíveis por cópia, contato, confiança, crença ou fé.

Há os mitos de Atenas, Hércules, Édipo, que interdita o incesto, e mitos de Jerusalém. A afirmação é forte — homens realistas e ricos e homens pobres que trabalham de sol a sol para o sustento dos filhos são escravos de um mito, como os fãs de mitos da música popular ou crianças que acreditam em Papai Noel?

Se o dinheiro fosse apenas um meio de pagamento ou de circulação, seria uma língua e teria um dicionário. Todos os preços relativos poderiam ser traduzidos num esquema circular e fechado, exatamente como um dicionário. Um terno de linho seria equivalente a quatro metros de seda que seriam equivalentes a quatro caixas de maçãs, e assim por diante. Um sistema de computador poderia fornecer imediatamente o preço relativo para cada troca de mercadorias. O dinheiro não seria um mito. Seria uma língua.

Mas o dinheiro é também reserva de valor. A analogia com o dicionário não é correta. Todas as coisas são traduzidas em reais ou em dólares, cujo valor não está decifrado no dicionário. É dado por fora, por informações que não constam do dicionário. Se fosse dado por um índice de preços corrigido automaticamente, não existiria dinheiro, como veremos ao estudar a indexação no Brasil. É dado pela confiança e credulidade dos participantes da economia que aceitam o dinheiro como dinheiro, aceitam que um dólar vale um dólar e um real, um real.

Se todos os preços forem fixados levando-se em conta o poder de compra, isto é, o nível médio de preço de todas as coisas, não existirá dinheiro. Matematicamente, se o nível médio de preços é dado pela média dos preços de A e de B, e se os preços de A e de *B* são determinados em função do nível médio de preços, o nível médio de preços é indeterminado — não existem nem preço para o dinheiro nem dinheiro. Para que exista dinheiro como unidade de contas é preciso que o preço do dinheiro seja aceito sem explicações pelo vendedor de *A* ou de *B* — um real tem que valer um real, o que quer que isso signifique. Dólar é dólar, dinheiro é dinheiro, Papai Noel é são Nicolau, que por sua vez é Papai Noel. A tautologia é uma "mágica vergonhosa, que faz o movimento verbal da razão, mas a abandona imediatamente"[3]. "A tautologia é uma das figuras de retórica do mito."[4]

O dinheiro é escasso para cada indivíduo, mas não é escasso para as autoridades monetárias. E mantém essa escassez privada mesmo quando não há escassez real do ponto de vista público. Quando há desemprego, é possível produzir mais canhões e mais manteiga ao mesmo tempo, mas o canhão continua tendo um preço positivo, assim como a manteiga.

O dinheiro pode ter qualquer valor. Quem guarda dinheiro como reserva de valor precisa acreditar que o dinheiro, que pode ter qualquer valor, tenha um valor só. Dinheiro é reserva de valor se for mito, isto é, se acreditarmos que o seu valor possa ser determinado independentemente do seu poder de compra.

Se o dinheiro servir apenas como meio de pagamento, como um passe escolar, ou uma entrada de cinema, será apenas signo — o pedacinho de papel representa o direito de tomar um ônibus, entrar no cinema ou fazer uma refeição. No caso do signo, o significado não distorce o sentido do significante.

Mitos são produzidos por escritores, publicitários e, no caso do dinheiro, pelo soberano, pelo sacerdote ou chefe da sociedade primitiva, pelo senhor feudal ou, agora, pelas autoridades monetárias. Os produtores do mito aplicam-se na produção da forma, o dinheiro, expressão material do valor. O mito não é mito se não for acompanhado por ritos. Por celebrações e cerimônias que repetem a mensagem do mito.[5] "Se for consciente, é cínico, se bem-intencionado, ingênuo", mas garante a existência do dinheiro.[6]

"A função principal do mito é transformar o que é contingente em natural."[7] O dinheiro tem que parecer natural e não político. O dinheiro já foi ouro. Hoje, a taxa de juros é determinada com rituais científicos e com uma liturgia de reuniões de autoridades monetárias, divulgação de atas e transparência de procedimentos inexplicáveis. Antes, o dinheiro brasileiro valia porque era conversível a taxas fixas em dólar. A função do mito é despolitizar o conceito. O dinheiro mede o valor de todas as coisas "sem interferência política", mede o valor natural. "É ao mesmo tempo uma notificação" — pague 1,20 real — "e uma constatação" do valor — o preço é 1,20 real.

No caso do mito dinheiro, forma e sentido brincam de esconde-esconde — o dinheiro é, às vezes, um pedaço de papel impresso, vazio de sentido, pura forma, e, outras vezes, representante geral do valor, do poder de comprar qualquer coisa. Obedece à "física de um álibi — no álibi há um lugar cheio, onde o suspeito estava, e um lugar vazio, onde não estava" —, é uma forma vazia, nenhuma mercadoria, e um sentido cheio, qualquer mercadoria.[8] É virtualmente tudo e efetivamente nada, um pedaço de papel.[9]

A teoria monetária analisa o dinheiro como instituição racional. Os economistas defendem teoremas e leis científicas como as únicas soluções comprovadas empiricamente. O dinheiro é tido como objeto natural com leis próprias.

A teoria monetária, como a mitologia, destrincha o mito, analisando forma e sentido separadamente. "O mito é um todo inextricável, como um ovo. Podemos quebrar o ovo e analisar gema e clara. Não será mais um ovo. O resultado é trágico: uma teoria monetária sem dinheiro",[10] como a teoria clássica.

"Se o dinheiro é mito, precisa ser estudado como um todo, como uma história ao mesmo tempo real e irreal, como forma, representante mítico do valor, e como mito, a presença viva do valor."[11]

O mito não pode ser desmitificado. Os institutos que calculam índices de preços semanal ou mensalmente, como a Fundação Instituto de Pesquisas Econômicas (Fipe) e a Fundação Getulio Vargas (FGV), não erram quando apresentam os índices de preços como medidas acuradas do poder de compra do dinheiro. São desmitificadores que "servem à verdade com um desserviço ao mito".[12]

Se isso for verdadeiro, o período de grande indexação da economia brasileira, que estudamos em capítulo a seguir, corrompeu o mito. Rasgou uma cicatriz permanente, que impedirá por muito tempo o país de ter inflações próximas às taxas de inflação mundial.

28. Antropologia do dinheiro — A violência da moeda e o desejo dos outros

René Girard começou na literatura. E dela passou para a antropologia, depois para a filosofia. Francês, desenvolveu carreira acadêmica nos Estados Unidos. Do meu ponto de vista de leitor fascinado, é pouco reconhecido. E tem poucos prisioneiros engaiolados no paradigma que propõe.

Desejos são pulsões que se satisfazem imediatamente — uma ausência ou tensão e sua satisfação seguida de tranquilidade ou depressão. O desejo insaciável que permanece é o desejo pelo desejo do outro. A proposição básica de Girard: construímos a subjetividade — nossos desejos — através do mimetismo. Desejamos ser como as pessoas que admiramos ou amamos. Édipo é apaixonado pela mãe, mas não pelas razões apontadas por Freud. Ele ama a mãe porque ela é a mulher de um homem admirável, o pai. Para Girard, o desejo pela mãe seria mais bem representado por Hipólito, que se apaixona por Fedra, a segunda mulher do pai.

Desejo a mãe enquanto ela for mulher do pai. Se fosse rejeitada pelo pai ou se o desejo não fosse inacessível pela interdição do incesto, não seria mais objeto de desejo. Sobra apenas o desejo insaciável pelo desejo do outro, o pai, que é admirado e amado.

O capítulo inicial de *O vermelho e o negro*, de Stendhal, reflete bem a rivalidade mimética proposta por Girard. O pai de Julien Sorel passeia com o prefeito e deixa escapar que o filho será contratado como professor por outra pessoa, amiga do prefeito. O prefeito imediatamente contrata Julien Sorel como preceptor da filha. Sem essa "mentira de negociante", Julien não seria contratado.

Esse desejo pelo desejo do outro, essa vontade de possuir o que o outro deseja foi chamada de rivalidade mimética. Não poderia ser chamada de inveja pois a inveja, que dizem ser verde, se refere ao desejo de destruir ou frustrar o desejo do outro. Por isso, rivalidade mimética. Ela é uma estrutura de desejo que se apoia em três pontos — a coisa desejada, o outro que a deseja e o obstáculo entre o desejo e a coisa desejada. Tem duas soluções — a violência ou o redirecionamento do desejo para uma terceira coisa "excluída", que seja objeto do meu desejo e do desejo do outro, mas que não pertença a ninguém.

Girard "descobriu" o triângulo do desejo na literatura. E mostrou que quanto mais próximos os objetos do desejo ou os vértices do triângulo, maiores a rivalidade mimética e a violência que acarreta. Madame Bovary deseja o "glamour" da aristocracia e desse desejo resulta a violência que termina em suicídio e morte. Dom Quixote deseja algo distante, a glória da cavalaria do passado e o amor cortesão. A violência é menor — luta contra moinhos de vento.

Como antropólogo, Girard argumentou que os ritos de violência sacrifical — o sacrifício de um escravo ou de um animal — tinham a função de "extrair" a violência da sociedade e dirigi-la para um terceiro excluído — o bode expiatório. O rito sacrifical é necessário para manter a ordem em qualquer comunidade.

Os ritos de violência sacrifical têm equilíbrio instável. Se o objeto do sacrifício for um animal velho e de pouco significado como alimento, ou um animal de trabalho, o rito sacrifical extrairá pouca violência da comunidade, que permanecerá conflituosa e violenta. Se o objeto do sacrifício for a linda princesa, filha do chefe do clã, do rei ou do cacique, a violência pode ser excessiva. E a violência é contagiosa — a comunidade se destruirá em conflito e mais violência. O bode expiatório retira a violência do seio da comunidade e a dirige para o terceiro excluído, que sempre oscila entre o excesso, quando contamina a comunidade com o rito sacrifical, e a insuficiência, quando é incapaz de controlar a violência da comunidade.

> Se há demaisada ruptura entre a vítima e a comunidade, a vítima não poderá mais atrair para si a violência; o sacrifício deixa de ser um "bom condutor", no sentido em que se diz que o metal é bom condutor da eletricidade. Se, ao contrário, há excesso de continuidade, a violência passa com demaisada facilidade num sentido como no outro. O sacrifício perde seu caráter de violência sagrada para se "misturar" com a violência profana, para se tornar um cúmplice escandaloso desta, seu reflexo ou mesmo uma espécie de detonador.[1]

São três os princípios que orientam a visão de Girard — a rivalidade é tanto maior quanto mais próximos os vértices do triângulo. Quanto maior a proximidade, maior a rivalidade e maior a violência que a soluciona. Em segundo lugar, a violência é contagiosa, como podemos ver nos conflitos entre torcidas de futebol ou nas guerras entre nações, que sempre correm o risco de se alastrarem. Em terceiro lugar, o bode expiatório é o objeto necessário para controlar a violência entre os humanos.

A visão de Girard sobre a construção da subjetividade a partir da rivalidade mimética pode ser aplicada em várias questões. Na religião, a Paixão de Cristo representa a solução antropológica.

Cristo foi o único dos profetas judeus que anunciou e aceitou a morte como necessária para extrair a violência do mundo. "Eu sou o Cordeiro de Deus" que vim salvar o mundo pelo sacrifício da minha vida. A missa e a Eucaristia representam o rito de sacrifício que salva o mundo da própria violência.

O rei é muitas vezes o bode expiatório que escapou do sacrifício. Por isso, reis são enterrados sob pedras, como nas pirâmides e nos cemitérios do mundo ocidental. São vítimas arqueológicas sacrificadas por apedrejamento. O governo, por outro lado, é sempre bode expiatório. Reis são coroados para serem degolados ou sacrificados para "resolver" a violência decorrente da rivalidade mimética.

A aplicação da visão girardiana pode ser levada a casos triviais. Nunca foi possível a aliança entre sociais-democratas e comunistas no início do século XX. PT e PSDB são partidos rivais e muito próximos. É mais provável uma aliança entre o PT e o PP de Paulo Maluf do que entre PT e PSDB.

O homem de relações públicas que seguisse a visão de Girard obedeceria a regras muito claras. A rivalidade é maior com os mais próximos que admiramos (e, por isso mesmo, também odiamos) e com quem convivemos. Ao visitar a empresa familiar dirigida pelo filho do fundador, ele nunca perguntaria pelo pai nem pelo irmão. São vértices de conflito insuperável. Ao cumprimentar o príncipe Charles, não pergunte como vai a rainha Elizabeth. Ao conversar com o presidente da República, não pergunte pelo segundo homem forte do governo ou por aquele que o ajudou a se eleger.

Na área de relações internacionais, cada país tem relações de cooperação e aliança com os vizinhos dos seus vizinhos. O Brasil é rival da Argentina e tem tradição de votar junto e cooperar com o Chile nos fóruns internacionais. França e Alemanha e duas guerras mundiais são outro bom exemplo. São Paulo não existiria sem o Rio — São Paulo é a negação do Rio. Uberaba não existiria sem Uberlândia, nem Tatuí sem Tietê. Corinthians e Palmeiras, Flamengo e Fluminense.

Economistas imaginam que consumidores autônomos estão dispostos a trocar bens e trabalho de acordo com desejos bem-comportados. Para Girard, a troca é impossível — se o vendedor está disposto a vender, o comprador não quer mais a mercadoria da transação. As trocas só podem se efetuar através de um bem excluído — que não pertence a ninguém e é desejado por todos —, o dinheiro. Assim, diferentemente do que dizem os economistas, não foram as trocas que deram origem ao dinheiro, mas o dinheiro que deu origem às trocas e as permitiu.

Seres humanos oscilam entre o amor e o ódio que os acompanham. Nossa sina é capturar o desejo dos que amamos muito. A solução? Um bode expiatório. Um desejo compartilhado por uma terceira coisa. E manter uma certa distância. O melhor dos mundos que podemos sonhar é o que aspira a coisas transcendentais; Deus e a vida eterna, no tempo das religiões, ou o dinheiro, na economia capitalista, ambos são terceiros excluídos, objetos de desejo que não pertencem a ninguém, impessoais, distantes, transcendentais.

A sociedade é marcada pela rivalidade e não pela competitividade. Competitivo é o corredor de maratona. Ele corre contra si mesmo, tentando se superar: tem um objetivo — completar os 42 quilômetros —, e o principal obstáculo são sua energia, força muscular e tenacidade. O futebol é um esporte de rivalidades. Trata-se de ganhar a partida contra o adversário tradicional — Flamengo e Fluminense, Palmeiras e Corinthians. O obstáculo é o time adversário, que é respeitado e talvez odiado.

Com exceção dos mercados agrícolas ou de pequenas empresas, a atividade econômica é realizada principalmente em mercados não competitivos — com concorrência imperfeita ou oligopólios — nos quais o sucesso de uma empresa depende da estratégia que desenvolve para ganhar dos adversários ou excluí-los. No mercado concorrencial das teorias da mão invisível, cada produtor sabe apenas o preço do produto e os custos de produção. Não tem estratégia contra os demais produtores. Corre como um maratonista.

Já nos mercados não competitivos, as empresas reagem como times de futebol. Prevalece a rivalidade. Não se pode demonstrar que os mercados caracterizados pela rivalidade são eficientes — há desperdício envolvido em várias estratégias. A publicidade, por exemplo, precisa ser adotada por uma empresa se outras empresas a utilizam. E pode ser um jogo de ganho zero — as empresas gastam em publicidade e uma publicidade anula a outra. Se pudessem se coordenar, evitariam as despesas de publicidade sem prejuízo para os negócios.

A violência é constitutiva da sociedade dilacerada pela rivalidade mimética. O desejo de açambarcar o desejo dos outros não pode ser satisfeito. As trocas não são possíveis, pois as curvas de indiferença de A são dependentes das curvas de indiferença de B, e reciprocamente. "A sociedade organizada é um evento pouco provável."[2] Está permanentemente sujeita à violência. A sociedade moderna não é competitiva, mas cheia de rivalidade ou de inveja. "Só os ingleses acreditam em felicidade."[3]

Numa sociedade de indivíduos, cada um procura ter mais dinheiro, poder ou prestígio do que os outros. Os "índices de felicidade" que alguns economistas procuram construir não mediriam o conforto ou a satisfação promovidos pela economia. Pois os indivíduos procurariam ser "mais felizes do que os outros".[4] A vida humana não gira em torno da busca da felicidade, mas em torno da rivalidade mimética — ter mais ou ser mais do que os outros.

Os defensores do comércio e das trocas como mecanismos de harmonização social supõem que a negociação impessoal entre indivíduos livres evita a violência. A teoria de Girard também conclui que as trocas intermediadas pelo dinheiro dirigem a violência para fora, para um terceiro excluído, o bode expiatório. Mas essa é uma harmonia precária, porque o dinheiro, como todo bode expiatório, pode extrair excessivamente a violência ou contaminar a comunidade com mais violência. O dinheiro, impessoal e público, é a instituição necessária, mas efêmera, que garante que comércio e trocas possam ser feitos harmonicamente.

Nessa sociedade de indivíduos dominados pela rivalidade mimética, as trocas não são possíveis. Se Marx começa pela mercadoria, Michel Aglietta e André Orléan afirmam que deveria começar pelo dinheiro.[5] Sua aplicação das ideias de Girard à moeda foram apresentadas em *A violência da moeda*.[6] As trocas só serão possíveis se existir moeda — um objeto impessoal, que não pertence ao indivíduo A ou B. E que pode dirigir a violência contida na rivalidade mimética para um objeto externo — o ouro nas economias capitalistas ou o rochedo das ilhas do Pacífico Sul. Mas, como bode expiatório, a moeda está sujeita a um equilíbrio instável. Se for excessivamente desejada, a economia estará sujeita à deflação; do contrário, à inflação.

Assim, o ego da psicanálise, que talvez possa ser associado ao consumidor autônomo da microeconomia, só pode se realizar enquanto ego se existir dinheiro, ou seja, uma instituição soberana que permite realizar seus desejos, aparentemente conscientes e racionais, independentemente do desejo dos outros. Pode comprar e vender o que quiser, e quando quiser. Encontrará outros egos que se pensam autônomos e independentes dispostos a realizar trocas. Muitas vezes não será possível trocar a casa na praia pela casa da montanha. Mas sempre será possível trocar a casa da praia e a casa da montanha por dinheiro impessoal e anônimo.

Quando o regime monetário é baseado em moeda lastreada e o crédito é baseado na possibilidade de resgatar o instrumento de crédito pela moeda desejada, a economia tende à deflação. Quando, ao contrário, a moeda é apenas crédito, a economia tende à inflação. O regime monetário da Currency School e do padrão-ouro transformaria a moeda no bode expiatório que retira excessivamente a violência e levaria à deflação. O regime monetário da Banking School ou da moeda lastreada em crédito seria insuficiente e levaria à inflação.

A moeda é uma instituição. Instituições são soberanas: são a regra do jogo e não o jogo. É instituição ligada ao sagrado e ao sacerdote no passado remoto, ao Estado nas economias modernas e sempre ao ouro, objeto misterioso de desejo. É constantemente ameaçada pela violência do desejo intenso ou pela falta de desejo que compromete sua função de bode expiatório, ou é o centro de atração de desejos incompatíveis. Exige ritos para a sua manutenção como mito. E está sujeita a crises de excesso ou falta, deflação ou inflação. O desejo dos economistas de encontrar soluções estáveis de crescimento sem inflação, deflação ou crise financeira não pode ser realizado de forma duradoura.

IV. EVENTOS ESPETACULARES

29. O que causa inflação?

Inflação é a elevação permanente do nível geral de preços. Ou a desvalorização permanente do valor da moeda.

No regime monetário do padrão-ouro, a moeda é o ouro. O preço da moeda ou o nível geral de preços seria dado pelo custo marginal de extrair mais ouro. O valor da moeda seria objetivo e determinado por fatores externos. Era o sonho dos clássicos defensores do padrão-ouro. Que a moeda fosse uma mercadoria, produzida a um determinado custo, cujo preço não pode ser alterado pela ação do Banco Central ou do senhor feudal. Mas, na medida em que o ouro pode ser trocado por todas as mercadorias, seu preço passa a depender dos preços das mercadorias que pode comprar. O sonho clássico de dar um caráter objetivo ao ouro e de tornar o dinheiro uma mercadoria como outra qualquer não pôde se realizar.

O mercado de ouro, porém, assim como todos os mercados nos quais produtos novos e produtos usados são iguais, negocia todo o ouro que foi extraído da terra desde o início dos tempos. A quantidade de ouro negociada no mercado é muito maior do que a quantidade de ouro "novo", extraído das minas. Por isso, o custo marginal tem pouca influência no preço do ouro. O preço acaba sendo fixado antes pela quantidade de ouro demandada do que pelos custos objetivos de extraí-lo. A ideia de fixar o valor da moeda por um dado objetivo externo que animava os clássicos defensores do padrão-ouro não é possível. Se aumenta a demanda de moeda, aumentam o preço do ouro e o valor da moeda. O resultado é deflação. Se cai a demanda de moeda, cai o preço do ouro, a moeda se desvaloriza e o resultado é inflação.

No século XVI, quando a Espanha extrai grandes quantidades de ouro e prata da América espanhola, a Europa passa por período de inflação que se irradia de Madri para todo o continente. Desde a segunda metade dos anos 1970, quando Nixon abandona a conversibilidade do dólar em ouro, fixada em 35 dólares por onça troy de ouro (31,1 gramas), o ouro deixa de ser lastro da moeda internacional. Mas o dólar continua a ser a moeda internacional, usada como reserva dos diversos bancos centrais. É o *outside money* da maior parte dos países do mundo.

Nos anos 1970-80, o governo americano faz grandes déficits públicos, a política monetária é expansiva e o dólar se desvaloriza com relação a diversas moedas (marco alemão, franco suíço, libra esterlina, franco francês). E os Estados Unidos passam por períodos de inflação mais alta do que dois dígitos. Assim a desvalorização do *outside money* ou o excesso de *outside money* (dólares) nos Estados Unidos poderiam ser apontados como causadores da inflação. De acordo com a visão monetarista: mais base, maior oferta de meios de pagamento, mais inflação. Ou, de forma semelhante ao que acontecia no padrão-ouro: ouro mais caro em dólares, mais inflação. Pois cada dólar, agora, valia uma quantidade de ouro menor.

Assim é a explicação da inflação para os monetaristas: crescimento da base, crescimento de *M*, mais inflação. O valor da moeda ou o nível geral de preços depende da quantidade de *outside money*.

Podemos procurar as causas da inflação fazendo uma análise de crédito para o governo e o Banco Central como se fossem uma organização única, já que o Banco Central, independente ou não, é propriedade do Tesouro nacional e se financia com a emissão de base monetária.

A análise se baseia na hipótese de que o valor do passivo do Banco Central pode ser explicado por uma investigação de crédito, como a que os bancos comerciais fazem antes de conceder um empréstimo. Esse passivo, a base monetária, poderia ser trocado pelos ativos do Banco Central se ele falisse. Mas o Banco Central não pode, por definição, falir, já que promete pagar as dívidas com a própria base monetária. A análise, no entanto, vale a pena para entender como os mercados avaliam a política monetária.

Analisamos o balanço do governo mais Banco Central como se fosse uma empresa. Tem débitos junto ao restante da economia, e esse débito financia um conjunto de ativos cuja qualidade e cujo ritmo de crescimento permitem avaliar a qualidade do débito, a qualidade da base monetária. Analisamos a qualidade do passivo do Banco Central através da qualidade dos ativos. Como se o Banco Central pudesse falir e, ao falir, os donos do passivo recebessem os ativos como forma de saldar a dívida.

Nesse balanço consolidado das autoridades monetárias mais Tesouro nacional, temos do lado do passivo, isto é, como fonte de financiamento, o saldo do papel-moeda em circulação, a base monetária ou o *outside money*. Um ativo financeiro que é "pago" ou resgatado por ele mesmo. E que o público aceita porque precisa de um ativo financeiro líquido que cumpra várias funções, especialmente a de meio de pagamento.

Esse passivo, a base monetária, financia:

a) o total da dívida pública que o Banco Central não vendeu no mercado, isto é, o saldo acumulado de déficits públicos do Tesouro nacional que não foram vendidos ou repassados para o setor privado;

b) o total de moeda estrangeira comprado pelo Banco Central no mercado de dólares, para manter a taxa cambial fixa ou para atenuar as variações nessa taxa cambial;

c) redescontos concedidos ao setor bancário privado.

Assim, se o Banco Central falisse, os proprietários do papel-moeda em circulação receberiam títulos da dívida pública, dólares e empréstimos a receber dos bancos privados.

Se o governo não paga a totalidade dos juros da dívida, se não tem recursos tributários para pagar pelo menos os juros da dívida que está nas mãos do setor privado, a dívida pública cresce pelo montante de juros, e será paga com mais dívida pública nas mãos do Banco Central e, portanto, mais base. O crescimento da base mais rápido do que o crescimento do produto provocaria desvalorização dessa "dívida do governo", da moeda nacional, o que causaria inflação. Por isso a preocupação do mercado financeiro com o superávit primário, o montante de receitas tributárias que o Tesouro destina ao pagamento dos juros da sua dívida. Pois se esse superávit primário não consegue estabilizar o crescimento da dívida, a quantidade de moeda em circulação cresce independentemente da demanda por moeda, que se desvaloriza.

O Banco Central pode vender ativos a fim de compensar a falta de recursos do governo para estabilizar a dívida. Pode vender dólares para o setor privado, diminuindo as reservas em dólar com o objetivo de compensar o crescimento da dívida e diminuir o crescimento da base. Pode vender títulos da dívida pública que mantém em carteira, e portanto diminuir a base monetária que financia o total de títulos públicos. Nessa operação, uma parte maior da dívida se torna propriedade do setor privado, e a despesa de juros paga pelo Tesouro nacional para portadores privados aumenta. O superávit primário precisa ser maior.

Para entender esse raciocínio: se o total da dívida pública fosse mantido no Banco Central, os juros pagos sobre ela seriam juros pagos pelo governo a si mesmo. O Tesouro paga e o Banco Central recebe. Mas ambos estão no mesmo balanço e a situação do setor privado não se altera. Se o governo vende títulos públicos ao setor privado, as despesas de juros precisam ser financiadas pelo crescimento da base ou por receitas tributárias do governo que não tenham sido gastas com outras despesas.

Se o crescimento da dívida nas mãos do setor privado for maior do que o crescimento da demanda por moeda provocado pelo aumento da produção e da renda, isso pode causar inflação no preço dos produtos de consumo corrente (o índice de preços que mede a inflação) ou aumento no preço de outros ativos financeiros (ações, títulos de crédito securitizado, imóveis).

Por outro lado, podemos considerar que a dívida do setor público (Banco Central mais Tesouro nacional) com o setor privado é formada pela base monetária e pela dívida pública. Juntas elas representam quanto o governo promete pagar ao setor privado. A base monetária é uma dívida que não rende juros e é aceita porque tem grande liquidez — compra qualquer coisa a preço conhecido, pode ser mantida em reserva. A outra dívida, a pública, tem menos liquidez e paga juros financiados por recursos reais, receitas tributárias. O excesso de moeda que causa inflação, segundo a Teoria Quantitativa da Moeda, seria um excesso de dívidas que não rendem juros e que o setor privado não deseja, dados o nível do produto nacional e as taxas de juros.

Mas a dívida pública é sempre muito líquida e as de prazo mais curto têm liquidez apenas um pouco menor do que a base monetária. Portanto, uma operação de mercado aberto que venda a dívida de curto prazo (*bills*, em inglês) e recolha base monetária ou dinheiro tem pequena influência nas decisões do setor privado sobre investimento ou consumo.

Os bancos centrais da Inglaterra e dos Estados Unidos foram criados para organizar o sistema bancário, como câmaras de compensação e emprestadores de última instância. Ambos passaram a financiar o governo a partir de guerras. No caso dos Estados Unidos, financiaram os gastos da União com a Guerra de Secessão. Só assim se tornaram bancos do governo. No regime monetário que prevalecia até o início do século XX, o governo não deveria ter déficits, nem a política monetária deveria se preocupar com qualquer outra coisa que não fosse a estabilidade do sistema de pagamentos.

Se não existisse a dívida pública, o Banco Central administraria o sistema de pagamentos do padrão-ouro, mantendo-o como lastro da moeda nacional e dando liquidez aos bancos privados através da política de redescontos.

Com base nessa análise do governo e das autoridades monetárias como se fossem uma organização única combinada com a análise da qualidade dos ativos que a base monetária financia, chegamos à conclusão monetarista: a quantidade de moeda criada depende da evolução dos ativos — do déficit público, das reservas internacionais e dos empréstimos aos bancos privados. E a inflação resulta do crescimento do saldo da dívida pública, do saldo das reservas internacionais e dos redescontos ao setor bancário privado. O controle dessas variáveis é que mantém a estabilidade do valor da moeda. É a visão monetarista.

Para os neoclássicos, é o comportamento dos preços domésticos que determina o valor da moeda. Preços são determinados pela demanda e pela oferta agregadas. Crescimento da demanda agregada — gerado por déficits públicos, excesso de exportações sobre importações ou, o que é a mesma coisa, poupança total maior do que investimentos mais gastos públicos mais superávit do balanço de transações correntes — aumenta a procura por mão de obra, aumentando salários ou a demanda por outros fatores de produção. A inflação vem dos preços, não necessariamente da quantidade de moeda. O resultado não muda muito em termos de política: o déficit público deve ser controlado, o superávit no balanço de pagamentos e a compra de reservas devem ser esterilizados, compensados pela venda de títulos públicos em carteira. Essa seria uma inflação de demanda, causada por excesso de demanda com relação à oferta agregada.

A inflação pode ter outras causas. Se o mercado de trabalho consegue majorar os salários nominais pela força dos sindicatos ou por legislação que garanta o aumento ou um piso para os salários nominais, a inflação decorre de crescimento de custos. Se a Opep aumenta o preço do petróleo, como em 1974 e 1979, os preços se elevam e causam inflação, independentemente da política monetária ou do déficit público. Seria uma inflação de custos.

A inflação de custos e a de demanda poderiam ser diferenciadas: na inflação de demanda crescem o nível geral de preços e o produto. Na de custos, o nível geral de preços cresce, mas o nível de produção diminui. Em princípio, é fácil distinguir. No caso de inflação de custos, a melhor política seria controlar os preços nominais que estão crescendo excessivamente e não controlar a quantidade de moeda, pois, nessa situação, o nível de produção cairia ainda mais.

Para os monetaristas, o controle rígido da quantidade de moeda estabiliza os preços tanto no caso da inflação de demanda como no caso da inflação de custos. A rigidez da oferta de moeda faria com que o aumento dos salários nominais ou o aumento do preço do petróleo fossem compensados por reduções nos demais preços. Se a velocidade-renda da moeda é constante, e a quantidade de moeda também, é impossível que o nível geral de preços aumente.

Na realidade, a quantidade de moeda não pode ser controlada pelo Banco Central como os monetaristas supõem. O desemprego aumentaria como resultado dessa disciplina monetária rígida. O desemprego, para os monetaristas, é problema de curto prazo. Logo, trabalhadores aprenderiam que os salários nominais têm que ser flexíveis. A inflação de custos só ocorre porque o Banco Central acomoda ou aceita preços mais altos, aumentando a oferta de meios de pagamento.

30. Os custos da inflação

A economia tem duas preocupações: inflação e desemprego. Os custos do desemprego são óbvios. Existem fatores de produção que poderiam ser e não estão sendo utilizados num mundo de escassez. Não precisamos dar voltas para saber quanto custa o desemprego. Se o desemprego é de 7%, e supusermos que a produtividade do trabalhador é constante mesmo com diferentes níveis de emprego, o país está perdendo ou deixando de produzir 7% do produto nacional. É um desperdício de mais ou menos 280 bilhões de reais no caso do Brasil e de vinte vezes mais no caso dos Estados Unidos. Os números estão subestimados, pois a produtividade do trabalho aumenta quando aumenta a produção.

Mas qual é o custo associado à inflação? Se Deus anunciasse que a inflação no país será de 20% ao ano, e sempre 20% ao ano até o final dos tempos, quais seriam os problemas criados pela inflação perfeitamente estável e previsível? Todos os empresários aumentariam os preços em 20% num determinado mês de cada ano, ou ao ano. Os trabalhadores exigiriam aumentos salariais de 20% todos os anos e conseguiriam. Os ativos financeiros teriam taxas de juros iguais ao juro real mais 20% ao ano e não haveria ganhos e prejuízos redistribuídos entre devedores e credores. A taxa cambial aumentaria 20% por ano. E assim por diante.

Essa inflação perfeitamente previsível e sempre igual não causa nenhuma modificação no funcionamento da economia. E um dia, técnicos de informática, que estariam constantemente trabalhando para permitir o registro de débitos, créditos e pagamentos com um número crescente de dígitos, fariam um movimento nacional para acabar com essa inflação. Empresários, trabalhadores, credores e devedores se reuniriam e assinariam um pacto: ninguém corrige mais os preços em 20% ao ano. E a inflação seria zero. A inflação previsível com certeza absoluta e estável não tem função e não afeta nada na economia. E, por não ter função, provavelmente não existe.

Inimigos figadais da inflação, os monetaristas afirmam que ela representa uma tributação sobre os saldos de dinheiro e uma ineficiência da economia. O papel-moeda em poder do público e os depósitos à vista não rendem juros. Mas são necessários para a realização de pagamentos. Se a taxa de inflação passa de zero para 20% ao ano, os agentes econômicos têm uma perda maior por reterem moeda em caixa. Com a perda maior, reduzem os saldos médios desses ativos, mantêm um saldo menor de depósitos à vista e menos papel-moeda.

Fazem uma economia privada de dinheiro. E, como vimos antes, essa redução de liquidez é uma distorção. Pois, se não custa nada produzir dinheiro, um pedaço de papel, as pessoas deveriam reter a quantidade de moeda que quisessem no banco e nos bolsos. O que só seria possível se houvesse uma taxa de deflação igual à taxa de juros média dos ativos financeiros. Com inflação de 20%, a ineficiência aumenta, a perda de utilidade ou de conforto por reter moeda é ainda maior do que era quando a inflação era zero.

Parte da perda é compensada por ganhos do governo — o

imposto inflacionário. Pois, se a taxa de inflação é de 20% ao ano, o setor privado precisa de 20% a mais de dinheiro — papel-moeda em poder do público e depósitos à vista — todos os anos. E o governo precisa oferecer 20% a mais de base todos os anos. Deve emitir 20% a mais de papel-moeda todos os anos. E essa emissão de mais 20% todo ano gera recursos adicionais para o governo gastar. É um imposto arrecadado sem autorização legislativa. E, segundo os discursos brasileiros, é um imposto regressivo. Pagam proporcionalmente mais os mais pobres.

A perda de utilidade total do setor privado que reduziu o saldo médio de meios de pagamento é compensada pelo ganho de imposto inflacionário arrecadado pelo governo. Que é igual ao saldo do papel-moeda em poder do público mais os depósitos à vista multiplicados pela taxa de inflação. Se no Brasil a oferta de meios de pagamento dada pela soma dos depósitos à vista mais o papel-moeda em poder do público for de 400 bilhões de reais, o imposto vale hoje 6% vezes 400 bilhões, ou 24 bilhões por ano. Ganho do setor público e perda do setor privado se anulam: não se discute qual seria o melhor uso desses recursos se ficassem com o setor privado.[1]

Entretanto, ainda sobra uma parte que é prejuízo para o setor privado e que não é ganho para o setor público. Se o setor privado retinha 400 bilhões de *M1* quando a inflação era de 6% ao ano e agora com uma inflação maior retém, digamos, 350 bilhões, o imposto inflacionário é arrecadado apenas sobre os 350 bilhões. O setor privado deixou de reter 50 bilhões de reais, perdeu esse conforto. E o governo não arrecada imposto inflacionário sobre essa parcela de 50 bilhões. É uma perda para o setor privado e deixa de ser um ganho para o setor público. Todos perdem. Esse seria o custo da inflação, o "peso morto" do imposto inflacionário.

"Que anticlímax!", exclamou Tobin no discurso presidencial na American Economic Association.[2] Então estamos preocupados com a inflação por causa dessa "ineficiência"! Em situações de inflação bancos e depositantes se adaptam. Bancos acabam contornando a proibição de pagar juros sobre depósitos à vista com as *now accounts* ou com os fundos mútuos de mercado monetário. Somente os que não podem usar o serviço bancário — como traficantes de droga e a Máfia nos Estados Unidos e os que não têm acesso a serviço bancário no Brasil — perderiam com a inflação. "Que anticlímax!" Nos Estados Unidos a inflação atrapalha apenas criminosos?

Mesmo no Brasil, o imposto inflacionário pode ser reduzido pela diminuição dos saldos de meios de pagamento retidos pelo setor privado. A população que não tinha acesso a serviços bancários fazia "compras do mês" logo no dia do pagamento do salário. Não é confortável, mas é insuficiente para explicar a preocupação com a inflação.

Além disso, a inconveniência do imposto inflacionário só pode ser analisada se comparada com os custos de outros impostos. Do ponto de vista político, o imposto inflacionário custa menos ao Congresso e ao poder Executivo do que impostos visíveis e aprovados em lei. Do ponto de vista econômico, seria preciso comparar as distorções causadas por cada imposto com a distorção causada pelo "imposto inflacionário".

Então, qual o problema causado pela inflação?

Não é surpreendente que para os monetaristas o custo da inflação tenha que ser analisado de forma esotérica e gere uma resposta irrelevante e pouco convincente. Afinal de contas, para os monetaristas a moeda é um véu, ninguém "erra" por muito tempo porque toma decisões baseadas em preços nominais. E é uma inconsistência das suas teorias, que afirmam ao mesmo tempo que os preços nominais são irrelevantes e que a política monetária não consegue gerar efeitos duradouros no desemprego ou no nível de atividade, e insistem numa disciplina monetária rígida. Não conseguem justificar por que se preocupam com a estabilidade do valor da moeda dada a afirmação de que, através das expectativas adaptativas ou das expectativas racionais, os mercados não se iludem com preços nominais.

Se adotarmos a perspectiva de Minsky, que analisa as empresas como administradoras de fluxos de caixa, isto é, entradas e saídas de caixa, o problema causado pela inflação se torna evidente. Se for inflação de demanda, aumenta antes o preço dos produtos e depois os salários e outros custos, e os empresários não financeiros têm ganhos com a inflação. Receitas monetárias crescem antes e mais do que despesas monetárias. Se for inflação de custos, o contrário acontece: salários sobem antes do preço dos produtos, a inflação reduz os superávits financeiros e ameaça a sobrevivência das empresas.

Para o setor financeiro, a inflação ameaça o valor dos créditos contratados com taxas de juros nominais que não preveem corretamente a inflação futura. Ganham os devedores e perdem os credores. Há uma redistribuição de riqueza dos credores para os devedores. No caso da Europa atual, com a crise das dívidas soberanas, a inflação reduziria as dívidas dos governos dos países periféricos, impondo prejuízos aos credores sem a necessidade de renegociação das dívidas soberanas. As manifestações de rua e os quebra-quebras em protesto contra cortes de gastos seriam menores. Haveria protestos contra a inflação e pressões sindicais para aumento de salários. Qual a alternativa mais fácil ou menos ameaçadora?

Embora não exista uma medida analítica satisfatória para os custos da inflação, podemos fazer contas sobre quanto custa manter a estabilidade do valor da moeda: os juros pagos pelo Banco Central aos detentores da dívida pública, mais os custos de manutenção de reservas em moeda estrangeira usadas para estabilizar a taxa de câmbio.

No caso do Brasil, depois do Plano Real as contas são fáceis. A dívida pública esteve em torno de 50% do PIB e os juros reais foram mantidos a pelo menos 10% ao ano, isto é, 10% acima da taxa de inflação observada. A dívida pública custou 5% do PIB por ao menos dezessete anos (1994-2011). Durante esse período, o Tesouro gastou 85% do PIB para manter a inflação baixa. A esse custo deveríamos somar o custo das reservas. Atualmente o Banco Central tem 350 bilhões de dólares em reservas que rendem juros nominais de 2% ao ano, aproximadamente iguais a zero em termos reais. E financia essas reservas com juros de 10% ao ano. Ou seja, gasta 10% sobre 350 bilhões de dólares, ou 35 bilhões de dólares ao ano. Gasta, além dos juros da dívida pública, mais 35 bilhões de dólares, ou 105 bilhões de reais, todo ano. Se o PIB for igual a 4 trilhões de reais todos os anos, o gasto adicional com as reservas em dólares equivale a 2% do PIB.

Se a inflação cria incerteza para as empresas e os trabalhadores, quais os problemas criados pela deflação? Se for uma deflação maior do que a prevista, ganham os credores, inclusive os proprietários de depósitos à vista e papel-moeda, e perdem os devedores. A atividade produtiva diminui, pois vale a pena reter moeda em vez de investir. O desemprego aumenta. Os fluxos de caixa das empresas não financeiras se contraem se os salários nominais forem mais rígidos ou caírem menos que os preços dos produtos.

O discurso frequente no Brasil de que a inflação é o mais cruel dos impostos é difícil de verificar. Os grandes defensores da estabilidade do valor da moeda são o FMI e as organizações de bancos internacionais. A ONU poucas vezes se pronuncia sobre o assunto. No passado brasileiro, a UDN era a grande inimiga da inflação, e não o PTB. Durante o mandato dos presidentes democratas nos Estados Unidos a inflação é maior do que durante o mandato dos presidentes republicanos. Os militares justificaram o golpe militar de 1964, entre outros motivos, com a taxa de inflação projetada de 100% ao ano em março de 1964.

A economia americana apresenta um ciclo econômico de natureza política — nos dois primeiros anos do mandato presidencial, a inflação média é mais baixa do que nos dois últimos anos. E o desemprego é maior nos dois primeiros anos do mandato e menor nos dois últimos. Parece que a inflação tem um custo eleitoral menor do que o custo do desemprego. Ou que a regra maquiavélica "o mal de uma vez só, e o bem aos poucos" comanda a política monetária.

Mas os presidentes que conseguiram estabilizar o valor da moeda, como José Sarney durante a curta duração do Plano Cruzado, Fernando Henrique Cardoso com a estabilização duradoura do Plano Real, no Brasil, Carlos Salinas, no México, Carlos Menem, na Argentina, todos angariaram grande apoio político depois de programas bem-sucedidos de combate à inflação.

Uma explicação possível para esse apoio político: a moeda é a instituição fundamental da economia capitalista, a constituição que permite o estabelecimento da ordem e o funcionamento da economia. Quando a inflação é alta ou crescente, a ordem fica profundamente comprometida. O restabelecimento da ordem atende a todos os participantes da economia. Não porque reduza o imposto inflacionário ou permita saldos monetários maiores. Mas por uma razão mais importante do que essas: torna viável o funcionamento da economia.

Diferentes países reagem de formas distintas à inflação. Estados Unidos e Inglaterra passaram por períodos inflacionários mais curtos e com inflações baixas em comparação com outros países do mundo. Parece que nesses dois países a política monetária mais elástica causa antes inflação no preço dos ativos do que inflação nos preços da produção corrente. A inflação americana nos anos 1970 aconteceu juntamente com a desvalorização do dólar e com a diminuição do seu status como moeda internacional. A mesma coisa na Inglaterra no período imediatamente anterior ao governo de Margaret Thatcher.

Outros países da Europa, como França, Portugal e Bélgica, têm horror à inflação. A Alemanha, que estudamos a seguir, passou por uma experiência traumática de hiperinflação que tornou o país, políticos e a população em geral extremamente temerosos da inflação. A América Latina sempre teve taxas de inflação elevadas, batizadas de "inflação latina". Depois de 1982, quase todos os países da região, inclusive o Brasil, passaram por longo período de inflação alta e crescente. A estabilização do valor da moeda ocorreu após a renegociação das dívidas externas na primeira metade dos anos 1990. Não é possível dizer se essa experiência construiu uma memória política que abomina a inflação e mantém uma política monetária austera. A Argentina tem atualmente taxas de inflação de 20% ao ano; a Venezuela, taxas ainda mais altas.

31. A hiperinflação alemã: 1920-3[1]

A história da civilização é uma história de guerras. Ao fim da Guerra Franco-Prussiana, em 1871, a França derrotada assina a rendição em condição humilhante em Versalhes. Desde essa data até o início da Primeira Grande Guerra, em 1914, a economia capitalista vive o chamado Período Dourado do padrão-ouro e a hegemonia da Inglaterra como centro de um vasto império.[2] A rainha Vitória (1837-1901) comanda esse império, que marca a vida cultural, política e econômica do mundo ocidental.

Ao final da Primeira Guerra, os alemães são derrotados pelos Aliados — França, Inglaterra e Império Russo —, que lutaram contra a Tríplice Aliança, composta de Alemanha, Império Austro-Húngaro e Itália, que depois passou para o lado dos Aliados. Ao final, o Império Russo havia desaparecido com a Revolução de Outubro de 1917. Os impérios Austro-Húngaro e Otomano foram desmembrados. O desmembramento do Império Austro-Húngaro deu origem a Áustria, Hungria, Checoslováquia, Bósnia, Sérvia, Montenegro e outros países. O fim do Império Otomano transformou em nações ou protetorados os antigos sultanatos que são hoje as diversas nações do Oriente Médio.

A rendição dos alemães é assinada em Versalhes, a vingança dos franceses contra a humilhação de 1871. O tratado impõe à Alemanha o pagamento das despesas de guerra da França, da Inglaterra e de outros países aliados. O esforço de guerra dos Aliados foi financiado principalmente pelos Estados Unidos, que ao final da guerra são os maiores exportadores de produtos agrícolas e industriais do mundo, têm grandes superávits comerciais, reservas e créditos a receber dos Aliados.

Assim, França e Inglaterra têm grandes dívidas a pagar aos Estados Unidos. Os Aliados querem que a Alemanha pague os prejuízos da guerra para que possam saldar as dívidas que assumiram com os Estados Unidos. Keynes adverte que o montante de pagamentos estipulado levará a Alemanha à instabilidade e à crise, o que afetará toda a Europa.[3] A França é a negociadora mais inflexível, pois acumulou um passivo em dólares muito grande e tem uma história de rivalidade e um desejo de vingança maior do que o de outros Aliados.

Nos anos 1920, a Alemanha começa a viver um período de altas taxas de inflação e experimenta vários episódios de hiperinflação. Em 1923, a inflação atinge níveis muito altos rapidamente. Todas as transações de compra e venda são suspensas. Os vendedores, comerciantes ou industriais, se recusam a aceitar marcos como pagamento das vendas — preferem ficar com as mercadorias. A economia fica paralisada. Em outubro de 1923 a hiperinflação é controlada e o valor do marco se estabiliza.

Todos os países com intensas relações comerciais com a Alemanha e com os bancos alemães passam por hiperinflação também: a Polônia e os países que se formaram a partir do desmantelamento do Império Austro-Húngaro. A situação é dramática. Os alemães se sentem humilhados não apenas pelas dificuldades de sobrevivência que enfrentam no dia a dia como também por imporem grandes perdas aos depositantes estrangeiros em bancos alemães. O *Putsch* (golpe) de Munique liderado por Hitler contra o governo da Baviera ocorre em novembro de 1923. Com a crise de 1930, armam-se as condições que darão início à Segunda Guerra Mundial em 1939.

A hiperinflação de 1923 é um episódio dramático — mesmo as pessoas que possuíam dólares não conseguiam comprar nada pois não havia dólares suficientes para troco. Erich Maria Remarque relata a experiência no romance *Os três camaradas*.[4] Sobre a hiperinflação, destaca-se o trabalho de Constantino Bresciani--Turroni, consultor da Agência de Reparações, encarregada de garantir o pagamento das reparações.[5]

A hiperinflação alemã é um episódio importante por si só e para a teoria monetária. Mas é ainda mais interessante para o Brasil e para muitos países da América Latina que passaram por altas taxas de inflação no período 1982-94. Vamos dar atenção ao debate entre monetaristas e não monetaristas sobre o episódio, o que ilustra a discussão sobre a inflação brasileira e os planos de reforma monetária implementados no Brasil.

Do lado monetarista, há o trabalho de Phillip Cagan, tese de Doutorado premiada com o Prêmio de Ciências Sociais da Universidade de Chicago.[6]

Cagan está preocupado com a estimação da demanda de moeda. Trabalha no paradigma monetarista de acordo com o qual a demanda de moeda é a parte mais importante ou talvez a única relevante numa teoria macroeconômica. Seu objetivo é testar se a demanda de moeda é uma função estável da renda e da taxa de juros nominal, como previsto pela Teoria Quantitativa da Moeda e apresentado no trabalho do professor Milton Friedman "The Quantity Theory of Money: a Restatement".[7] Escolhe como objeto de estudo a hiperinflação da Alemanha e dos demais países na área de influência econômica da Alemanha. Considera esse episódio um laboratório adequado para o teste: as taxas de inflação são muito altas e variam muito. E a taxa de crescimento varia pouco.

Cagan estima demandas de moeda como função da renda e da taxa de inflação esperada. Supõe que as taxas de juros reais são constantes ou que não variam muito. A taxa de juros nominal ou as variações da taxa de juros nominal são decorrentes das mudanças na taxa de inflação esperada. E estima as taxas de inflação esperada supondo que as expectativas se adaptam progressivamente: a inflação esperada para o período futuro é dada pela taxa de inflação esperada no momento anterior, corrigida pela diferença entre a taxa esperada e a taxa observada nesse momento anterior.

Precisa delimitar o período de análise. E define, arbitrariamente, que a hiperinflação ocorre sempre que a taxa mensal de inflação for superior a 50%. É uma escolha arbitrária e justificável: precisa limitar o período em que existe hiperinflação. Poderia ser outro valor, mas os dados de que dispunha sugeriam que fosse 50%. Jornalistas econômicos brasileiros passaram a tomar essa taxa como a que define a hiperinflação. E as taxas de inflação brasileira foram muito superiores a 50%. Mas a definição de hiperinflação está associada à interrupção das compras e vendas. Supermercados fecham as portas, indústrias param de produzir, o que aconteceu pelo menos uma vez na Argentina, mas nunca aconteceu no Brasil.

Cagan estima as demandas de moeda pelo método da máxima verossimilhança, uma contribuição importante para a econometria. São estimativas lineares (retas) que permitem ao autor concluir que a demanda de moeda é estável e responde negativamente à taxa de inflação esperada. Esse, o objetivo principal do trabalho.

Mas ele continua. Conhecida a demanda de moeda, é possível estimar a receita do imposto inflacionário. O imposto inflacionário é dado pelo produto da quantidade demandada de moeda multiplicada pela taxa de inflação esperada. Como a demanda de moeda é uma reta, a receita do imposto inflacionário é uma parábola: uma curva em forma de *U* invertido e com as pernas do *U* meio abertas. Tem um ponto de máximo. E mostra que a mesma arrecadação de imposto inflacionário pode ser atingida com uma inflação baixa ou com uma inflação alta. É um resultado surpreendente para os leigos. E que depois será usado por economistas brasileiros. Então o governo pode obter receitas do imposto inflacionário com taxas de inflação altas ou baixas! Economistas sempre procuram surpresas que possam chamar atenção para o seu trabalho.[8]

O *supply side economics* do presidente Reagan usa a mesma curva para a receita de impostos em geral. É possível arrecadar o mesmo volume de impostos com alíquotas altas e alíquotas baixas. E ele decide reduzir as taxas do imposto de renda americano, criando um grande déficit público que só será resolvido nos anos finais do governo Clinton.

Cagan observa que a maioria dos países estudados estava além do ponto de máximo nessa curva de receitas do imposto inflacionário. Portanto, se a taxa de inflação subisse, a arrecadação do imposto inflacionário diminuiria. Ou seja, essa forma de "financiamento" do governo estava esgotada e gerava mais inflação até chegar à hiperinflação, sem oferecer o financiamento para o déficit público.

Poderíamos dizer que após chegarem ao ponto de máximo na curva de receita total do imposto inflacionário os países "escorregaram" para baixo, "deslizaram" do ponto de máximo para outros pontos com taxas de inflação mais altas e arrecadação menor do imposto inflacionário. Portanto, o déficit público não podia ser mais financiado por inflação. Só a correção do déficit público poderia acabar com a hiperinflação. E Cagan atribui o fim da hiperinflação alemã a uma reforma tributária que controlou o déficit público tanto na Alemanha quanto nos outros países que também passavam por hiperinflação.

A conclusão não é surpreendente para um monetarista. O controle do déficit público permitiu o controle da oferta de meios de pagamento e, portanto, o fim da inflação. A discussão sobre déficit público e inflação é interessante e foi parte importante do debate sobre como controlar a inflação nos anos 1990 no Brasil.

Com o fim da inflação, a demanda de moeda cresce subitamente. Com inflação de 50% ao mês, por exemplo, a demanda de moeda cresce 50% ao mês, e o Banco Central precisa emitir 50% a mais de base monetária. A velocidade-renda de circulação da moeda é muito alta. O dinheiro se torna uma "batata quente" que se desvaloriza 50% ao mês. Nos fluxos de caixa, entra e sai rapidamente. Se fosse retido por um mês, perderia metade do valor. Perde 1,36% do valor todos os dias. Quando a inflação acaba, se torna zero, as pessoas podem reter muito mais dinheiro como um colchão de liquidez, dinheiro que protege empresas e pessoas de saídas inesperadas ou frustrações imprevistas nas entradas de caixa. A velocidade-renda de circulação da moeda cai rapidamente, a demanda de moeda dá um salto, depois se estabiliza. Esse efeito é chamado de monetização da economia. O dinheiro volta a ser um ativo financeiro líquido.

Além disso, a inflação corrói o poder de compra das receitas tributárias. Impostos são pagos depois de algum tempo — quinze ou trinta dias após o fato gerador. As receitas de impostos perdem 25% ou 50% do valor quando são efetivamente pagas pelos contribuintes. Quando a inflação desaparece, as receitas tributárias do governo também crescem subitamente em valor expressivo. É o chamado efeito Tanzi.

Sem inflação, o governo passa a ter duas receitas extraordinárias: a monetização da economia decorrente do fim da inflação e a recuperação do valor real dos impostos arrecadados. No Brasil, alguns economistas afirmavam que a "melhor tecnologia" seria acabar antes com a inflação, que daria esses dois ganhos substanciais de recursos para o governo, o que facilitaria o controle posterior do déficit público.

Gustavo Franco, presidente do Banco Central do Brasil na primeira fase do Plano Real, contradiz a conclusão de Cagan usando os mesmos resultados estatísticos e a mesma teoria de demanda de moeda.[9] Cagan afirmou que o déficit público da Alemanha e dos outros países com hiperinflação gerava receitas inflacionárias menores do que as receitas máximas que o imposto inflacionário pode produzir. Mas as variações da receita inflacionária para cada taxa de inflação e a receita máxima que pode ser obtida desse imposto não são o critério relevante. Pontos sobre a curva de demanda de moeda e sobre a curva de receitas do imposto inflacionário são pontos de equilíbrio. Nesses pontos, a inflação esperada é igual à inflação efetiva e não há por que supor que, uma vez atingido o ponto de máximo, a inflação continue aumentando. O critério relevante não é saber se a taxa de inflação efetiva está aquém ou além desse ponto de máximo.

A curva de receita do imposto inflacionário mostra os pontos de equilíbrio da demanda de moeda. Pontos abaixo dessa curva, ou seja, taxas de inflação mais baixas do que as mostradas por essa curva, são pontos de desequilíbrio. E se a taxa de inflação estiver abaixo dessa curva, ela tende a subir para os pontos sobre a curva. Pontos acima ou fora da área delimitada pela receita do imposto inflacionário são pontos de desequilíbrio que o governo não consegue financiar com imposto inflacionário. Nessa situação as taxas de inflação tendem a crescer indefinidamente. Se o déficit público for maior do que os pontos de receita do imposto inflacionário, então o déficit não é financiável por mais inflação. A inflação cresce indefinidamente.

Comparando os déficits públicos ocorridos com os dados da curva de receita do imposto inflacionário, dados extraídos da tese de Cagan, poucos países, e em poucos momentos, têm déficits públicos não financiáveis por mais imposto inflacionário. A conclusão de Cagan de que o controle do déficit público é que acabou com a inflação não é consistente nem com o modelo nem com os dados que ele utilizou.[10]

Os pagamentos de reparação representam uma dívida nova e muito grande para o Tesouro alemão. Esse crescimento da dívida ou do déficit público é causado pelo acordo de Versalhes. O Tesouro alemão teria que produzir grandes superávits para pagar apenas os juros da dívida. E a economia deveria ter superávits em transações correntes muito grandes para conseguir dólares suficientes para pagar os juros e uma parcela do principal. Como esse esforço não era possível, a taxa cambial marco/dólar se desvalorizava contínua e rapidamente.

A dívida foi renegociada várias vezes, mas, dada a relutância da França e da Inglaterra, pressionadas elas mesmas pelas dívidas com os Estados Unidos, não foi possível estabilizar a taxa cambial. O *outside money*, o dólar ficava sempre mais caro e a moeda alemã se desvalorizava de maneira constante e rápida.

Em 1923 foi aprovada uma proposta de renegociação elaborada pelo comitê de pagamentos de reparação, presidido por Charles Dawes, que ganhou o prêmio Nobel da paz em virtude disso. A Alemanha chegou, depois de sete anos, a uma dívida que podia ser paga. A taxa cambial foi estabilizada e a hiperinflação terminou.

Foi a taxa cambial fixa que acabou com a hiperinflação, e não o controle do déficit público. Que depois foi controlado, como afirmava Cagan. A âncora cambial foi que estabilizou os preços na Alemanha. E foi a instabilidade cambial que provocou a hiperinflação.

A analogia com o Plano Real é forte. O Brasil passou a ter taxas de inflação altas e crescentes depois da crise da dívida externa que interrompeu o relacionamento normal do país com o resto do mundo. A taxa cambial foi desvalorizada várias vezes e a inflação se acelerou até 1200% ao ano, se bem que nunca passamos por uma crise de hiperinflação. Somente em 1993, quando o secretário do Tesouro americano aceitou uma proposta de renegociação da dívida, foi que as relações financeiras com o restante do mundo foram normalizadas. Em julho de 1994, o Plano Real é implementado e a taxa cambial é fixada em um real — a nova moeda — por um dólar. A estabilidade do marco na Alemanha de 1923 foi possível graças a Dawes, secretário do Tesouro americano. E no Brasil o Plano Real deu certo graças ao secretário Nicholas Brady, que aprovou a negociação.

32. A Grande Depressão de 1930

A crise de 1930 foi a mais importante do século XX, até que possamos saber mais exatamente a duração e o impacto da crise de 2007-8. Tem interesse para este livro por si mesma, pois as políticas monetárias são protagonistas tanto na sua eclosão quanto na sua duração. Vale a pena estudá-la também como pano de fundo para analisar a crise de 2007-8.

Historiadores costumam ter horror a datas que marcam crises, revoluções e mudanças importantes. Preferem a continuidade. Em todo caso, a crise de 1930 começa em 29 de outubro de 1929, quando o índice da Bolsa de Nova York cai 11%. E continua caindo. Em 1945, dezesseis anos depois, atinge menos de 70% do valor de outubro de 1929. O desemprego aumenta, chegando a 25%. A crise não é americana, ainda que o marco inicial seja a Bolsa de Nova York. Espalha-se pelo mundo inteiro e, junto com a hiperinflação alemã, pode ser listada como um dos motivos da ascensão do nazismo e da eclosão da Segunda Grande Guerra. A economia americana volta a crescer a partir de 1933, retrai-se novamente em

1937 devido à política fiscal de austeridade e só se recupera com o início da guerra, em 1939.

O Brasil sofre as consequências da crise. Celso Furtado afirma que saímos antes da crise por causa do déficit fiscal produzido no início do governo Vargas: os gastos aumentaram devido à decisão de queimar grandes estoques de café e às despesas com a Revolução de 1932.[1] A desvalorização cambial da moeda brasileira também agiu para recuperar a economia e impulsionar a industrialização. Nos seus diários, Getúlio menciona várias reuniões com o ministro da Fazenda, Osvaldo Aranha, nas quais se mostra preocupado com o déficit público e com a desvalorização cambial. Parece que déficit público e desvalorização cambial acontecem à revelia da política econômica.[2] Vargas é um keynesiano a despeito de seus esforços para não ser.

Mesmo nos Estados Unidos, as medidas tomadas por Franklin Delano Roosevelt são contrariadas por ele próprio, quando decide, em 1937, cortar o déficit público. Só a Segunda Grande Guerra conseguiu recuperar o emprego e a produção mundiais. O livro de Keynes não teria ensinado nada. Um grande fracasso de política econômica no mundo inteiro.

Não há consenso sobre as origens da crise na economia real, isto é, na evolução do produto. Depois de uma década de prosperidade — os *roaring twenties* do jazz e do charleston, da façanha de Lindbergh, da Lei Seca e de Al Capone, do lançamento do Ford T e das linhas de montagem, da popularização do rádio e da vitrola, da construção de estradas por todos os Estados Unidos —, a produção industrial americana se desacelera. A desaceleração começa pelas exportações americanas, indicando que a Europa principalmente, mas o resto do mundo também, está diminuindo o ritmo de crescimento. A bolsa americana cresce vertiginosamente nos anos 1920. Faltam explicações da crise com base no crescimento do consumo e da renda. Voltamos a atribuir ao mercado monetário e de capitais a evolução da economia.

O Federal Reserve, criado em 1913, opera como emprestador de última instância e garantidor do funcionamento do regime do padrão-ouro — taxas cambiais fixas e garantia de conversibilidade. Ao final da Primeira Grande Guerra, os Estados Unidos são os maiores exportadores de produtos agrícolas e industriais. O dólar passa a ser a unidade de conta do comércio internacional. E Wall Street, os bancos de Nova York e o Fed substituem a City londrina e o Banco da Inglaterra como centro financeiro internacional. Os Estados Unidos têm créditos a receber da Europa pelo financiamento das despesas da Primeira Guerra e acumulam ouro com os grandes superávits do balanço de pagamentos.

Uma explicação para a duração e o impacto mundial da crise da bolsa de 1929 se baseia na substituição do Banco da Inglaterra pelo Federal Reserve, que não teria tido a habilidade para operar como centro financeiro internacional. Essa é a explicação dada por Charles Kindleberger.[3] Friedman aponta como causa da crise a morte de um dos conselheiros do Fed de Nova York, Benjamin Strong, banqueiro do Bankers Trust e experiente em mercados financeiros internacionais. Strong tinha um forte relacionamento com o presidente do Banco da Inglaterra e havia administrado as crises financeiras de 1907. Foi um dos banqueiros que formularam a criação do Federal Reserve.[4]

O preço das ações na Bolsa de Nova York vinha subindo constantemente. Agricultores e industriais reclamavam que o crédito era escasso, pois estava concentrado no financiamento da compra de ações. Investidores e corretores tomavam empréstimos garantidos pelas ações que compravam. Enquanto o preço das ações subia, as garantias reais — dadas pelas ações — permitiam novos empréstimos e compra de mais ações. A situação é análoga à crise dos *subprimes* de 2007-8. Enquanto os preços dos imóveis cresciam, compradores de casa própria podiam adquirir mais casas, já que o valor da garantia real dada a esses empréstimos permitia novos empréstimos.

Quando o preço das ações desaba, há uma cadeia de falências. Corretores e investidores em ações são chamados a pagar os empréstimos, pois o valor das garantias se reduziu. Falência de corretores implicava falência dos bancos financiadores. Nessa situação, o Federal Reserve deveria reduzir as taxas de juros e oferecer mais liquidez aos bancos e às corretoras. Mas, preocupado com a especulação na bolsa, havia, ao contrário, elevado as taxas de juros. Uma decisão que, segundo Milton Friedman e Anna Schwartz, teria provocado a crise. O erro de política monetária é atribuído ao novo presidente, que tinha pouca experiência nos mercados de Nova York e nas finanças internacionais.[5]

Kindleberger atribui a duração da crise e a sua extensão pelo mundo à inabilidade do Federal Reserve em atuar como banco internacional de reservas e garantir o funcionamento do regime do padrão-ouro.

Barry Eichengreen discorda — duração e extensão da crise são resultado da manutenção do éthos (conjunto de costumes e valores de uma sociedade) do padrão-ouro no mundo que surgiu depois da Primeira Grande Guerra.[6] Ele apresenta o argumento em duas partes: primeiro mostra como o regime do padrão-ouro funcionava bem nos anos anteriores à Primeira Guerra. Depois mostra como essas condições se modificaram com o fim da guerra.

O padrão-ouro é um regime monetário no qual a condução da política monetária é determinada pelas condições do balanço de pagamentos. Um país com superávit no balanço de pagamentos acumula ouro. Expande a quantidade de moeda, pois tem mais ouro e deve emitir mais moeda, já que ela representa uma quantidade fixa do metal mantido em reservas. Com mais moeda em circulação, os preços nacionais crescem, há inflação. Inflação e taxas cambiais fixas incentivam as importações, que ficam mais baratas e punem as exportações, menos competitivas. Os países com déficit no balanço de pagamentos perdem reservas de ouro e devem contrair a quantidade de moeda em circulação. Com taxas cambiais fixas, há um incentivo às exportações e um encarecimento das importações. Ocorre um ajuste automático — inflação no país com superávit e deflação no país com déficit.

Essa é a proposta teórica. Na realidade, o padrão-ouro não podia funcionar bem. O país com superávit não sofre pressão para a inflação. Está acumulando reservas em ouro e liquidez internacional e não quer inflação. O país deficitário, ao contrário, pressionado pela perda de reservas internacionais, é impelido a contrair a oferta de liquidez para provocar a deflação. Que precisa ser muito maior, já que o ajuste é unilateral — apenas o país deficitário é pressionado pela falta de liquidez. A deflação no país deficitário precisa ser muito maior porque o país superavitário não passava por inflação. Com preços nominais rígidos, a deflação traria desemprego e falências.

Então, como o padrão-ouro funcionava bem? Os bancos centrais dos países mais importantes (Estados Unidos, Inglaterra, França e Alemanha) cooperavam entre si. E o regime do padrão-ouro tinha credibilidade. Com cooperação e credibilidade, o padrão-ouro funcionava bem porque não funcionava. Não havia necessidade de transporte de ouro entre países deficitários e superavitários. Nem de grandes mudanças da política monetária entre os países. O país deficitário conseguia aumentar as taxas de juros e recebia recursos dos demais bancos centrais para evitar a deflação. O aumento de taxas de juros no país deficitário não era acompanhado por aumentos compensatórios das taxas de juros dos demais países.

Além disso, havia a credibilidade. Bancos e investidores sabiam que, diante do déficit no balanço de pagamentos, os juros seriam aumentados e a taxa cambial seria mantida fixa. E movimentavam os recursos financeiros para esses países. Da mesma forma, previam que os países superavitários manteriam as taxas de juros constantes ou mesmo as diminuiriam — e acertavam. A acomodação das taxas de juros entre os países centrais, a cooperação, a garantia da manutenção das taxas cambiais fixas evitavam a deflação ou a inflação, preconizadas em tese pelo regime do padrão-ouro.

Por que havia cooperação entre os países? Porque todos tinham experiências históricas semelhantes. Não havia países com experiências inflacionárias tão dramáticas como a da Alemanha ou mesmo a da França. Não havia um desequilíbrio financeiro de dívidas e créditos entre os diferentes países. Não havia a consciência de que a política monetária era determinada pela situação do balanço de pagamentos. O objetivo da política monetária era apenas garantir o funcionamento do sistema financeiro de pagamentos e financiamento que é a base do comércio internacional.

Não havia também a consciência de que o desemprego era um problema econômico. O desemprego era tratado como um problema individual. Falta de caráter, preguiça, tendência ao crime. Na Inglaterra era chamado de *vagrancy* — comportamento de pessoas que vagam pelas estradas e cidades. Vagabundos. Na França, *vagabondism*. No Brasil, até os anos 1950, a polícia, ao abordar um cidadão na rua, verificava se tinha calos nas mãos, isto é, se trabalhava ou se era um "malandro". A relação entre desemprego e ciclos econômicos ou política monetária não existia.

Depois da Primeira Guerra todas essas condições deixaram de existir.

A situação particular de cada país impedia a cooperação. Os pagamentos de reparação devidos pela Alemanha impediam a colaboração entre França, Inglaterra e a própria Alemanha, que, por causa de hiperinflação, assim como a França, por causa de inflação muito alta, ainda que menos importante do que a alemã, tinham horror a qualquer risco inflacionário. O que não era o caso dos Estados Unidos e da Inglaterra. O regime do padrão--ouro e a manutenção da paridade entre moeda nacional e quantidade de ouro eram garantias contra a inflação. E a preocupação com a inflação se mantinha em período de deflação em quase todos os países.

O desemprego se tornou um problema social. Ainda que houvesse vida sindical importante antes da Primeira Grande Guerra, os sindicatos foram fortalecidos durante o conflito pelos governos nacionais de forma que pudessem colaborar com o esforço militar. A política monetária passou a ser vista como responsável pelos ciclos de expansão e contração da atividade.

A cooperação não era possível. A credibilidade no regime tampouco. Mas, depois da crise de 1930, o éthos do padrão-ouro ainda dominava as decisões. O país que desobedecesse às regras corria o risco de perder grandes quantidades de reservas, que sairiam do país, e passar por uma contração monetária. A Inglaterra fixa a taxa cambial da libra esterlina em valor muito baixo. Perde reservas, e o desemprego aumenta. A França fixa o valor do câmbio em taxa muito alta e acumula grandes reservas. Os juros americanos atraem mais reservas para os Estados Unidos. As reservas de ouro se distribuem de forma desigual entre os diversos países. Estados Unidos e França têm grandes reservas. Inglaterra e outros países sofrem carência de reservas. Não era possível a nenhum país ter déficits públicos. A expansão da dívida pública tenderia a desvalorizar a moeda nacional ou haveria fuga de capitais para o resto do mundo.

O controle do déficit público ficou mais difícil. A Primeira Grande Guerra redesenhou as fronteiras nacionais da Europa, particularmente com o fim do Império Austro-Húngaro, para atender às demandas de minorias étnicas em cada país. E muitos países adotaram sistemas eleitorais proporcionais, que dão mais representação parlamentar às minorias. Medidas de controle do déficit público se tornaram politicamente mais difíceis.

Sem cooperação e sem credibilidade, o regime do padrão-ouro não podia funcionar como antes. Alguns países que desvalorizaram o câmbio tiveram inflação, que corroeu o valor real da nova taxa cambial. Outros, que desvalorizaram o câmbio e contraíram a oferta monetária, foram mais bem-sucedidos.

Só o abandono das regras do padrão-ouro — taxas cambiais fixas, contas públicas em equilíbrio e política monetária determinada pelo balanço de pagamentos — poderia acabar com o desemprego e a deflação.

Roosevelt desvaloriza o dólar em 1932. É o começo do fim do éthos do padrão-ouro. Mais tarde, opera no mercado de ouro para aumentar seu preço e causar uma reflação nos Estados Unidos. Define um conjunto de gastos públicos para atenuar a crueldade da crise — seguridade social, investimentos públicos em energia elétrica e outros. Interessante saber que, ao operar no mercado de ouro, ouvia os conselhos de um economista agrícola, Warren Harding, que mostrava que os preços agrícolas subiam ou desciam em função da taxa cambial. A política não foi bem-sucedida, mas revela um mundo no qual o éthos do padrão-ouro começava a ser abandonado.[7]

A manutenção do regime do padrão-ouro exigia cooperação ou coordenação entre as grandes economias do mundo. Na ausência de cooperação, a política seguida foi chamada de *beggar-thy-neighbor* [empobrecer o vizinho]. Desvalorizações cambiais e políticas de juros competitivas que agravavam os problemas.

Somente a guerra recuperou a atividade e o emprego nos Estados Unidos, na Inglaterra e na Alemanha, ou seja, só a gigantesca destruição de vidas e de bens materiais justificou déficits públicos e substituição dos gastos do setor privado pelos gastos do setor público.

O regime do padrão-ouro, com taxas cambiais fixas, exige cooperação entre os países e impede que as políticas monetária e fiscal possam ser controladas tendo em vista a situação econômica de apenas um país. Surpreendentemente, em 1945, o Acordo de Bretton Woods propõe um regime de taxas cambiais fixas no qual o dólar faz o papel do ouro como reserva internacional. A economia se livra dos "grilhões de ouro" mas mantém, até 1973, os grilhões das taxas de câmbio fixas.

O déficit público, ainda que utilizado, continua a ser um anátema. Michał Kalecki, economista que foi precursor das ideias keynesianas e reivindica a sua autoria, explica por que no artigo "Political Aspects of Full Employment" [Aspectos políticos do pleno emprego], de 1943, quando o Partido Nacional Socialista dos trabalhadores alemães comandava o Estado alemão.[8] Afirma que os capitalistas têm receio dos gastos públicos quando o governo é dominado por um partido de esquerda no qual há pouca representação dos interesses dos empresários. São menos infensos a esses gastos quando o partido no governo representa seus interesses. Preferem os gastos públicos que se transformam em encomendas de bens de capital para o setor privado. Ou seja, fazem menos oposição aos gastos de investimento do que aos gastos correntes. E abominam definitivamente os "gastos sociais", pois representam uma quebra da ética capitalista "ganharás o pão com o suor do teu rosto". Seguro-desemprego, *food stamps* quebram a disciplina do mercado de trabalho.

Mesmo Hitler inicia um grande programa de gastos públicos para o esforço de guerra, mas de forma velada. Cria uma grande holding com capitais privados das maiores empresas alemãs, como Siemens, Krupp e outras. O governo é sócio da empresa, que emite dívida que o próprio governo compra. Ou seja, expande a "dívida pública", disfarçada em dívida privada da holding.

A dificuldade dos democratas americanos em aprovar os

programas de gastos do presidente Barack Obama depois da crise de 2008 parece ter sido uma profecia de Kalecki, em 1939 ele teria previsto a reação conservadora às propostas de Obama. Se o governo estivesse ocupado por um presidente republicano, talvez a política fiscal americana pudesse ser expansionista. Afinal de contas, os maiores déficits públicos americanos, exceto os originados em guerras, foram criados por Ronald Reagan e George W. Bush, com redução de impostos e gastos militares.

33. A inflação latino-americana

Entre 1945 e 1980, a inflação estava presente em quase todo o mundo. A inflação da época podia ser classificada por tipo: nos Estados Unidos, a *creeping inflation*, baixa mas sempre presente, abaixo dos 5%; a hiperinflação que só ocorreu na Hungria comunista;[1] a inflação dos países pobres da África Subsaariana e do sul da Ásia (no período eram classificados como países muito pobres!), que tinham moedas de valor estável; e a chamada "inflação latina", de países em desenvolvimento, particularmente na América Latina, que tinham taxas de inflação permanentemente altas.

A política recomendada para combater a inflação era a redução da demanda agregada: corte do déficit público e reorganização das autoridades monetárias para que a política monetária fosse disciplinada.

A Comissão Econômica para a América Latina e o Caribe (Cepal), sediada em Santiago, no Chile, reunia economistas de vários países latino-americanos. À época, havia poucos economistas na região, e a economia era uma área de conhecimento pouco divulgada. Ali estavam os economistas brasileiros Carlos Lessa,

Maria da Conceição Tavares, Celso Furtado, Antonio Barros de Castro, o argentino Raúl Prebisch e o chileno Osvaldo Sunkel. Castro, Lessa e Conceição, depois do fim do regime militar, deram aulas na Universidade de Campinas, fundada nos anos da ditadura.

Os economistas da Cepal desenvolveram teses que justificavam a política econômica na América Latina. Argumentaram que os países da região deveriam se industrializar. A demanda por produtos agrícolas tem elasticidade-renda menor do que um, ou segue a lei de Engels: cresce mais devagar do que o crescimento do produto, já que são produtos de primeira necessidade. Os mercados agrícolas são competitivos e têm preços flexíveis: preços que crescem rapidamente quando há expansão da liquidez e caem rapidamente quando a liquidez internacional se contrai; e, sendo competitivos, os ganhos de produtividade são transferidos para os consumidores, ou seja, aumentam a renda dos consumidores e não dos produtores. Diferentemente dos preços dos produtos industriais, que são rígidos em termos nominais e não caem necessariamente quando há ganhos de produtividade. Raúl Prebisch e W. Arthur Lewis, economista britânico das ilhas de Santa Lúcia, no Caribe, mostraram que os termos de intercâmbio entre preços de produtos agrícolas exportados pela América Latina e preços industriais tinham uma tendência secular de queda. Portanto, só a industrialização permitiria que os países latino-americanos crescessem, gerassem empregos de maior produtividade e aumentassem a renda. Eles defendiam a política de substituição de importações. A indústria de toda a região cresceu, assim como a taxa de urbanização.

A inflação, por outro lado, era um problema estrutural e não conjuntural. Não podia ser atribuída a excesso de demanda nem controlada com as medidas que eram consideradas "corretas" à época. A inflação decorria do aumento dos preços agrícolas internos. Que se elevavam porque a agricultura era atrasada, preocupada antes com os ganhos políticos decorrentes do controle dos eleitores de uma região (coronelismo) do que com os ganhos econômicos de um aumento da produção. Em consequência, afirmavam que a oferta agrícola era inelástica com relação aos preços: o aumento da demanda urbana gerava mais aumento de preços do que aumento de produção. E pressionava a taxa de inflação para cima. A solução estava num programa de reforma agrária que modernizasse a agricultura e a tornasse mais elástica com relação aos preços.[2]

A taxa cambial era desvalorizada sucessivamente. Por causa da inflação e porque a demanda por importações subia enquanto a receita de exportações não reagia ao câmbio desvalorizado. No caso do Brasil, por exemplo, o aumento da quantidade de café produzida derrubava o preço do café mais do que proporcionalmente, e a receita de divisas caía. Anos de boa safra eram anos de receitas de exportação pequenas. Anos de má safra, paradoxalmente, geravam receitas de exportação maiores. O país deveria reformar o setor exportador e a política de controle cambial, diversificando exportações.[3]

A urbanização criava necessidade de investimentos urbanos em transporte público, fornecimento de água e energia elétrica e segurança, o que aumentava os gastos públicos. E a estrutura de impostos não gerava recursos suficientes para o custeio desses gastos. O país precisava de reforma tributária e novas fontes de financiamento para o setor público.

O setor financeiro era composto de bancos que davam apenas créditos de curto prazo, incompatíveis com a necessidade de financiamento de longo prazo da industrialização e do setor público.

A solução do problema inflacionário dependia de reformas estruturais: a agrária, em primeiro lugar, a cambial, a bancária e a tributária. Todas elas medidas que demandavam um prazo longo para implementação e um prazo ainda maior para mostrar resultados. Prazos incompatíveis com a necessidade de controlar a inflação.

Os economistas da Cepal criaram um novo paradigma para as economias latino-americanas e uma linguagem nova para a economia. A economia é um campo de conhecimento anglo-saxão. Usa palavras em inglês e os maiores economistas vêm da Inglaterra e dos Estados Unidos. A linguagem cepalina era diferente, falando em estrutura e conjuntura, uma descrição dos problemas econômicos que requeria alguma tradução para os economistas de formação anglo-saxônica. Julio Olivera, professor da Universidade de Buenos Aires, faz essa tradução.[4] Em artigo seminal, apresenta os argumentos estruturalistas em linguagem e modelo compreensíveis para os economistas em geral. Classifica os mercados em dois grupos. Nos mercados industriais, os preços são rígidos nominalmente e fixados com uma margem sobre os custos variáveis de produção, a política de *mark up*. Quando aumentam custos, aumentam preços. Quando cai a demanda, os mercados industriais reduzem a produção, acumulam estoques ou desempregam trabalhadores. Têm controle sobre os preços pois os produtos são diferenciados.

Mercados agrícolas são muito competitivos. Os preços são fixados pelo mercado e se ajustam rapidamente a variações da demanda e da oferta. Variam muito em termos nominais, isto é, quando expressos em reais ou em dólares.

As diversas economias do mundo têm complexidade e diversidade diferentes. As economias avançadas reagem a variações de preços relativos com muita plasticidade.[5] Se aumenta o preço do petróleo, economizam petróleo, substituem o transporte privado pelo público. A população se desloca entre cidades e regiões com facilidade sem gerar grandes variações na oferta de serviços públicos e sem aumentar muito as tarifas públicas. O território nacional dessas economias é homogêneo. Assim, as variações de preços relativos decorrentes de inovações na produção ou diminuição na oferta de algum produto geram substituição no consumo e substituições na produção. São variações de preços relativos menores do que as variações de preços relativos que precisam ocorrer nos países em desenvolvimento diante dos mesmos eventos.

Por outro lado, nessas economias, a indústria, ou os setores de preços nominais rígidos, tem uma participação maior na economia. As variações de preços relativos são menores do que nos países em desenvolvimento, mas são repassadas mais intensamente aos demais preços, porque a participação dos setores de preços nominais rígidos é maior. Os países desenvolvidos, portanto, sofrem apenas de *creeping inflation* ou inflação rastejante. Existe inflação, pois grande parte dos preços é rígida em termos nominais, mas ela é pequena, pois as variações de preços relativos são pequenas.

Países muito pobres têm dificuldade para se adaptar a variações de preços relativos. A indústria é pequena e a agricultura é quase a única atividade econômica. Países pobres e agrícolas passam por grandes alterações de preços relativos mas não têm inflação. Pois a maior parte dos preços é nominalmente flexível e não repassa aumentos para os demais.

A América Latina é um caso de adolescência. O setor industrial tem uma importância no índice geral de preços maior do que no caso dos países pobres. Portanto, preços nominais rígidos têm participação maior no índice geral de preços. Mas não têm a plasticidade para se adaptar a mudanças de demanda e oferta que requerem grandes variações de preços relativos. Nesses países predomina a inflação latina, alta e persistente.

Em outras palavras, a inflação estrutural é uma inflação de custos. Nos países desenvolvidos, com grande participação de preços nominais rígidos, a variação de custos é repassada aos demais preços. Mas a variação de preços relativos ou de custos é pequena, pois a substituição de produtos é mais fácil.

Nos países pobres, as variações de custos ou de preços relativos são muito grandes, mas a maior parte dos preços do índice geral de preços é muito flexível, sobe ou desce rapidamente. Não há inflação.

Nos países em desenvolvimento, na América Latina especialmente, a participação dos setores com preços nominais rígidos é maior do que nos países pobres mas menor do que nos ricos. E a elasticidade da produção e do consumo é menor do que nos países ricos mas maior do que nos pobres. Variações de preços relativos, nesses países, geram mais inflação do que nos países pobres porque os preços nominalmente rígidos são mais importantes. E mais inflação do que nos países ricos porque a capacidade de adaptação da produção e do consumo é menor. Resultado: inflação mais alta do que nos países desenvolvidos e do que nos países pobres. Inflação latina.

Mas a inflação latina só ocorre se a política monetária for passiva. Isto é, se a oferta monetária se adaptar à situação de preços nominais maiores. O que é um absurdo, arremata Julio Olivera.

A inflação estruturalista foi analisada como uma inflação de custos: aumento do preço dos alimentos, aumento da taxa cambial, custos de urbanização etc. E Olivera conclui que inflação de custos só ocorre se a política monetária acomodar preços mais altos ou crescentes com maior oferta de meios de pagamento. O que não precisa ser o caso se há organização das autoridades monetárias — presença de um Banco Central autônomo que não reaja passivamente ao crescimento do déficit público e seja capaz de controlar a expansão de crédito dos bancos privados.

Os estruturalistas, entretanto, não afirmavam que a inflação latina decorria de pressões de custo. Falavam de um efeito-propagação, que analisamos a seguir.

34. Não existe inflação de custo

"A inflação é um fenômeno monetário", afirmou Friedman. A afirmação permite duas leituras. De fato é um fenômeno monetário, pois se trata da desvalorização persistente do valor da moeda. Não significa, entretanto, que seja um fenômeno causado pela oferta monetária, como Friedman queria dizer. Os dois choques do petróleo causaram inflação no mundo inteiro. Se a oferta de meios de pagamento tivesse se mantido constante, diria Friedman, o aumento do preço nominal e real do petróleo decidido pela Opep teria sido compensado por reduções dos demais preços nominais da economia. Poderíamos ter deflação, estabilidade ou inflação. Tudo depende de como as autoridades monetárias reagem. Se acomodam a pressão de aumento do nível geral de preços permitindo a expansão do crédito ou não. Se existem preços nominais rígidos que causariam desemprego, a oferta rígida de meios de pagamento seria uma forma de disciplinar esses preços, ainda que às custas de redução da produção e do emprego.

A afirmação de Friedman é radical. O desemprego representa custos econômicos, políticos e sociais. O controle da liquidez ou da oferta de meios de pagamento pelas autoridades monetárias é limitado pelo fato de que os bancos privados, o mercado financeiro e mesmo as empresas criam crédito e moeda. A pedagogia proposta por Friedman é muito cara e tem efeitos duvidosos.

A inflação dos estruturalistas e a inflação de custos são causadas por fenômenos reais — o preço do petróleo (que depende dos países da Opep) e os preços agrícolas em alta (que resultam, segundo os estruturalistas, da urbanização e das características da agricultura na América Latina) são fenômenos reais e não monetários, que poderiam causar inflação de custos.

Neste capítulo, argumentamos que não existe inflação de custos. Que o aumento isolado de alguns preços — do petróleo em 1974 e 1979, da gasolina, atualmente controlados no Brasil — não causa inflação.

Durante o governo Nixon, nos anos 1970 e 1971, foi estabelecido um sistema de controle de preços. A política de controle de preços, também chamada de política de rendas, estabelecia controle de preços e salários para conter a inflação que chegava a 6% nos Estados Unidos, muito acima da taxa esperada, de 4%.

A United States Steel, maior produtora mundial de aço naquela época, aumenta em 5% os preços do aço. Desobedece à decisão governamental e cria um problema político e econômico, já que ameaça a efetividade do controle de preços do governo. O capítulo está baseado em artigo de William Brainard e Michael Lovell.[1]

A questão é saber qual o impacto do aumento de preço de um produto isolado em todos os demais preços da economia. O preço do petróleo, por exemplo, afeta o preço dos transportes, da energia e, portanto, de todos os outros produtos da economia. Deveria ser importante para explicar os preços de todos os outros produtos e, por conseguinte, a inflação.

Para essa análise, Brainard e Lovell usam um modelo, o modelo de Vassily Leontief, que analisa a inter-relação entre a produção de todos os bens da economia. Cada bem produzido pode ser utilizado como input de outros bens e como produto final. Assim, o aço é insumo da produção de automóveis e geladeiras, da construção civil etc., e ao mesmo tempo é utilizado como produto final quando é estocado para ser usado nos anos seguintes ou quando é exportado.

Leontief supõe que todos os produtos sejam insumos de outros produtos e produtos finais para consumo, investimento ou exportação. E cada produto demanda uma determinada quantidade de trabalho. A produção é a coeficientes fixos. A_{ij} é a quantidade fixa do produto i utilizada na produção de uma unidade do produto j. A demonstração matemática está apresentada no Apêndice.

Ele supõe que o aumento de preço de um produto qualquer é repassado totalmente para os outros preços. Todos os preços são fixados a partir dos custos mais uma margem de lucro. Não existem setores competitivos que absorveriam o aumento de custos, como a agricultura e vários setores industriais competitivos. A produção é a coeficientes fixos. Isto é, o preço mais alto de um produto não é atenuado pela substituição desse produto por outro ou por maior eficiência na utilização do produto mais caro.

São hipóteses exageradas sobre o impacto na inflação decorrente do aumento do preço de um produto. Superestimam o impacto de um aumento de preço na taxa de inflação. Pois existem setores competitivos que não conseguem repassar aumentos de custo. Porque sempre haverá substituição do produto mais caro por outro, mais barato. Usando a matriz de Leontief, conclui-se que o aumento de 1% no preço do produto x causa um aumento de 1% vezes a participação da produção bruta (produção final mais produção intermediária) no produto nacional bruto. Exemplo: se a produção total de petróleo representa 10% do produto nacional, um aumento de 10% no preço do petróleo causa um aumento de 10% de 10% — 1% — no nível geral de preços quando se consideram os efeitos diretos e indiretos do aumento de preço inicial. É um resultado muito baixo, que não explica a importância do petróleo.

O aumento final será ainda menor se alguns setores forem competitivos e não conseguirem repassar o aumento do preço do petróleo. Portanto, levando em conta o impacto direto e o indireto de um aumento de preços sobre os custos, o resultado final não explica a inflação. Não vale a pena controlar preços.

Entretanto, se algum preço — os salários, por exemplo — exigir correção em função do poder de compra, isto é, do nível geral de preços, um aumento de custo qualquer será muito ampliado. Pois muitos preços serão corrigidos não pelo aumento de custo mas pelo aumento dado pelo nível geral de preços.[2]

Em outras palavras, se algum setor for indexado, o aumento de qualquer preço gera um aumento de preço geral muito maior. No limite, se todos os preços forem indexados, um aumento em qualquer preço pode gerar inflação infinita.

Para que a inflação não vá ao infinito é preciso que alguns preços, pelo menos, sejam rígidos nominalmente. A inflação de custos, isto é, causada pela variação de algum preço isolado, só é importante se houver indexação ou propagação, como esse efeito era chamado pelos estruturalistas.

A inflação de custos não existe. Não há preço de produto, por mais importante e por mais difícil que seja substituí-lo — como o aço durante o período de controle de preços nos Estados Unidos ou o petróleo depois dos dois choques de petróleo —, que possa ser responsabilizado pela inflação. A inflação é gerada, do lado dos preços, por aqueles setores ou produtos que, descontentes com a sua fatia no produto nacional, passam a reagir exatamente como os clássicos supunham que devessem reagir. Corrigindo os preços em função do nível geral de preços ou observando o poder real de compra da moeda, como se a moeda fosse de fato um véu. Esse efeito é chamado de efeito propagação pelos estruturalistas. E mais tarde seria o efeito da indexação na economia brasileira.

35. A inflação brasileira

A FGV do Rio de Janeiro foi a instituição designada pelo governo brasileiro como responsável por calcular os índices de preços nacionais e as contas nacionais junto à ONU. A inflação brasileira passou a ser medida pelo índice geral de preços (IGP), calculado pela FGV do Rio, a partir de 1948.

Desde então, a inflação calculada pelo IGP é crescente.[1] Começa baixa, durante o governo de Eurico Gaspar Dutra, que libera muitas importações, o que é possível por causa do acúmulo de reservas que o país conseguiu, exportando para os Aliados, e impossibilitado de importar pela própria guerra. Dutra adota também políticas de austeridade fiscal e monetária que resultam em baixas taxas de inflação. Desse momento em diante a inflação é sempre crescente.

O governo controla preços de primeira necessidade através da Superintendência Nacional de Abastecimento (Sunab), e o setor de abastecimento, como sempre aconteceu no país desde o Império, quando era controlado principalmente por portugueses, é o bode expiatório da inflação. Os preços do pão francês e do leite são os alvos principais. A taxa cambial é fixa, mas passa por diferentes regimes, que determinam taxas cambiais privilegiadas para algumas importações, como a importação de papel de imprensa e de equipamentos e insumos industriais. Muitos preços industriais são controlados.

A partir do governo Dutra a inflação cresce constantemente. No final do mandato de Juscelino Kubitschek a inflação atinge 40% ao ano. Enquanto o Brasil passava por um período de rápido crescimento e industrialização, mais a marcha para o Oeste e a construção de Brasília, a inflação permitia que muitos vissem o país afundando em uma crise econômica. Os editoriais de *O Estado de S. Paulo* falavam em crise e desorganização da economia, que cresceu 6% ao ano durante os cinco anos do governo de Juscelino. A inauguração de Brasília foi tema de um editorial que afirmava não saber se "Brasília era um bem desnecessário ou um mal necessário".

Jânio Quadros ganha as eleições de 1961 para enfrentar a corrupção que se atribuía às grandes obras de Juscelino (Usina de Furnas, Brasília, instalação de fábricas de automóveis no Brasil). Acaba com o subsídio ao papel de imprensa e baixa a Instrução 204 da Superintendência da Moeda e do Crédito (Sumoc), que dá fim a taxas cambiais diferenciadas para o papel de imprensa, o trigo e outros produtos. A inflação se acelera e Jânio renuncia em agosto de 1961, oito meses depois de uma vitória espetacular nas eleições.

Os militares não permitem que o vice, João Goulart, assuma o cargo de presidente da República. Mudam o regime para parlamentarista — Goulart é o presidente que reina, e Tancredo Neves e Santiago Dantas são os primeiros-ministros que governam. Em 1963, o presidencialismo volta através de um plebiscito, e Goulart assume a presidência da República. Depois do comício da Central do Brasil, no qual anuncia o novo valor do salário mínimo, é deposto, em 31 de março de 1964, por golpe militar, e se refugia no Uruguai. Os militares usam o aumento da inflação e a desordem na economia como uma das justificativas para o golpe. A inflação atingia 60% e as projeções indicavam que chegaria a 100% no final daquele ano.

Os militares iniciam nova política econômica e a inflação cai de 60% ao ano para 20% em 1974, um pouco antes do choque do petróleo. Os preços do petróleo elevam a inflação para 40% ao ano em 1975. De 1975 em diante a inflação é sempre crescente, sempre maior do que dois dígitos nas taxas anuais. Com o segundo choque do petróleo em 1979, cresce ainda mais, sendo superior a 100% em 1983. E continua crescendo, a taxa mensal assumindo valores de dois dígitos a partir de 1985. De 1986 em diante, são tentadas pelo menos cinco reformas monetárias. Que fracassam, e a taxa de inflação volta a seguir a tendência anterior, chegando a 2000% em 1994, quando é finalmente estabilizada pelo Plano Real. O Brasil volta a ter inflações em torno de 6% ao ano daí em diante. Passa a ser um país com moeda estável. A taxa de inflação do mundo inteiro se reduz, e o Brasil consegue se inserir no bloco de países com inflação controlada.

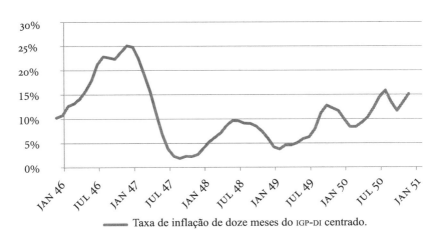

INFLAÇÃO NO GOVERNO DUTRA (1946-51)

Taxa de inflação de doze meses do IGP-DI centrado.

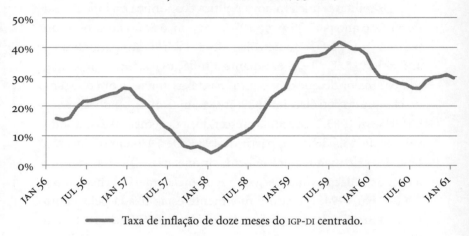

Taxa de inflação de doze meses do IGP-DI centrado.

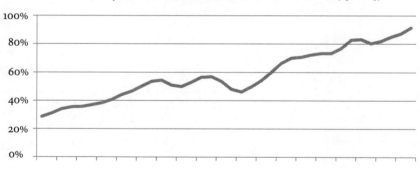

Taxa de inflação de doze meses do IGP-DI centrado.

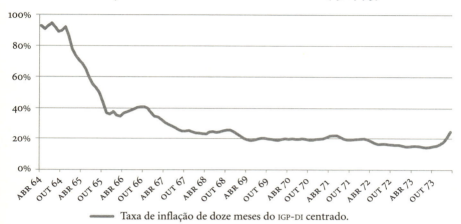

INFLAÇÃO NO PRIMEIRO PERÍODO MILITAR (1964-73)

— Taxa de inflação de doze meses do IGP-DI centrado.

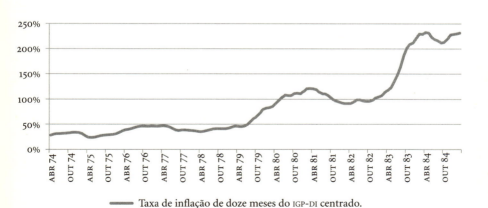

INFLAÇÃO 1974-84
(CHOQUE DO PETRÓLEO E CRISE DA DÍVIDA EXTERNA)

— Taxa de inflação de doze meses do IGP-DI centrado.

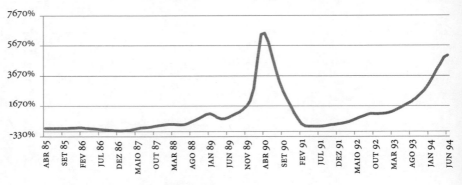

INFLAÇÃO 1985-94
(GOVERNO CIVIL E QUATRO REFORMAS MONETÁRIAS)

— Taxa de inflação de doze meses do IGP-DI centrado.

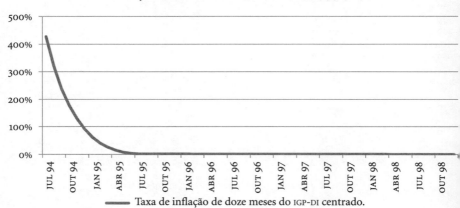

INFLAÇÃO NA FASE 1 DO PLANO REAL (1994-8)

— Taxa de inflação de doze meses do IGP-DI centrado.

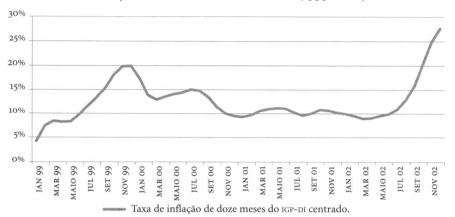

INFLAÇÃO NA FASE 2 DO PLANO REAL (1999-2002)

Taxa de inflação de doze meses do IGP-DI centrado.

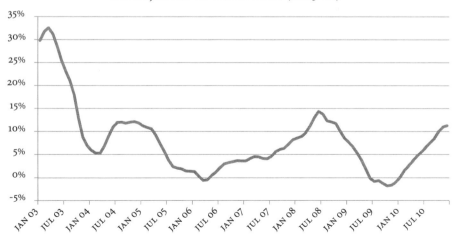

INFLAÇÃO NO GOVERNO LULA (2003-10)

Taxa de inflação de doze meses do IGP-DI centrado.

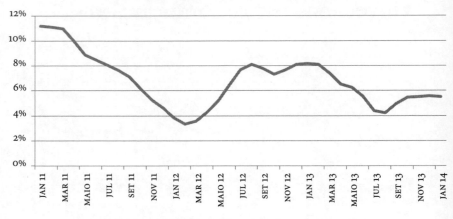

Taxa de inflação de doze meses do IGP-DI centrado.

Taxa de inflação de doze meses do IGP-DI centrado.

36. O Plano de Ação Econômica do Governo (Paeg) e a indexação

O governo militar desenhou e implementou uma série de reformas. João Goulart, o presidente deposto, falava em reformas de base. Os estruturalistas, em reformas estruturais. Os neoliberais, hoje, falam em reformas. Reformas se tornou palavra sempre presente entre economistas e políticos do país.

Os militares implementaram uma reforma tributária que criou o Imposto sobre Circulação de Mercadorias (ICM), o Imposto sobre Produtos Industrializados (IPI) e impostos sobre o valor adicionado como o Value Added Tax (VAT) que se implantava na Europa. Impostos sobre a renda das pessoas físicas, que existiam mas cuja cobrança era precária, e sobre a renda das pessoas jurídicas. Impostos únicos sobre combustível e lubrificantes e impostos sobre energia elétrica, cuja arrecadação era destinada exclusivamente a investimentos nesses setores. Renegociaram a dívida externa do país. Estabeleceram uma comissão interministerial de preços, a CIP, que autorizava ou não aumentos de preço do setor industrial. Fizeram até uma "reforma agrária", aprovando o Estatuto da Terra e criando o Imposto Territorial Rural.

Na área financeira, o governo militar criou o Banco Central do Brasil, que tinha autonomia e cujo presidente cumpria um mandato de prazo definido. Mais importante, criou as Obrigações Reajustáveis do Tesouro Nacional (ORTN). O diagnóstico consensual dos economistas da época era que o déficit público do governo federal não era um problema. O problema residia na sua forma de financiamento, muito curto ou baseado na emissão de papel-moeda em circulação, executada até então pelo Banco do Brasil através da Carteira de Emissão e Redescontos (Cared) e da Caixa de Mobilização Bancária (Camob). Como o Banco da Inglaterra, que existia antes das leis que o definiram como banco central, o Banco do Brasil exercia, ao mesmo tempo, as funções de banco comercial e banco central.

Para financiar o déficit público, a dívida pública (ORTN) passou a ser corrigida pelo índice geral de preços, calculado pela FGV do Rio. Um título público protegido contra a inflação permitiria ao governo financiamento mais longo e estável. E daria um instrumento a mais para a execução da política monetária.

Foi criado um sistema financeiro de habitação financiado pelas cadernetas de poupança, que rendiam 6% ao ano mais a correção monetária calculada novamente pelo índice geral de preços. Foi instituído um novo banco estatal, o Banco Nacional da Habitação (BNH), como banco de redesconto e apoio ao sistema financeiro de habitação.[1] Os empréstimos hipotecários custavam uma taxa de juros prefixada mais a correção do principal, feita pela Unidade Padrão de Capital (UPC).

Até 1967, as taxas cambiais eram fixas e corrigidas, por causa da inflação, em intervalos anuais. Essa prática permitia movimentos especulativos. Quando a inflação acumulava certo valor, ficava claro que o Banco Central iria desvalorizar. Importações eram antecipadas; exportações, atrasadas. Em 1967, o ministro Delfim Netto indexou também as taxas cambiais. O câmbio seria desvalorizado todas as semanas de acordo com a taxa de inflação. Mas tanto o valor quanto a data da desvalorização eram escolhidos a partir de uma tabela de números aleatórios (não existiam computadores). Portanto, especular contra o câmbio deixava de ser lucrativo — o valor da desvalorização era baixo e aleatório, assim como a data. A taxa cambial passou a ser uma taxa cambial fixa e indexada — corrigida frequentemente pela inflação passada.

Houve intervenção nos sindicatos e os salários passaram a ser corrigidos de acordo com uma nova lei salarial. A lei determinava que os salários seriam corrigidos anualmente pela inflação projetada no Paeg. Para 1965, a inflação projetada era de 20%, que foi a correção aplicada aos salários, mas a inflação real foi de 40%.

A economia brasileira passou a ser uma economia totalmente indexada. A qualidade da indexação depende de três parâmetros — da frequência do reajuste (diário, mensal, semestral ou anual), da defasagem do índice de preços considerado (índice do mês passado, do ano passado) e do índice de preços utilizado (há os que sobem mais rapidamente e os que sobem mais lentamente).

As receitas de impostos, do câmbio e dos ativos financeiros receberam a indexação mais perfeita. Impostos a pagar, correção mensal entre a data do fato gerador e o dia do pagamento. O efeito Tanzi estava anulado — as receitas tributárias não perdiam poder de compra por causa da inflação. O câmbio era corrigido semanalmente. E as ORTN, corrigidas mensalmente.

Os salários nominais foram eleitos como âncora — corrigidos anualmente pela taxa de inflação esperada, e não pela taxa de inflação ocorrida em um período passado.

O discurso da maioria dos economistas brasileiros à época insistia que a inflação brasileira não causava problema pois a economia era indexada. É um discurso clássico: em economia sem ilusão monetária, os valores nominais são corrigidos por índices de preços. E sem ilusão monetária ou sem contratos que fixam preços nominalmente rígidos, a inflação não influencia decisões, não distorce as informações do mercado. A moeda nacional, o cruzeiro novo — igual a 1/1000 do cruzeiro velho —, não é mais unidade de conta. Serve apenas como meio de pagamento para pequenas despesas — ônibus, táxi, cafezinho ou gorjeta.

No período do padrão-ouro, havia uma separação de funções similar. Para despesas pequenas o governo imprimia moedas de cobre ou de qualquer metal pouco valioso. Para facilitar o troco e financiar pequenas despesas — "um tostão furado". Para valores mais altos, os bancos emitiam notas bancárias ou moedas que continham ouro.

O sistema financeiro trabalhava com juros reais expressos em juros mais correção monetária. O câmbio era fixado em cruzeiros novos, mas o valor mudava semanalmente. Os imóveis tinham preços fixados em Unidade Padrão de Capital (UPC). As funções da moeda nacional eram distribuídas entre dois instrumentos — o papel-moeda e o depósito à vista exerciam a função de meios de pagamento. Os produtos agrícolas tinham preços livres e muito variáveis expressos em moeda nacional. Os índices de preço desempenhavam a função de unidade de conta e reserva de valor. A indexação era chamada pelos clássicos de moeda "tabular", corrigida por uma tabela de índices de preços. A Alemanha dos anos 1920 criou uma moeda indexada. Chile e Israel também indexaram a economia. Mas nenhuma economia usou a indexação de forma tão generalizada e por período tão longo. Ainda que o Plano Real de 1994 tenha limitado a utilização da correção monetária, ela ainda existe em títulos públicos, na correção de aluguéis e outros preços.

A taxa de inflação de 60% em 1964 cai suavemente para 40% em 1965 até chegar a 20% em 1973. Enquanto a inflação era declinante, a indexação segurava a queda, pois os preços eram corrigidos por uma inflação passada e maior do que a inflação corrente.

Depois do choque do petróleo, em 1974, todos os setores passam a demandar indexação mais perfeita — reajuste mais frequente e com defasagem menor.

O choque do petróleo eleva a taxa e muda a tendência da inflação, que passa a 40% em 1974 e cresce sempre a taxas cada vez mais altas até julho de 1994. O presidente Ernesto Geisel anuncia a redemocratização do país, de forma "lenta, segura e gradual". Há uma distensão nas leis salariais e as pressões por aumento de salários se tornam mais fortes.

37. A economia indexada

A economia brasileira do período de altas taxas inflacionárias entre 1974 e 1994 oferece uma experiência importante para compreender os pontos de vista monetarista e keynesiano sobre a inflação e a importância de uma âncora — ouro, ilusão monetária, taxas cambiais fixas em termos nominais ou juros nominais pagos pelo Banco Central.

Depois do choque do petróleo, o governo tenta "expurgar" da correção monetária os aumentos de preço provocados por fatores exógenos, como o aumento do preço do petróleo. De fato, quando o preço do petróleo sobe, o índice usado para a correção não deveria incluir esse aumento, pois ele representa uma redução da renda real da economia. Se fosse incluído, como de fato foi, os preços corrigidos refletiriam a recuperação de um poder de compra que a economia brasileira havia, ao contrário, perdido. Entretanto, os índices de preços utilizados pelas diversas legislações sobre correção de contratos financeiros e de aluguel e reajuste salarial são intocáveis, um mito sagrado, como era no passado a quantidade de ouro representada no papel-moeda ou nas moedas. O aumento do preço do petróleo, que devia ser retirado dos índices de preços através de "expurgo", não o foi, pela reação política que essa medida causou.

A elevação da taxa de inflação gerava pressões por correção de preços de melhor qualidade, o que aumentava ainda mais a taxa de inflação. O aumento de x% no preço do petróleo elevava a taxa de inflação por duas razões: primeiro, esse aumento de custos era multiplicado pela indexação, isto é, pela correção automática e legal dos preços indexados. Segundo, era aumentado pelo "aperfeiçoamento" do processo de indexação: correção mais frequente, com índices de preços mais recentes. Já que a inflação estava crescendo, o índice mais recente era maior do que o índice mais antigo. O aperfeiçoamento do processo de indexação acelerava o crescimento da taxa de inflação, isto é, a inflação subia, e subia a taxas crescentes.[1]

É fácil compreender o papel de uma âncora, de um preço que não é corrigido pela desvalorização da moeda. Se todos os participantes da economia se recusarem a aceitar um cruzeiro pelo valor de um cruzeiro, sem perguntar por que, ou seja, se não existirem preços rígidos em termos nominais, não existe moeda, só índices de preços. A ilusão monetária apontada pelos clássicos como um defeito no funcionamento dos mercados é na verdade a condição lógica necessária para que exista moeda.

No período inicial do governo militar, esse papel de âncora foi atribuído aos salários através da lei salarial e da repressão, que garantiram o enfraquecimento do poder dos sindicatos. Por isso, o dinheiro é um mito. Ou precisa ser um mito para algum setor importante da economia. Um dólar precisa ser aceito como um dólar sem que se pergunte por quê. No período do padrão-ouro, essa âncora era a quantidade de ouro contida na moeda ou representada pelas notas bancárias ou pelo papel-moeda em circulação.

A moeda da economia indexada é o índice geral de preços. E

a taxa de inflação dessa economia é a aceleração da taxa de inflação — quanto a taxa de inflação varia de um período a outro. Assim a inflação entre 1983 e 1985 teria sido 100%, a taxa de aumento da taxa de inflação ou a aceleração da taxa de inflação; da mesma forma entre 1983 e 1985, a aceleração foi de 50%. E essa seria a "taxa de inflação". Se a taxa de inflação sobe de cem para 250, a inflação verdadeira é a diferença entre 250 e cem, ou seja, a taxa de aceleração da inflação é de 150.

Quando a inflação se acelera, nem o índice de preços é aceito pacificamente como moeda, como aconteceu depois de 1974. Porque a correção da inflação é medida pela inflação passada, menor do que a inflação corrente. Empresas e trabalhadores passam a exigir correção de preços pela inflação passada mais uma correção adicional, além de demandarem correções mais frequentes com índices de preços mais recentes.

Índices de preços foram propostos e estudados por Irving Fisher no começo do século passado. Fisher procurava um índice perfeito ou ideal. Esse índice seria tal que o índice de preços multiplicado pelo índice de quantidade daria um índice de receita total.

Na realidade existem vários índices de preços e nenhum deles é perfeito. O índice de Laspeyres usa como pesos as quantidades de cada produto antes do aumento de preços, isto é, antes de o aumento de preço ter causado substituições no consumo e na produção. O aumento do preço do petróleo entra no índice com as quantidades consumidas antes do aumento — isto é, antes que os carros grandes tivessem sido substituídos por carros pequenos e mais econômicos. O índice de Laspeyres superestima a perda de poder de compra da moeda. O índice de Paasche usa as quantidades consumidas depois do aumento do preço de petróleo, quando a quantidade de petróleo consumida já se reduziu pela economia de petróleo que as famílias e empresas conseguiram realizar. O índice subestima a perda de poder de compra da moeda.

Existem ainda índices de custo de vida que usam como peso a parcela da renda de uma determinada classe gasta em cada produto.

A coleta de preços pode ser feita por cadernetas que as famílias preenchem semanalmente. Ou por telefone. Ou por pesquisadores que visitam diversos estabelecimentos comerciais para auferir preços. Alguns são facilmente comparáveis — preço do litro de leite em embalagem Tetra Pak ou preço do leite desnatado na mesma embalagem. Outros produtos são incomparáveis — roupas de inverno e roupas de verão, ou roupas que em um mês estão disponíveis nas lojas e no mês seguinte, por causa da moda ou da estação do ano, não estão mais.

Além disso, os processos operacionais de coleta de preços são diferentes em cada instituto. Informações por telefone, por caderneta, por pesquisa direta. Para cada índice são coletados milhares de preços todos os meses e é preciso haver um nível de corte. Se a inflação mensal for de 10%, e o preço coletado de um determinado tipo de peixe subiu 10 000%, é verdade ou foi erro de digitação? Deve-se excluir esse aumento de preço ou não? É impossível checar todas as informações fora da curva. Usa-se então um corte arbitrário. Que influencia a taxa mensal. Para uma pesquisa teórica essas diferenças não têm importância. Para uma economia indexada, uma variação superestimada muda o valor da dívida do governo, da correção salarial, da taxa cambial e da avaliação da política econômica.

No período das altas taxas de inflação, o anúncio dos diversos índices era feito em grandes entrevistas coletivas. O resultado do aumento de preços de vestuário era destacado do geral pois envolvia arbitrariedades na coleta devido à dificuldade de comparar os preços, pois era difícil achar um produto similar a uma roupa de lã usada no inverno à venda no verão, por exemplo.

E houve a inflação do chuchu. O chuchu é um vegetal composto principalmente de água e com baixo valor nutritivo. "Dá como chuchu." Num determinado mês, as chuvas não foram propícias à produção de chuchu. Não havia oferta do produto na feira nem no supermercado. Mas o coletor de preços precisava saber o preço do chuchu. O preço encontrado representava aumento de mais de 1000%. Apesar do pouco peso do chuchu em todos os índices de preços, um aumento de mais de 1000% elevou a taxa mensal de inflação por alguns décimos de pontos percentuais.[2]

Esse é outro problema da indexação. Os índices de preços são calculados com duas casas decimais. A inflação mensal do mês passado foi 0,57%, por exemplo. A medida não tem essa precisão. Seria como dizer que a população brasileira em novembro de 2013 é de 200000011. No caso da população, dizemos apenas "em torno de 200 milhões". No caso da inflação, usamos duas casas decimais. Para corrigir o valor de contratos financeiros de alto valor (a dívida pública brasileira líquida soma mais ou menos 1,2 trilhão de reais); 0,50 ou 0,57 — 0,07% de diferença equivalem a 8 milhões a mais ou a menos de dívida pública em um mês.

A taxa de inflação deveria ser anunciada como as pesquisas eleitorais. A inflação média foi de 10% no mês, com um desvio padrão de 4%, isto é, a inflação pode ter sido 6% ou 14% no mês.

O problema é ainda mais grave. A utilização da média e do desvio padrão (4%) descrevem a distribuição de resultados prováveis quando a distribuição é normal, isto é, quando metade dos resultados está igualmente distribuída em torno da média. Estudos empíricos mostram que no caso brasileiro, e também no americano, a distribuição de taxas de inflação em torno da média é assimétrica. Mais da metade dos preços sobe a taxas bem menores do que a média. E alguns poucos sobem a taxas muito superiores à média.

Pior ainda, a variância e a assimetria crescem com a taxa média. Quando a inflação é de 20% ao ano, o desvio padrão é de 4%, embora uma grande parcela dos preços esteja subindo muito menos do que a média. Quando a inflação é de 6% ao ano, o desvio padrão é menor, 2%, e a parcela de preços que crescem abaixo da média é menor.[3]

O índice geral de preços utilizado por todos os preços da economia é uma medida sujeita a desvios aleatórios significativos para o fim que os índices são utilizados. Para uma economia indexada, o resultado é desagradável. A medida da inflação pode causar inflação. E uma parte da correção monetária dos ativos financeiros é determinada como se fosse uma loteria.

Se nos tempos de inflação de 20% ao mês a inflação passasse para 24%, se estivéssemos de acordo sobre qual índice mede a verdadeira taxa de inflação (Paasche ou Laspeyres), calculado por qual instituto, e se o desvio padrão em torno do índice médio fosse 2%, a inflação não teria subido!

Se o governo militar interveio no cálculo do índice de preços determinado a partir dos preços do Rio de Janeiro, dirigindo a oferta de produtos agrícolas para reduzir os preços nesse mercado, como os jornais alegam que foi feito em 1973, podemos acusá-lo de um comportamento pouco ético do ponto de vista de manutenção do mito sobre a inflação verdadeira. Índices de preços, bem ou mal calculados, são intocáveis, assim como as regras de condução monetária.

Mas, se considerarmos que o índice é uma medida entre muitas outras igualmente válidas do ponto de vista teórico, e sujeito a imprecisões graves como o caso do preço do chuchu, a intervenção pode ser justificada. Reduziu os custos da correção monetária indevida sobre a dívida pública, economizou recursos públicos e afastou a ameaça sobre a utilização do índice como moeda nacional, preservando o mito.

Finalmente, poucos ativos financeiros puderam pagar a correção monetária, pois a inflação média é muito superior à inflação de mais de metade dos preços da economia. Um juro real de 1%

estipulado no contrato ou no papel adquirido, mais correção monetária, pode ser impagável pelo tomador de empréstimo se os seus produtos estiverem abaixo da média, o que ocorre em mais de 50% dos casos. Se a inflação é alta a diferença entre a média e a inflação do setor considerado é maior. E o número de setores abaixo da média cresce. A correção monetária é inviável financeiramente.

De fato, apenas a dívida pública pagou correção monetária durante todo o período, medida pela inflação. O governo teve que socorrer os compradores de casa própria limitando a correção das prestações à correção salarial e postergando o pagamento da diferença pelo Fundo de Compensações da Variação Salarial, pelos bancos e até recentemente não pago pelo Tesouro Nacional. Os agricultores tinham juros subsidiados. Os demais setores tomavam apenas empréstimos de curto prazo.

A moeda é um mito — precisa ter um valor inquestionável para algum preço da economia. O índice de preços que cumpriu as funções de reserva de valor e unidade de conta na economia indexada é outro mito. Não pode ser a nova moeda nacional a menos que algum preço ou setor importante da economia o aceitem sem poder perguntar por que ou sem poder protestar.

Essa observação sobre o caráter mítico do índice de preços como medida do valor da moeda permite refletir sobre o pensamento clássico e o pensamento de seus sucessores monetaristas. Para os clássicos o valor da moeda é um valor objetivo dado pelo preço do ouro. O preço do ouro, entretanto, quando usado como moeda, deixa de depender do seu custo de produção, um valor objetivo e externo, e passa a depender muito mais da demanda por moeda. Pois a oferta de ouro é muito inclinada, quase vertical, e é pouco afetada pela produção corrente de mais ou menos ouro. Mas esta é a ideia clássica — que a moeda tem um preço dependente da quantidade de moeda. E é isso que determina o seu preço, como afirma a Teoria Quantitativa da Moeda. O preço do dinheiro depende da quantidade de dinheiro em circulação, assim como o preço da batata depende da quantidade de batatas produzidas, um preço como outro qualquer.

A inflação decorre da presença de menos ouro na moeda cunhada pelo soberano, que ao reduzir a quantidade de ouro nas moedas extrai os ganhos de senhoriagem. Mais tarde, quando o ouro deixa de ser o lastro da moeda nacional e a quantidade de dinheiro é determinada pelas autoridades monetárias, segundo os clássicos, o governo é o responsável pela inflação, o bode expiatório necessário à solução do problema de instabilidade no valor da moeda.

Quando índices de preços são utilizados para corrigir os preços mais importantes da economia — câmbio, salários e juros — supõe-se, como os clássicos supunham, que o preço do dinheiro é independente dos preços das mercadorias que ele pode comprar. Corrigem-se os preços em decorrência da desvalorização do valor da moeda, como se essa desvalorização não dependesse do comportamento dos diversos preços da economia. Como se a desvalorização do poder de compra da moeda pudesse ser atribuída à presença de menos ouro em cada moeda ou em cada vale-moeda emitido pelos bancos. E supõe-se que todos os preços seriam afetados de forma mais ou menos uniforme por essa desvalorização da moeda, causada pela menor quantidade de ouro, que tem um preço objetivo dado pelo seu custo de produção, ou pela maior quantidade de moeda posta em circulação pelas autoridades monetárias ou pelos gastos do governo financiados pelo Banco Central quando o padrão-ouro é abandonado. Daí segue a proposta de Friedman de que a quantidade de meios de pagamento deve crescer a uma taxa limitada e conhecida e não em decorrência das decisões do Banco Central.

A indexação seria uma forma de evitar que os preços da economia fossem afetados por essa abundância maior de dinheiro com menor poder de compra. Funcionaria como um vento que sopra para longe a neblina e as nuvens que impedem a visão dos preços da economia livres do efeito inflacionário. Esse é o pensamento clássico e monetarista que justifica a utilização do índice geral de preços e da indexação — uma forma de "livrar" a economia da ilusão monetária.

Se a existência da moeda depende da ilusão monetária, como Keynes sugere em um trecho do capítulo 17 da *Teoria geral*, que analisamos anteriormente, isto é, depende da fé, crença sem justificativa, em que o preço do dinheiro seja estável, quando a economia se torna uma economia indexada são os índices de preços que passam a exercer as funções mais importantes da moeda como unidade de conta e reserva de valor. Os índices se tornam sagrados, intocáveis, e passam a medir o valor da moeda como se este fosse independente dos diversos preços da economia. Jornalistas escrevem sobre a "verdadeira taxa de inflação" e todos exigem que o índice de preços corrija todos os preços — subiu o preço do petróleo, é impossível consumir a mesma quantidade de petróleo, mas salários, juros e todos os preços exigem correção, como se o preço mais alto do petróleo e a inflação daí resultante pudessem ser compensados ou como se a renda real de todos pudesse ser corrigida para que com a mesma moeda fosse possível continuar consumindo a mesma quantidade de petróleo. Ou, pensando na inflação recente, aumenta o preço do tomate devido à redução da oferta, e todos os preços querem ser corrigidos pelo índice geral de preços de forma que se possa consumir a mesma quantidade de tomates que se consumia antes da redução da oferta. Mas há menos tomates no mercado. E tomates podem ser substituídos por outros vegetais. Nesse caso e no caso do petróleo, a indexação aumenta ou mantém o poder de compra da moeda, que, na verdade, precisa ser reduzido e, assim, causa mais inflação — o mesmo poder de compra para comprar petróleo ou tomates e menos petróleo e menos tomates. A indexação, portanto, causa mais inflação.

O índice geral de preços é uma média ponderada de todos os preços da economia. Numa economia sujeita a altas taxas de inflação, como era a economia brasileira nos anos 1974-94, os setores que podem fixar preços tentam fixar preços que cresçam a uma taxa igual à taxa média de inflação, mais ou menos algum número que reflita as condições de mercado do produto específico. Se a inflação média é de 100% ao ano ou mais, como aconteceu com a economia brasileira no período, é mais importante acertar a taxa de inflação média do que algo a mais ou a menos dado pelas condições do mercado específico do produto. Assim, todos querem acertar ou ultrapassar a taxa de inflação média. Como se um professor informasse aos alunos que só passarão de ano os que tiverem notas mais altas do que a média da classe. Se os alunos não podem se cartelizar e fazer provas de má qualidade para baixar a média, a média tende a subir. A mesma coisa ocorre na economia indexada — todos querem acertar ou superar a média, e a inflação sobe porque a economia é indexada.

Consideramos nestas reflexões a economia indexada formal e legalmente, como a economia brasileira nesse período. Mas o mesmo aconteceria numa economia sem indexação formal num período de taxas altas de inflação. Se todos tentam atingir ou superar a média de crescimento de todos os preços, a média tende a subir. O que nos permite afirmar que a inflação através da indexação formal ou informal causa mais inflação.

Monetaristas contra-argumentariam que esse processo de corrida dos preços atrás da inflação só é possível se a oferta de meios de pagamento for passiva, isto é, se aumentar em função da taxa de inflação e não for rigidamente controlada pelo Banco Central. O argumento é importante. Mas o setor financeiro pode aumentar a oferta de ativos líquidos da economia e criar novos ativos financeiros com margem de liberdade apesar dos esforços do Banco Central. E precisa aumentar a oferta de empréstimos em termos nominais, isto é, que cresçam a taxa igual à taxa de inflação para garantir a solvência dos créditos que concedeu. Assim, a oferta de liquidez da economia pode crescer além dos limites impostos pelo Banco Central.

Em conclusão, a indexação seria um paliativo eficaz para a inflação se o preço do dinheiro fosse independente dos preços que compõem o índice geral de preços. Se o valor da moeda dependesse da oferta de meios de pagamento e não dos preços dos diversos produtos da economia. Ou, o que é a mesma coisa, se a desvalorização da moeda fosse um acontecimento independente dos diversos preços da economia. Nesse caso, a taxa de inflação dos diversos produtos seria dada por uma distribuição normal e não por uma distribuição assimétrica com variância tanto maior quanto maior fosse a taxa de inflação, como mostram alguns estudos empíricos citados aqui.

A estabilidade do valor da moeda depende mais da existência de um preço importante — salários, câmbio ou juros — fixado em termos nominais, uma âncora, do que da quantidade de moeda. Essa âncora pode ser imaginária (ilusão monetária) ou real (taxa de câmbio nominal fixa ou taxa de juros nominal fixa). No caso de taxas cambiais fixas em termos nominais, são os preços internacionais que conferem "objetividade" ao verdadeiro valor da moeda. No caso de taxas de juros nominais fixas e elevadas, é o Tesouro nacional que garante a presença de um dinheiro num ativo financeiro de valor estável.

38. Desindexação ou indexação total

Nessa economia indexada o combate à inflação por corte no crescimento da oferta de meios de pagamento ou redução da demanda agregada afetaria apenas os preços fixados em mercados competitivos. Que têm um papel pouco importante na economia indexada pois a participação dos preços não indexados no índice geral é pequena. O professor Paul Simonsen afirmava que para haver uma queda da inflação os preços agrícolas deveriam assumir valores negativos — o consumidor iria à feira sem nada nos bolsos e voltaria carregando uma sacola com dinheiro e legumes. Teria que receber dinheiro e legumes do vendedor. A inflação não poderia ser controlada sem que o processo de indexação acabasse.

Pérsio Arida e André Lara Rezende[1] propõem uma estratégia para se livrar da indexação. Mostram que a inflação em qualquer período é igual à inflação do período anterior mais um fator de aceleração. Propõem que mais preços sejam indexados e de forma cada vez mais perfeita (correções mais frequentes feitas com a inflação do período anterior mais próximo possível).

É o diagnóstico da inflação inercial e a proposta de indexação total da economia. Ativos financeiros com juros prefixados, que embutem uma expectativa de inflação, como vendas faturadas para pagamento em até noventa dias, seriam proibidos e substituídos por ativos financeiros corrigidos monetariamente da forma mais perfeita possível. Quando todos os preços estivessem sendo corrigidos quase ao mesmo tempo e pelo mesmo índice de correção, a moeda nacional, o cruzeiro, seria substituída por uma nova moeda, e a indexação seria proibida. A proposta é chamada de indexação total.

Indexação total é igual a nenhuma indexação. Se todos os preços são corrigidos semanalmente por um índice comum, acabam-se as defasagens de correção entre eles — o preço corrigido anualmente ao lado do preço corrigido mensalmente etc. E acabar com a indexação se torna possível — por que corrigir todos os preços em 20% todas as semanas? Uma correção anularia a outra e todos concordariam com o fim da indexação.

A indexação total aumenta a taxa de inflação a níveis muito altos. O multiplicador aumenta constantemente. Mas, depois que todos os preços passam a ser corrigidos frequentemente e em datas muito próximas, é possível convertê-los para uma nova moeda e acabar com a indexação. Sobraria apenas a taxa de aceleração da inflação. A menos que fosse estabelecida uma âncora que impedisse o crescimento da inflação livre da indexação. A âncora poderia ser a quantidade de moeda emitida pelo Banco Central, como propõem os monetaristas. O governo deveria zerar o déficit público para que não houvesse nenhum crescimento do passivo ou dos ativos do Banco Central.

Uma alternativa semelhante a essa, proposta por Francisco Lopes,[2] seria retirar a correção dos preços indexados por decreto e cálculos feitos pelo governo. Aos contratos prefixados seria aplicada uma taxa de desconto dada pela taxa de inflação esperada na data de implantação da nova moeda, a famosa "tablita" [tabelinha].[3]

Os salários nominais seriam fixados no nível médio do período entre dissídios. E assim também seria feito com aluguéis, contratos de obras públicas etc. O resultado é o mesmo sem que a economia experimente taxas de inflação muito altas. Mas o processo de desconto dos contratos prefixados e dos salários pelo salário médio do período entre dissídios, feito em gabinete e regulado por decreto ou medida provisória, é complexo e gera incerteza e atritos entre as partes do setor privado. Essa proposta foi chamada pelo seu autor, com certa ironia, de "choque heterodoxo".

No início de 1986, a taxa de inflação se acelerava rapidamente. O fator principal era o multiplicador: salários já eram corrigidos semestralmente, e a Central Única dos Trabalhadores (CUT) pressionava por correções trimestrais. A taxa de câmbio era corrigida quase diariamente e várias maxidesvalorizações, isto é, desvalorizações acima da taxa de inflação passada, ocorriam. A dívida externa continuava a impedir um relacionamento normal com o mercado financeiro internacional. Havia escassez de dólares e controle de importações. As reservas mínimas em dólares, fixadas por lei pelo Senado, não podiam ser menores do que seis meses de importação. No segundo semestre de 1986 chegaram a um nível abaixo desse limite.

Em janeiro de 1986, chegou a informação de que o líder do governo no Congresso, deputado João Pimenta da Veiga, iria propor correção mensal dos salários, indo além da demanda da CUT. A hiperinflação era iminente. No final do mês, enquanto os deputados ainda estavam em recesso, o governo baixou um decreto-lei substituindo a moeda nacional, o cruzeiro, por uma nova moeda, o cruzado. A conversão da moeda antiga para a moeda nova seria feita de acordo com a proposta do choque heterodoxo.

A proposta de indexação total havia sido formulada e apresentada ao ministro do Trabalho, Almir Pazzianotto, que argumentou que seria muito difícil informar aos trabalhadores como a indexação funcionaria. A opção foi passar para a proposta chamada "choque heterodoxo".

O problema era a definição da âncora. A dívida externa era principalmente dívida pública, pois o setor privado tinha cruzeiros para pagar a dívida, mas o Banco Central não tinha dólares para remeter ao exterior. Os cruzeiros da dívida externa privada eram depositados no Banco Central e ficavam à disposição dos credores externos até o momento em que houvesse dólares para remessa ao exterior.

A renegociação da dívida externa incluía sempre um atraso ou uma renegociação dos períodos de pagamento da dívida contratada, mais "dinheiro novo", empréstimos com a garantia do Banco Central necessários para o financiamento de importações brasileiras, inclusive de petróleo. Assim, ativos e passivos do Banco Central cresciam em boa parte devido à própria dívida externa. Tinham principalmente uma razão financeira para crescer, mais do que um caráter real, ou seja, motivado por gastos correntes maiores do que as receitas tributárias correntes.[4]

Os salários não poderiam ser congelados, pois haviam experimentado um longo período de âncora, durante o governo militar. Eram os trabalhadores os que mais pressionavam por aumentos de salário maiores e mais frequentes. A taxa cambial podia ser congelada como foi, mas era uma falsa âncora. Não havia dólares suficientes para importar e pressionar os preços internos com os preços internacionais. Decidiu-se, na última hora, congelar todos os preços por um período determinado e não anunciado. A âncora eram todos os preços. O que era evidentemente impossível, mesmo no curto prazo.

O lançamento da nova moeda foi recebido com entusiasmo. A meta era inflação zero. Como resultado do sucesso com que foi recebida, houve uma grande monetização da economia, excessiva segundo vários observadores. A demanda agregada passou a crescer rapidamente como resultado do novo ambiente econômico e da estabilidade de preços. O congelamento de preços começou a ser burlado logo no primeiro mês. Os preços competitivos foram os mais difíceis de controlar. A carne criou um problema político especial.

Em junho de 1986 estava claro que a estabilidade da nova moeda estava seriamente ameaçada. A proposta foi criar empréstimos compulsórios sobre cigarros, viagens internacionais, gasolina, produtos considerados "de luxo". O líder dos metalúrgicos Luiz Inácio Lula da Silva criticou essa proposta, afirmando que a proposta supunha que os trabalhadores não tomavam cerveja, não fumavam, não andavam de carro nem viajavam de avião. Os empréstimos compulsórios não deveriam ser medidos como aumentos de preços, pois eram empréstimos que o governo devolveria. Se fossem repassados aos preços e aos salários, não haveria diminuição de renda real nem de demanda agregada. A exclusão dos empréstimos compulsórios foi vista como um truque político pouco ético: o mito era intocável. A reação da opinião pública foi negativa.

Depois das eleições de novembro de 1986 para a Assembleia Constituinte, a mesma estratégia foi utilizada, agora com valores de empréstimos compulsórios ainda mais altos. Houve quebra-quebra na Esplanada dos Ministérios e a inflação começou a crescer rapidamente. Era o fim da nova moeda, o cruzado.

A situação era ainda mais grave porque a reforma monetária incluiu, temerariamente, um gatilho salarial: sempre que a inflação acumulada atingisse 20%, não importava em que período, os salários seriam corrigidos automaticamente em 20%. A inflação atingiu 7% em janeiro de 1987, 14% em fevereiro, e continuou a crescer.

Mais tarde, a mesma estratégia do Plano Cruzado foi utilizada para o Plano Verão, lançado no início de 1988. A nova moeda, o cruzado novo, teve também uma vida curta. Em seguida, o ministro Maílson da Nóbrega anunciou que seguiria uma política de "feijão com arroz". Elevou as taxas de juros a níveis muito altos e tentou cortar o déficit público. A inflação no final do mandato do presidente Sarney chegou a 80% ao mês e as taxas de juros da Selic atingiram o mesmo valor. Taxas de juros muito altas mas próximas de zero quando se desconta a taxa de inflação. A dívida pública passou a ser uma moeda protegida contra a inflação, ainda que rendesse juros reais nulos.

Em 1990, o novo governo lança o Plano Collor, que contém os mesmos ingredientes do Plano Cruzado e do Plano Verão, mais uma grande novidade: a moeda existente seria extinta. Todos os ativos em cruzados existentes no sistema bancário só podiam ser utilizados para cancelar passivos em cruzados no sistema bancário. Depósitos privados e empréstimos privados em cruzado se cancelavam. Sobrava apenas o papel-moeda em poder do público. As pessoas jurídicas só tinham direito a sacar uma porcentagem dos depósitos em moeda antiga transformada novamente em cruzeiro, o nome da nova moeda. Os saldos remanescentes seriam pagos em setembro de 1992, com juros e correção monetária.

O Plano Collor reduziu significativamente a base monetária e todos os ativos financeiros nas mãos do setor privado. O cociente entre ativos financeiros e produto assumiu valores menores do que 20%, semelhantes aos dos países mais pobres da África. A economia entrou em recessão. A falta de liquidez teve dois tipos de efeito: primeiro obrigou o governo a abrir exceções para diversos casos, que a ministra Zélia Cardoso de Mello chamou de "torneirinhas". Depois, criou condições para operações fraudulentas. Contratos de pagamento em cruzados eram assinados com data anterior ao plano para facilitar a utilização de cruzados congelados nos bancos. O proprietário de um depósito congelado em cruzados poderia utilizar esse depósito para a compra de um imóvel, forjando um contrato de compra e venda com assinatura em data anterior ao plano. O governo passou a exigir cheques com descrição exata do motivo do pagamento, o que aumentava as chances de que a fraude, que é um crime, fosse descoberta.

O plano não teve sucesso. A ideia de cancelar a moeda antiga restringindo seu uso ao pagamento de passivos expressos em cruzado reduziu drasticamente a liquidez da economia. O professor Affonso Celso Pastore, monetarista brilhante, argumentava que os autores do plano não entendiam bem o monetarismo. A inflação é causada pelo crescimento da base, e não pelo seu tamanho. A base monetária caiu drasticamente, mas logo começou a crescer, pressionada pelo setor privado e pelas exceções. Em 1992, o presidente Fernando Collor sofre impeachment, acusado de corrupção. Assumem o vice, Itamar Franco, como presidente e Fernando Henrique Cardoso como ministro da Fazenda. A opinião pública aguardava um novo plano, e o governo não relutou em anunciar o lançamento de um novo plano de reforma monetária no início de 1993.

39. O Plano Real

O Plano Real, a última e bem-sucedida reforma monetária, se diferencia de todos os demais, em primeiro lugar, por ter adotado a estratégia de indexação total. No segundo trimestre de 1994, o plano é anunciado: salários passam a ser reajustados semanalmente por um índice de preços chamado unidade referencial de valor (URV). Um jornalista pergunta a Mário Henrique Simonsen o que quer dizer URV. Bem-humorado, ele responde que URV são as três letras do meio da palavra "curva". Mostrando bem a dificuldade de compreensão do processo de indexação total. Mas era o quarto plano de desindexação em nove anos, e a economia já tinha certa experiência com as reformas monetárias. O câmbio é corrigido diariamente pelo mesmo índice. A dívida pública é quase totalmente remunerada por juros variáveis ou correção monetária diária através do mesmo índice.

O processo de indexação total dura três meses. A inflação sobe até 2000% em taxas anuais.

A indexação não pode ser absolutamente perfeita. Índices de preços têm um período de coleta de preços, depois há o período de cálculo e finalmente a divulgação. Assim a indexação total está sujeita a alguma imperfeição, dada pela defasagem entre a inflação corrente e sua mensuração pelo índice. Como a inflação se acelerava muito pelo processo de indexação, o tempo utilizado na apuração dos índices causava algum atraso. Os preços eram sub-corrigidos em relação à verdadeira taxa de inflação por causa desse atraso.

A segunda diferença, condição necessária para o sucesso do plano, foi a utilização do câmbio como âncora. Antes de implementar o plano, a dívida externa brasileira foi renegociada com os credores. Foi securitizada e transformada em títulos chamados de *bradies*, com características diferentes no que se refere a prazos e taxas de juros. A dívida externa do Brasil já vinha sendo renegociada em mercado. O ministro Luiz Carlos Bresser Pereira havia apresentado a mesma proposta em 1987 ao secretário do Tesouro americano James Baker, que a rejeitou definitivamente. O país era o maior devedor e a situação política americana naquele momento não era conveniente para essa solução. Fomos o último país a solucionar o problema da dívida externa. A renegociação foi finalizada antes do lançamento do plano e o país havia acumulado 40 bilhões de dólares em reservas até então.

Em julho de 1994, o plano foi implementado. O preço do dólar em cruzeiro corrigido pela URV na data do lançamento foi fixado na medida provisória do plano em um real, a nova moeda, por dólar. Todos os demais preços que vinham sendo corrigidos pela URV foram transformados em reais usando as mesmas regras. Se o dólar antes valia 4 mil cruzeiros e agora valia um real, um salário de 200 mil cruzeiros foi transformado em um salário de cinquenta reais, por exemplo.

O Plano Real foi muito bem recebido pela opinião pública nacional e internacional. Na data da sua implementação, havia a expectativa que grande volume de dólares entraria no país. Qual a solução para esterilizar ou atenuar essa entrada, que aumentaria a liquidez doméstica (o passivo do BC) e a demanda agregada?

O Banco Central deixou a taxa cambial cair no mercado de um real para 85 centavos por dólar. E aumentou a taxa de juros da Selic, que é usada para refinanciar a dívida pública, para 45% ao ano. As duas medidas permitiram um ganho de 60% no mês de implantação do plano para todos que tivessem uma posição vendida em dólares: aqueles que possuíssem um empréstimo em dólar ou tivessem ingressado com recursos em dólar logo no início do programa. Quem devia mil dólares, ou mil reais, poderia aplicar os mil reais em um título que rendia 45% no período e ganharia ainda 15%, porque o real se valorizara, ou seja, podia pagar o empréstimo de mil dólares com apenas 850 reais.

A nova taxa cambial de 85 centavos por dólar estava sobrevalorizada: porque estava abaixo da taxa corrigida pela URV e porque mesmo a URV não considerava a aceleração da inflação decorrente da indexação total.

A fixação da âncora é sempre um problema. Se a taxa cambial fosse fixada em dois reais por dólar, por exemplo, poderia representar uma pressão inflacionária, pois seria uma elevação real de custos — aumento do preço de todos os produtos importados e dos preços agrícolas, o que poderia causar alguma inflação. A taxa cambial real, isto é, comparada ao nível geral de preços, seria menor do que dois reais. Seria dois reais menos a nova taxa de inflação.

O nome âncora é apropriado. Para ancorar uma embarcação, a âncora deve ser lançada a uma certa distância, para que possa ser arrastada e se fixar no fundo do mar. Se a distância for muito pequena, ela não se fixa. Se for muito grande, o barco pode se movimentar por uma grande distância, ganhar velocidade e soltar a âncora. A distância correta é uma questão de habilidade.

A taxa cambial do Plano Real estava claramente sobrevalorizada. Foi uma âncora mal lançada e determinou as dificuldades do plano. O Banco Central insistiu na manutenção de uma taxa cambial fixa e operou no mercado vendendo e comprando dólares de forma que ela crescesse disciplinadamente em função da taxa de inflação. Logo a sobrevalorização se tornou um problema para a economia nacional, para os exportadores e especialmente para a indústria nacional. E um problema para o Banco Central, que precisava atrair dólares para financiar a política de taxas cambiais fixas. Para isso manteve taxas de juros nominais muito altas e taxas de juros reais sempre superiores a 10% ao ano! O Banco Central passou a emitir títulos da dívida pública à revelia do Tesouro nacional. Enquanto o Banco Central pedia autonomia e independência e acusava o déficit público de ser responsável pelas pressões contra a taxa cambial, o Tesouro nacional pedia autonomia e independência para não ser obrigado a pagar juros e dívidas que haviam sido emitidas pelo Banco Central sem a autorização do Tesouro.

Para entender melhor, seria como se o gerente de seu banco lhe avisasse que emitiu notas promissórias em seu nome sem a sua autorização. Somente com a Lei de Responsabilidade Fiscal assinada depois de 1998 foi possível corrigir essa anomalia.

O plano poderia ter adotado uma estratégia diferente. Poderia ter superdesvalorizado o câmbio, inicialmente, fixando o preço do dólar em dois reais, por exemplo, e ao mesmo tempo anunciar que reduziria esse valor nos doze meses seguintes para um real por dólar. As exportações seriam antecipadas, as importações atrasadas e o saldo do balanço comercial aumentaria. Os ingressos de capital externo cresceriam, aumentando as reservas, pois haveria um ganho de 100% em um ano para quem trouxesse dólares para o país. E as taxas de juros não precisariam ter sido tão altas quanto foram e não onerariam a dívida pública e o orçamento do Tesouro nacional.

A taxa cambial foi sendo corrigida lentamente pelo Banco

Central nos primeiros três anos do plano. No final do quarto ano, a especulação contra a taxa cambial gerava saídas de 4 bilhões de dólares por dia! A situação era insustentável. No início do segundo mandato do presidente Fernando Henrique Cardoso, a presidência do Banco Central passa a Francisco Lopes, que permanece pouco tempo no cargo e é substituído por Arminio Fraga.

O novo presidente anuncia uma nova política monetária: taxas cambiais flutuantes e regime de metas de inflação. A taxa cambial seria determinada no mercado, ainda que o Banco Central atuasse para atenuar mudanças bruscas, como é necessário em mercados menores e menos profundos do que os mercados internacionais de divisas. E a inflação seria controlada pela taxa de juros utilizada para descontar os títulos da dívida pública federal, a taxa Selic.

O Federal Reserve define metas para as taxas dos Fed Funds. Essas taxas são comparáveis às taxas dos Certificados de Depósito Interbancário (CDI), no Brasil. São captações e aplicações de reservas negociadas livremente entre os bancos. E o Fed ajusta suas políticas de *open market* e de reservas de forma a manter as taxas dos Fed Funds dentro da meta estabelecida. No Brasil, o regime de metas de inflação fixa a taxa de desconto da dívida pública federal diretamente. Ao dizer que a taxa é de 9,5% ao ano, o BC está anunciando que compra e vende títulos públicos nas mãos do setor privado usando essa taxa de desconto. Que se torna o preço da liquidez e influencia toda a estrutura das taxas de juros a termo — das taxas de curto prazo, nas quais a influência é maior, até as de longo prazo, nas quais sua influência é menor.

40. Como funciona o regime de metas de inflação

Desde 1999, esse é o regime monetário que vigora no Brasil. Os diretores do Banco Central se reúnem num comitê chamado Comitê de Política Monetária (Copom) a cada 45 dias para decidir qual a taxa Selic que deve ser fixada levando em conta a taxa de inflação esperada. Usam um modelo como o que descrevemos no capítulo 14.

A inflação esperada é determinada por uma equação de preços, isto é, pelas previsões de variação de preços individuais que com as ponderações resultam no nível geral de preços medido pelo Índice Nacional de Preços ao Consumidor Amplo (IPCA). Essas previsões são comparadas às previsões dos bancos e de outros economistas do setor financeiro apresentadas no relatório chamado *Focus*, no Brasil. Além dessas previsões, utiliza-se uma curva de Phillips modificada, que prevê a taxa de inflação em função dos desvios entre o produto potencial e o produto efetivo.

O produto potencial é o produto máximo que a economia poderia produzir, estimado de várias formas. Uma forma simples é unir por uma reta os pontos mais altos de uma linha que mostra a evolução do PIB mês a mês. Sempre que o produto efetivo estiver abaixo dessa linha imaginária, existe folga na capacidade produtiva ou algum tipo de desemprego. Essa curva de Phillips modificada não resulta da preocupação com o emprego. O Banco Central tem apenas um objetivo: a estabilidade do valor da moeda, ou seja, a taxa de inflação. O desemprego ou a capacidade ociosa da economia são usados apenas como indicadores de pressões inflacionárias.

Determinada a taxa de inflação esperada, usa-se a regra de Taylor. A taxa de juros tem que subir muito mais do que a taxa de inflação para que a inflação atinja a meta prometida pelo Banco Central. Essa meta é determinada pelo Conselho Monetário Nacional, do qual fazem parte o ministro da Fazenda e outras autoridades. O Copom e o Banco Central se comprometem em levar a inflação para esse valor (4,5% ao ano, atualmente) e têm uma margem de tolerância dada por uma banda. A inflação pode atingir valores entre 2,5% e 6,5% ao ano.

O Copom divulga a ata de suas reuniões em linguagem rigorosa, cuidadosa e eufemística. A ata mostra as razões que levaram o comitê a tomar as decisões que tomou e permite prever que decisões tomará nas próximas reuniões. Esse é o toque dado pela teoria das expectativas racionais. Se a política do Banco Central tiver credibilidade e for eficaz (isto é, produzir resultados), o simples anúncio de que o BC está preocupado com a elevação da taxa de juros levaria o mercado a subir as taxas de juros, independentemente de uma elevação de fato.

41. Como as taxas Selic influenciam a economia

Os modelos dos economistas, particularmente os apresentados por Woodford,[1] supõem que, dadas as taxas de juros de curto prazo, podemos prever as decisões dos consumidores e investidores que maximizam utilidades e lucro num mundo onde existe risco para um longo período à frente. Taxas de curto prazo mais altas devem reduzir a demanda agregada, o consumo mais o investimento, e assim se diminuir a pressão sobre o nível geral de preços.

Uma teoria sofisticada, complexa e pouco realista. Mas, segundo a metodologia proposta por Friedman, um positivista instrumental, o realismo das hipóteses não importa. O que importa é saber se a teoria oferece boas previsões. E se o aumento da taxa de juros reduz a taxa de inflação, a teoria, por menos realista que seja, não pode ser rejeitada. Uma longa discussão sobre filosofia das ciências. De qualquer forma, a curiosidade legítima de todos nós não pode ser satisfeita por essa argumentação.

Nos modelos simplistas dos neoclássicos, taxas de juros mais altas reduziriam a demanda de moeda e os investimentos. Mas a taxa de juros que aparece em Keynes e na síntese neoclássica é a taxa de juros de longo prazo. Tobin refina o modelo. O resultado da fixação de uma taxa de juros de curto prazo mais alta ou mais baixa deve ser avaliado pelos seus efeitos nos preços de demanda do capital (preço das ações, por exemplo) relativamente ao custo de produção de novos equipamentos de capital, o *q* de Tobin.

Tobin afirma que a taxa de juros é o seguro-desemprego do capital. É quanto o capitalista, o banco ou a empresa recebem por não fazer investimentos de nenhum tipo — em equipamentos ou na compra de um ativo financeiro que pode ser emprestado pelo agente financeiro ou não. Se a taxa de juros aumentada for a taxa de juros dos títulos da dívida pública, ela representa a remuneração que o dono do dinheiro, o banco ou a empresa, recebe para não fazer nada além de comprar um título público. A estabilização do valor da moeda custa os juros pagos pelo Tesouro nacional aos detentores da dívida pública.

Economistas cujo foco é o funcionamento do mercado monetário e de capitais, como Peter Mehrling, citado aqui, e Hyman Minsky, oferecem outra explicação, mais realista. O mercado financeiro valoriza a liquidez. Empresas e bancos administram fluxos de caixa, e a liquidez é que determina a sobrevivência dos bancos e das empresas.

A liquidez tem um preço dado pela taxa de juros dos ativos — aplico em algum ativo financeiro menos líquido se, e somente se, esse ativo render uma taxa de juros que compense o risco de iliquidez em que vou incorrer. Compro um título da empresa privada se os juros pagos compensarem a iliquidez associada a essa aplicação. Se esse título tiver sua liquidez aumentada pela presença de dealers que compram e vendem esse papel a um preço conhecido, ainda que variável, exijo uma taxa de juros mais baixa, pois a perda de liquidez é menor.

Existem diferentes taxas de juros para diferentes ativos. Que dependem da liquidez e do risco de crédito e do prazo. Essas diferentes taxas de juros compõem a estrutura de taxas de juros a termo — juros para um mês, um ano, dois anos, dez anos. Pelas hipóteses de expectativas racionais, essa estrutura de taxas de juros a termo deveria prever corretamente as taxas de juros em vigor nos mesmos prazos. Mas empiricamente isso nunca ocorre. As taxas a termo superestimam as taxas que ocorrerão no futuro. Provavelmente porque quem contrata um empréstimo a taxas fixas pelo prazo de dez anos, ainda que possa pagar mais do que as taxas que pagaria se contratasse dez vezes em dez anos, se livra de um risco, e está disposto a pagar um prêmio por esse seguro.

Em situações normais, a estrutura de taxas de juros a termo é crescente, ainda que possa variar e às vezes ser plana ou mesmo decrescente. O Banco Central fixa apenas a taxa de juros de curto prazo, para empréstimos de até um dia. Mas espera através dessa taxa influenciar a liquidez de todos os ativos. Se a taxa de curto prazo for aumentada, bancos reduzirão os empréstimos, dealers de ações diminuirão suas posições longas ou curtas, empresas descontarão menos os recebíveis que poderiam antecipar. A liquidez de toda a economia se reduz. Devem diminuir o total de crédito e o tamanho dos ativos de todos os agentes financeiros.

Mas a questão não se resolve aí. O Banco Central atua sobre a taxa de curtíssimo prazo. E pode influenciar ou não as taxas mais longas, inclusive as taxas de ativos longos, como títulos de trinta anos, que são os papéis e as aplicações que concorrem com investimentos reais e determinam em parte o nível de investimentos. São as taxas que Keynes considerou ao propor a curva de investimentos.

O governo Clinton, ao reduzir totalmente o déficit público, anunciou uma política de compra de títulos longos do governo americano para incentivar os investimentos, seguindo a orientação das teorias de Tobin. Greenspan disse, quando as taxas longas nos Estados Unidos não caíram, apesar de ter aumentado as taxas curtas, que estas se constituíam num *conundrum*, um enigma.

42. Taxas cambiais fixas e flutuantes

Taxas cambiais podem ser fixas ou flutuantes. São fixas quando não dependem da situação do balanço de pagamentos, quando entradas ou saídas de dólares não mudam a taxa cambial, como no regime do padrão-ouro. Podem ser corrigidas se a taxa de inflação é persistente. Depois de 1945, de acordo com o sistema financeiro internacional acordado naquele ano, todos os países tinham taxas cambiais fixas, mantendo uma paridade constante com o dólar. Só em 1973 os Estados Unidos deixaram a taxa do dólar flutuar.

A taxa cambial brasileira foi fixa até 1999 (com exceção de um curto período durante o Plano Collor). Era corrigida frequentemente pela taxa brasileira de inflação, para que a taxa cambial em termos reais fosse fixa. Quando ocorriam variações excepcionais nas contas externas — nas duas crises do petróleo, por exemplo —, o Banco Central desvalorizava a taxa cambial. Eram as "maxidesvalorizações", isto é, desvalorizações cambiais acima da taxa de inflação.

Se as taxas cambiais são fixas, desequilíbrios entre entrada e saída de dólares têm que ser resolvidos pela política monetária ou pela política fiscal. As taxas de juros aumentam para atrair capitais financeiros do exterior que financiam o desajuste do balanço de pagamentos e para reduzir o nível de atividade interno, reduzindo as importações. Ou o déficit público precisa ser reduzido com o mesmo objetivo. O ajuste do balanço de pagamentos é feito por mudanças no nível de atividade.

Se as taxas cambiais são flutuantes, o equilíbrio do balanço de pagamentos é obtido pela variação na taxa de câmbio. E o nível de produção e emprego, ou a taxa de inflação, são controlados pela política monetária e fiscal.

O "tripé" mencionado como a melhor prática para controlar a inflação e o balanço de pagamentos consiste na adoção de: 1) taxas flutuantes — que equilibram o balanço de pagamentos; 2) regime de metas de inflação — que controlam a inflação; e 3) superávit primário suficiente para evitar que a dívida pública cresça a taxas mais altas do que o crescimento do produto e dominem a política monetária, isto é, causem um crescimento da base e da inflação.

Mas o tripé é apenas a "melhor prática", adotada por muitos países nos últimos vinte anos. A flutuação das taxas cambiais a partir de 1973 não foi uma escolha deliberada dos Estados Unidos, mas uma decisão inevitável diante dos déficits públicos e do desequilíbrio no balanço de pagamentos americano. E a decisão de deixar o câmbio flutuar, tanto nos Estados Unidos como em outros países do mundo, foi resultado da globalização financeira. O livre movimento de capitais financeiros em todo o mundo criou fortes pressões de mercado e movimentos especulativos que forçavam a desvalorização cambial. A flutuação das taxas cambiais foi um resultado inevitável.

A adoção de taxas cambiais fixas no regime do padrão-ouro e no sistema do FMI tinha como objetivo a promoção do comércio internacional. Com taxas cambiais fixas, os preços domésticos e internacionais tendiam a convergir.

Milton Friedman, criativo e polêmico, afirmou que a melhor forma de obter taxas cambiais estáveis e mais ou menos constantes seria deixá-las livres. Taxas cambiais flutuantes levam a taxas cambiais estáveis. O argumento: se a taxa cambial é fixada pelos burocratas do Banco Central, ela pode ser fixada em um nível correto, que equilibre o balanço de pagamentos, ou em nível errado, que não equilibre o balanço de pagamentos. Os burocratas do Banco Central não ganham nem perdem se acertarem ou errarem na fixação da taxa.

Se a taxa cambial for fixada pelo mercado, particularmente pelos especuladores, os erros serão menores, e a taxa cambial será fixada no valor de equilíbrio. Pois os bons especuladores, os que acertam, têm lucros e sobrevivem. Os maus especuladores, os que erram, têm prejuízo e quebram. O mercado será dominado pelos bons especuladores que sempre acertam, e a taxa de câmbio livre será mais estável do que a taxa cambial determinada pelos burocratas.

O raciocínio é fascinante e provocativo. E custou tempo e trabalho a outros economistas para demonstrar que estava errado. Maus especuladores podem ter muitos lucros e sobreviver. Basta comprar no momento em que a especulação está provocando a alta, ainda que sem fundamentos reais, e vender rápido, antes que a realidade apareça. Quantos lançamentos de novas ações são feitos a preços muito altos, que desabam depois que o marketing de vendas é desmascarado pelos dados do balanço da empresa? O futuro é sempre incerto, e não apenas arriscado. Bons e maus especuladores são conhecidos apenas depois que a "verdade" ou os "fundamentos" do preço são revelados.

Um banqueiro disse que estava enfrentando problemas. Faltava matéria-prima. Como "matéria-prima"? "Falta liquidez, você tem problemas de crédito?" "Faltam trouxas", foi a resposta. Imagino que falava de compradores e vendedores que compram e vendem a preços errados, muito altos ou muito baixos. Se faltam "trouxas", podemos tirar duas conclusões: muitas vezes sobram trouxas, e os especuladores espertos podem ganhar dinheiro. Seria um argumento contra o argumento de Friedman e a favor da tese de que os mercados são eficientes, isto é, fixam preços sempre próximos ao preço de equilíbrio. Há poucas oportunidades de arbitragem. Se o banqueiro reclamava da falta de "trouxas", era porque em geral o mercado funcionava com muitos "trouxas", e agora havia uma escassez temporária. Seria um argumento contra o argumento de Friedman. Se a presença de trouxas no mercado é constante, os maus especuladores podem ter grandes lucros e as taxas cambiais flutuantes serão mais instáveis do que as taxas fixadas pelos burocratas.

De qualquer forma, a maior parte dos países do mundo adota, hoje, o regime de taxas cambiais flutuantes. Não foram decisões apoiadas no argumento friedmaniano, mas decisões inevitáveis diante da dificuldade de bancar as reservas e garantir as taxas cambiais fixadas pelos bancos centrais.

Um país pequeno, isto é, onde o comércio internacional, importações mais exportações, representa uma grande parcela do PIB, pode ter taxas cambiais flutuantes? O Panamá, por exemplo, deveria ter taxas cambiais flutuantes?

Um país pequeno é em geral especializado na produção de alguns bens para exportação e importa a maior parte do que consome. Se esse país adotasse taxas cambiais flutuantes, a moeda nacional teria pouca liquidez. No índice de preços desse país, os produtos importados têm uma grande participação. E os produtos domésticos, uma participação muito pequena. A liquidez da moeda dessa república de bananas seria dada pela possibilidade de comprar produtos a preços mais ou menos estáveis quando expressos em moeda nacional. A moeda nacional pode comprar bananas a preços estáveis. Mas, para comprar outros produtos agrícolas ou industriais que são importados, a moeda nacional teria um valor instável, já que a moeda nacional teria que ser convertida em dólares e a taxa cambial é flutuante e determinada livremente pelo mercado. A moeda nacional teria muito pouca liquidez e provavelmente nem seria utilizada. Para esses países, a única forma de ter uma moeda nacional, um ativo financeiro líquido, seria através da manutenção de uma taxa cambial fixa. O dólar panamenho, por exemplo, mantém taxa cambial fixa e mesmo assim no Panamá circulam dólares panamenhos e dólares americanos.

Um país grande, como o Brasil, onde importações mais exportações representam uma parcela pequena do PIB, a moeda nacional tem liquidez porque pode comprar uma grande parcela da produção nacional a preços estáveis quando expressos em moeda nacional. E a melhor taxa cambial é a taxa cambial flutuante. Se fosse fixa, os desequilíbrios do balanço de pagamentos deveriam ser corrigidos através de redução do nível de atividade com política monetária ou fiscal contracionista. A economia doméstica, a produção de *non tradables* ficaria à mercê do balanço de pagamentos. O rabo (a menor parte) estaria sacudindo o cachorro (a maior parte).

43. Regime de metas de inflação e taxas cambiais flutuantes

Na política monetária adotada no Brasil desde 1999, as taxas de juros são fixadas em função das taxas de inflação. Sobem ou descem dependendo da taxa de inflação esperada. E a taxa cambial flutua em função do balanço de pagamentos.

Mas a taxa de juros determinada pelo Banco Central influencia e muito o balanço de pagamentos. Taxas de juros mais altas atraem dólares do resto do mundo para serem investidos aqui e reduzem a taxa cambial; o dólar fica mais barato. Taxas de juros mais baixas atraem menos dólares, e o dólar fica mais caro. As variações da taxa cambial (não o seu nível) também afetam a taxa de inflação.

Podemos imaginar outra regra de política monetária: usar a taxa de juros para equilibrar o balanço de pagamentos, e a taxa cambial para controlar a taxa de inflação. Qual a melhor escolha e sob que critérios?

Robert Mundell mostrou que instrumentos devem ser destinados a objetivos de política econômica usando o princípio das vantagens comparativas.[1]

Vale a pena recordar o princípio das vantagens comparativas usando o exemplo de Paul Samuelson no livro *Introdução à análise econômica*.[2] Um livro consagrado mas antigo, dos anos 1960, quando não existiam computadores e os artigos dos economistas eram datilografados pela secretária. Samuelson afirmou que era um datilógrafo muito melhor do que a secretária. E um economista melhor do que ela, que estava no primeiro ano da faculdade. Mesmo assim, era mais acertado que ele se dedicasse apenas a escrever os artigos de economia à mão e deixasse a secretária, datilógrafa menos hábil, datilografar.

Pois ainda que fosse superior a ela nas duas atividades, era ainda melhor em economia do que em datilografia. Ele deveria se dedicar somente à economia e a secretária apenas a datilografar. Ambos deveriam se especializar: ele, economista; ela, datilógrafa. Se trabalhasse oito horas por dia, produziria um artigo por mês. Se trabalhasse quatro horas por dia e datilografasse nas outras quatro, produziria um artigo a cada dois meses. Teria um artigo a menos por mês para datilografar. E a secretária, se fosse se dedicar à economia, escreveria um artigo por ano. Especializados os dois, a produção seria de um artigo por mês, doze por ano. Sem especialização, seriam seis artigos dele mais um artigo dela, sete artigos por ano. Vale a pena se especializar.

O mesmo princípio deve ser adotado na decisão sobre qual instrumento deve ser destinado a qual objetivo. Se o princípio das vantagens comparativas, agora dos instrumentos, não for adotado, o resultado é instabilidade: um objetivo é atendido e o outro fica desatendido. Depois o outro é atendido e o primeiro fica desatendido.

Taxas de juros e câmbio afetam balanço de pagamentos e inflação. A regra das vantagens comparativas exigiria que o instrumento que afeta relativamente mais a inflação seja regulado em função da inflação. E o instrumento que afeta relativamente mais o balanço de pagamentos seja regulado pelo balanço de pagamentos.

Uma explicação didática. Uma pessoa sofre de azia e dor de cabeça. Azia causa dor de cabeça e dor de cabeça causa azia. Antiácido diminui mais a azia do que a dor de cabeça. Aspirina causa azia e ajuda mais na dor de cabeça. Quando se deve tomar antiácido e quando se deve tomar aspirina? A resposta é óbvia: aspirina para dor de cabeça e antiácido para azia. Se uma pessoa toma aspirina para azia, causa mais azia do que cura a dor de cabeça. Se toma antiácido para dor de cabeça, precisa tomar mais aspirina, pois a dor de cabeça não passa. Toma aspirina, tem azia e precisa tomar mais antiácido. O antiácido tem vantagens comparativas no tratamento da azia. A aspirina tem vantagens comparativas no alívio da dor de cabeça.

No caso do regime de metas de inflação, os juros são fixados em função da taxa de inflação. E a taxa cambial, em função do balanço de pagamentos. Combina com a regra do capítulo anterior: um país grande deve ter taxas cambiais flutuantes. Mas essa regra obedece ao princípio das vantagens comparativas quando se considera o controle da inflação?

A resposta depende do efeito das taxas de juros sobre a inflação e o balanço de pagamentos, comparado com o efeito das taxas cambiais sobre a inflação e o balanço de pagamentos.

Quando o Banco Central aumenta as taxas de juros, há uma retração do crédito e da liquidez da economia; a demanda agregada deve se retrair. E a inflação tende a diminuir. Mas taxas de juros mais altas atraem capital estrangeiro, e o dólar fica mais barato. Importamos mais e exportamos menos. Ajuda na inflação e pode provocar um desequilíbrio no balanço de pagamentos. Os efeitos no balanço de pagamentos dependem da mobilidade de capitais, isto é, de quanto capital externo a taxa de juro mais alta atrai. E o efeito na inflação depende da importância dos produtos importados e exportados no índice geral de preços. E de como esse aumento de taxa cambial se "propaga" ou repercute nos demais preços. Em situação de economia aquecida (demanda forte e pouca capacidade ociosa ou desemprego), a repercussão é grande. Em situações de demanda fraca, a repercussão é menor.

A mobilidade de capitais estrangeiros no Brasil é elevada. Os ativos financeiros brasileiros têm grau de investimento, isto é, são qualificados pelas agências de rating como ativos com qualidade para serem comprados por bancos e fundos de pensão como investimento e não como ativos de alto risco. As taxas de juros têm sido muito altas e o país em diferentes momentos tem sido apontado como atrativo para os mercados financeiros internacionais.

Por outro lado, a variação da taxa cambial afeta bastante o nível geral de preços. Aumenta os preços das exportações agrícolas, o que afeta os preços de alimentação domésticos e, portanto, a renda dos trabalhadores. Aumenta o preço da gasolina, dos transportes privados e do transporte público.

Não é possível saber *a priori* onde o impacto dos juros e do câmbio é relativamente maior. Suponha entretanto que os juros afetem relativamente mais o balanço de pagamentos do que a taxa de inflação. E que a variação do câmbio afete relativamente mais a taxa de inflação do que o balanço de pagamentos.

Não consideramos até agora o tempo que mudanças de juros e de câmbio levam para diminuir a inflação e o desequilíbrio no balanço de pagamentos. Talvez a mudança da taxa de câmbio demore mais a produzir efeitos no balanço de pagamentos do que a taxa de juros. No período de um ano, a taxa de juros afeta mais o balanço de pagamentos do que a taxa de inflação. Se isso for verdade, as taxas de juros têm vantagens em relação à taxa cambial para equilibrar o balanço de pagamentos. E a taxa cambial tem vantagens comparativas para controlar a taxa de inflação.

Se for assim, o regime de metas de inflação gera instabilidade. Aumenta a inflação, sobem os juros. A inflação cai, mas a taxa de câmbio também. No curto prazo, um ano, o resultado é favorável, mas num prazo maior o balanço de pagamentos se desequilibra. Um tempo depois, temos uma taxa cambial sobrevalorizada e o desequilíbrio do balanço de pagamentos resolvido pela entrada de capitais. O que não pode perdurar; precisamos produzir superávits comerciais para pagar os juros do capital externo. O câmbio precisa ser desvalorizado, aumenta a inflação e as taxas de juros são elevadas novamente. O regime monetário teria que ser alterado.

A alternativa seria fixar os juros em função do balanço de pagamentos. Déficits externos aumentam os juros, superávits externos reduzem os juros. A inflação seria controlada pela taxa de câmbio. Como se trata de inflação, estamos falando de preços nominais. A taxa de inflação nominal deveria ser a âncora do nível geral de preços. Como a inflação está sempre presente, digamos que a meta seja de 4,5% ao ano; a taxa cambial deveria crescer 4,5% ao ano, independentemente da situação do balanço de pagamentos. Seria uma taxa cambial fixa, como foi a taxa cambial brasileira de 1945 até 1999. O câmbio funcionaria como âncora da inflação e a taxa de juros como forma de atrair capitais estrangeiros e equilibrar o balanço de pagamentos. O argumento é de Mundell. Que também é o autor da proposta anterior — taxas fixas para países pequenos e taxas flutuantes para países grandes. Mas, segundo ele, taxas cambiais fixas seriam o instrumento com maior vantagem comparativa para controlar a inflação.

O primeiro argumento se refere às condições necessárias para que um país possa ter uma moeda nacional. A moeda de um país pequeno só é líquida se a taxa de câmbio for estável. O segundo trata de política econômica — diante de mudanças na economia que geram inflação ou desequilíbrio externo, que instrumento usar para sanar cada problema. A argumentação anterior sugere que a inflação deveria ser controlada pela taxa de câmbio, uma âncora que se move para ajustar a inflação à meta. E os juros seriam ajustados para equilibrar o balanço de pagamentos.

Se o raciocínio estiver certo, como mudar de regime? Como passar de taxas cambiais flutuantes para taxas cambiais fixas? E como passar do regime de metas de inflação para um regime no qual os juros são fixados em função dos juros internacionais?

A convicção dos defensores do regime de metas com taxas de câmbio flutuantes não é unânime, como afirmam os comentaristas atuais. Os monetaristas mesmo apresentam argumentos contrários a essas "melhores práticas".

44. Mudança de regime: um exemplo prático do que é dinâmica

O regime proposto é o regime que vigorava na primeira fase do Plano Real, entre 1994 e 1999. O Banco Central fixava a taxa cambial, que crescia em função de uma taxa de inflação projetada, e as taxas de juros, altíssimas, eram fixadas para atrair dólares, necessários ao financiamento do déficit do balanço de transações correntes. A taxa cambial real estava sobrevalorizada. Por isso, os juros tão altos.

Assim, o novo regime precisaria começar depois de uma desvalorização cambial real que garantisse o equilíbrio do balanço de transações correntes.

Suponhamos que seja necessária uma elevação de 30% da taxa de câmbio real. Isto é, que a taxa cambial, no primeiro momento, tenha que crescer 30% acima da taxa de inflação.[1] Mas a desvalorização do câmbio aumenta a inflação. Se a desvalorização de 30% da taxa cambial em 30% causar mais 10% de inflação, o câmbio precisa ser desvalorizado em 40% em termos nominais. Se causar 20% mais de inflação, precisa ser desvalorizado em 50%. Talvez em 60%. Talvez a inflação suba definitivamente, a taxa cambial nominal deixe de ser âncora e a inflação fuja do controle.

A variação da taxa cambial causará uma perda de renda real para o Brasil. Os salários nominais correntes terão o poder de compra reduzido: a gasolina ficará mais cara, assim como o trigo, os telefones celulares e os automóveis. Os custos políticos serão muito altos. E entre as empresas haverá grandes perdas — empréstimos em dólar podem se tornar impagáveis em reais. Algumas empresas quebrarão, como aconteceu em 2007-8, e, pior e mais grave, muitos bancos vendidos em dólar, isto é, que tenham dívidas em dólar maiores do que os ativos em dólares que possuem, também correm o risco de quebrar, isto é, de não conseguir manter as posições que adotaram.

O novo regime deve ser anunciado antecipadamente? Em 2015 o governo anuncia que em 2016 o câmbio passa a ser fixado em função da meta de inflação e que os juros domésticos vão cair para o nível dos juros internacionais que o país paga. Dada essa informação, o mercado se ajusta imediatamente. Exportações são adiadas, na expectativa da nova taxa cambial, e importações, antecipadas. Os preços dos produtos importados no Brasil sobem de imediato. Os empréstimos em dólar não são renovados ou são cancelados antecipadamente. O balanço de pagamentos passa a um grande desequilíbrio na data do anúncio. E a inflação sobe imediatamente diante da perspectiva de desvalorização no ano seguinte.

Portanto, é muito difícil e arriscado mudar. As dificuldades foram apresentadas primeiro para mostrar o que é um problema dinâmico. Dissemos que o modelo neoclássico era um modelo estático e que não considerava a dinâmica da macroeconomia. O exemplo anterior é apresentado para mostrar que em macroeconomia a dinâmica, difícil de ser estudada, é questão fundamental. Em seguida ilustra também como é frágil e delicado o chamado equilíbrio do mercado monetário e de capitais. Mudanças de preço, taxas cambiais nominais ou taxas de inflação afetam de forma difícil de prever a liquidez e a solvência do setor financeiro. E modificam as condições de funcionamento da economia real — o emprego, a sobrevivência das empresas.

A economia capitalista funciona com preços nominais, e as empresas administram fluxos de caixa, compromissos de pagamento e expectativas de receber dinheiro. No longo prazo, qualquer que seja esse período, a sobrevivência depende de preços relativos, do salário em relação ao preço do produto final, da taxa de câmbio em relação ao salário. Mas no curto prazo são os preços nominais que importam.

Os preços nominais são como peças de um grande móbile, ligados por hastes a outros preços nominais. A taxa de câmbio nominal é de três reais por dólar e está na ponta de uma dessas hastes. É uma peça pesada, e a haste liga o câmbio a vários outros preços nominais. Quando ela se movimenta, os preços nominais dependurados nas pontas das hastes também se movimentam. Se ela sobe, os demais preços também sobem. Se ela cai, os outros preços também caem. A posição final que importa, a altura de cada peça com relação às demais, ou seja, os preços relativos ou reais também se modificam. Mas é difícil prever onde estarão ao final do primeiro movimento. Todas as peças se movimentam com o impulso inicial, giram, sobem e descem. O novo equilíbrio, depois que todo o impulso inicial se esgota, é difícil de prever.

45. Por que as taxas de juros reais no Brasil estão entre as mais altas do mundo?

A inflação gera problemas e custos para a economia. A medida proposta por Martin Bailey, o peso morto da inflação, parece conceitualmente inadequada e dá valores muito pequenos. O custo da estabilidade do valor da moeda, entretanto, pode ser medido facilmente pelas despesas com juros sobre a dívida pública. Juros muito altos durante a primeira fase do Real, necessários para manter a taxa cambial sobrevalorizada. Juros muito altos na segunda fase, com o regime de metas de inflação e câmbio flutuante, de 1999 até 2011.

Se a taxa cambial for a âncora do programa de estabilidade, o Banco Central mantém reservas que foram captadas porque os juros domésticos foram fixados acima dos juros internacionais e são aplicadas a juros internacionais.

Depois dos anos 1980, a taxa de inflação do mundo inteiro se reduziu. A do Brasil diminuiu depois de 1994. Não há cálculos mostrando se o diferencial de taxas de inflação brasileira e de outros países do mundo se reduziu.

A primeira resposta à pergunta que abre este capítulo está

nas colunas dos jornais: porque o déficit público é muito alto e a dívida pública também é alta e crescente. Se a dívida pública é crescente, a base monetária é crescente. Para que esse excesso de liquidez não cause inflação, são necessários juros altos, a fim de restringir o crédito e a liquidez da economia. Mas o déficit público brasileiro, medido como proporção do PIB, não é alto, ainda que atualmente (em 2013 e 2014) as previsões sejam de crescimento. As taxas de juros reais são muito altas há muito tempo. E a dívida pública era estável ou decrescente até 2011. Portanto, a justificativa não satisfaz plenamente.

Porque o sistema jurídico brasileiro não é rápido nem eficaz para garantir os direitos dos credores. Os juros que o país paga em mercados internacionais e em contratos feitos sob leis internacionais (americanas ou europeias) são mais baixos do que os juros domésticos. Mesmo quando são dívidas expressas em reais e não em dólares. Pode ser.

Porque foram fixadas em níveis de 10% ao ano acima da taxa de inflação por um longo período. A mudança é desejável mas os efeitos de curto prazo são inflacionários (elevação da taxa de câmbio), e a transição pode ser longa. Pode ser também.

Porque os bancos e o setor financeiro pressionam por taxas altas com eficácia, temerosos de que taxas mais baixas afetem a taxa de inflação e o valor dos ativos financeiros. Talvez essa seja a consideração mais importante — a ameaça da inflação sobre o valor real dos créditos financeiros.

Porque a economia não tem elasticidade suficiente para recompor a oferta diante de mudanças de preços relativos. Sobe o preço da soja no mercado internacional, a oferta aumenta. Aumentam os preços dos alimentos, que pressionam os salários muito baixos, que precisam ser reajustados. Aumenta o preço do aço e não conseguimos importar mais aço rapidamente e a custos razoáveis. Os custos de transporte e a infraestrutura precária provocam variações de preços relativos mais altas do que as que ocorrem nos Estados Unidos, na Europa ou no Japão. E essas variações de preços relativos, numa economia em que a participação dos setores com preços nominais rígidos — salários, tarifas públicas, preços industriais — é grande, causam mais inflação aqui do que em outros países mais desenvolvidos. A inflação é estrutural e a estabilidade de preços exige que a economia trabalhe com menos crédito e mais folga na produção (mais desemprego, mais capacidade ociosa). As taxas de juros precisam ser mais altas para manter uma taxa de inflação mais baixa e convergente com a taxa internacional. É a explicação "estruturalista".

Outra explicação. O Banco Central se financia através do papel-moeda em circulação. Tesouro e Banco Central considerados conjuntamente devem ao setor privado o saldo do papel-moeda em circulação mais a dívida pública nas mãos do setor privado. São dívidas resgatadas por elas mesmas: o papel-moeda em circulação é pago em reais (papel-moeda em circulação) e a dívida pública também. A diferença entre os dois tipos de dívida é: a liquidez imediata do papel-moeda em circulação e a liquidez um pouco menor da dívida pública (depende do prazo e da forma de remuneração: juros prefixados, juros variáveis ou correção monetária mais juros prefixados). Mas a dívida pública é bastante líquida também. Assim, podemos dizer que Banco Central e Tesouro se financiam com dois tipos de crédito: um que não rende juros (o papel-moeda em circulação) e outro que rende juros (a dívida pública). E que ambos são muito líquidos quando comparados a todos os outros ativos financeiros da economia.

Os juros altos pagos sobre a dívida pública parecem uma exigência do mercado para se proteger contra a inflação sempre ameaçadora. Os juros altos podem, portanto, ser o resultado da longa experiência inflacionária e da indexação que marcaram permanentemente o regime monetário brasileiro. Os jornais afirmam que os juros altos são resultado do tamanho excessivo da dívida pública brasileira. Mas, mesmo com a dívida líquida e a bruta bem menores, as taxas de juros continuaram entre as maiores do mundo em termos reais.

46. O sistema financeiro internacional depois de 1973

O regime do padrão-ouro, que funcionava tão bem antes da Primeira Grande Guerra, foi o principal obstáculo para a recuperação da economia mundial depois de 1930. Funcionava bem porque havia cooperação e credibilidade entre os bancos centrais das grandes economias. A experiência histórica dos maiores países do mundo era comum, as reservas de ouro eram relativamente bem distribuídas entre os participantes do mercado financeiro internacional; tudo permitia a cooperação. Países que enfrentassem desequilíbrios financeiros externos podiam aumentar as taxas de juros sem que houvesse reação dos demais países, e atraíam capitais para financiar o déficit, inclusive de outros bancos centrais.

Depois da Primeira Grande Guerra, os Estados Unidos tinham grandes créditos a receber da Europa e continuavam superavitários. A Europa tinha déficits comerciais e pesadas dívidas com os Estados Unidos, enquanto a Alemanha tinha dívidas com os Aliados europeus e com os Estados Unidos. Alemanha e França, as potências rivais, tinham pavor da inflação, dadas as experiências por que haviam passado. Inglaterra e Estados Unidos, por outro lado, não haviam passado por períodos inflacionários tão graves. Eram impossíveis a coordenação das políticas e a manutenção da confiança no regime do padrão-ouro. Depois da guerra, a França fixa uma taxa cambial muito desvalorizada e acumula reservas em ouro. A Inglaterra fixa uma taxa cambial sobrevalorizada e enfrenta o desemprego. As políticas de juros, assim como a política cambial, são competitivas — o que um país ganha em reservas outros perdem. O total de reservas em ouro para o mundo é fixado. Ainda que a cobertura, a quantidade de ouro por notas emitidas, seja menor e ainda que moedas estrangeiras lastreadas em ouro possam ser contadas como ouro nas reservas de outros países.

Nessa situação, não era possível fazer política monetária voltada para as necessidades domésticas — baixar os juros para aumentar a produção, ou o contrário. A política monetária expansiva seria desfeita pela saída de capitais. A mesma coisa com o déficit público.

Somente o abandono das regras do padrão-ouro permitiria a utilização da política monetária como instrumento de controle do nível de produção e emprego.

O regime cambial e monetário do Acordo de Bretton Woods, entretanto, defendia taxas cambiais fixas. O preço do dólar foi fixado em um dólar por 35 onças troy de ouro, e as demais taxas de câmbio foram fixadas com relação ao dólar.

A moeda internacional passou a ser o dólar, que podia comprar uma quantidade fixa de ouro. Não só por isso, mas também porque o maior exportador mundial eram os Estados Unidos e era em dólares que os preços dos exportadores e importadores eram fixados. As taxas cambiais podiam ser alteradas, mas de forma coordenada. O FMI oferecia financiamento de curto prazo para evitar mudanças no câmbio no curto prazo. Mas, se o problema do balanço de pagamentos fosse duradouro, a taxa cambial podia ser alterada.

O FMI estava e está encarregado de manter o bom funcionamento do mercado financeiro internacional. Nesse mercado, temos devedores e credores soberanos, isto é, devedores e credores cujas obrigações financeiras não podem ser resolvidas num tribunal. O tribunal do país *A* não pode fazer o país *B* honrar suas dívidas, obrigando-o a entregar garantias (confiscando um pedaço do território?, sequestrando um avião no aeroporto do país credor?). Por isso o FMI está encarregado de avaliar as dívidas externas dos diversos países e oferecer financiamento em momentos de dificuldade.

A adoção do regime de taxas cambiais fixas, entretanto, era inconsistente com o uso ativo das políticas monetária e fiscal para controlar o emprego e a produção domésticos. Taxas cambiais fixas impedem a utilização da política monetária e fiscal.

O Federal Reserve e o Tesouro americano, fornecedores da liquidez internacional, tomavam decisões baseadas principalmente na economia americana, e não na liquidez internacional.

No início, até meados dos anos 1960, o comércio internacional reclamava da escassez de dólares. Os Estados Unidos acumulavam superávits no balanço de pagamentos e não tinham uma política fiscal marcadamente expansionista. Diante da falta de dólares, discutia-se no FMI a criação de uma moeda reserva internacional capaz de oferecer maior liquidez. Foi proposta a criação dos SDR (Special Drawing Rights; em português, direitos especiais de saque), uma moeda elaborada pelo FMI que financiaria devedores e credores.

A ideia não prosperou. Por várias razões: nenhum preço internacional é expresso em SDRs. E no FMI, o poder dos Estados Unidos, a quem não interessava a substituição do dólar no mercado financeiro internacional, não apoiava a proposta.

Os Estados Unidos têm vantagens por serem o país emissor da moeda internacional. Têm um ganho de senhoriagem, isto é, podem importar e investir no estrangeiro emitindo moeda nacional, sem incorrer em nenhum custo real.

A partir dos anos 1960, os Estados Unidos passam a ter déficits públicos maiores e déficits externos. A Guerra do Vietnã, quando os americanos substituem os franceses na defesa do Vietnã do Sul, expande o déficit público americano e a oferta de dólares no mundo inteiro. A concorrência do Japão e da Alemanha afeta os superávits comerciais. A antiga reclamação sobre falta de liquidez é substituída por reclamações sobre o excesso de liquidez e reclamações sobre os ganhos de senhoriagem do dólar. A França e Charles De Gaulle especialmente, sempre preocupados com a influência americana na Europa, particularmente porque os Estados Unidos eram os garantidores da segurança europeia diante da ameaça soviética, ameaçam trocar dólares por ouro. No período, as crises internacionais podiam ser medidas pelo preço livre do ouro, cuja subida era um sinal de crise iminente.

A situação se agrava nos anos 1970, quando os Estados Unidos restringem a conversão do dólar em ouro aos bancos centrais de outros países, e culmina em 1973, com a flutuação da taxa cambial do dólar. Os Estados Unidos não fixam mais uma taxa de conversão do dólar em ouro. As taxas cambiais dos maiores países do mundo são agora taxas cambiais flutuantes. O sistema de Bretton Woods chega ao fim.

O dólar, entretanto, continua a ser a moeda reserva internacional. A flutuação da taxa cambial não reduziu o tamanho das reservas mantidas pelos diferentes bancos centrais. As reservas passaram a ser maiores para evitar grandes flutuações nas taxas cambiais. Mas o dólar continua a ser a moeda mais importante nas reservas internacionais de todos os países.

O novo arranjo financeiro internacional passou a ser chamado de um "não sistema" que funcionava bem. Os Estados Unidos incorrem em grandes déficits em balanço de transações correntes que são absorvidos como reservas pela China. A China mantém grandes superávits em transações correntes, não deixa a moeda chinesa se valorizar como estratégia de desenvolvimento e cresce a taxas mais altas do que 10% ao ano. Enquanto essa situação perdurar — o excesso de dólares americanos mantidos como reservas pela China — o "não sistema" funciona bem.

No final de 1999, França, Alemanha, Itália, Espanha e Portugal aceitam substituir as moedas nacionais por uma moeda única. O acordo se torna possível por uma combinação favorável de interesses políticos. Com o fim da União Soviética, a Alemanha está disposta a abandonar o marco alemão em favor da nova moeda em troca da aprovação da unificação alemã pela França. A França, que tem interesse em harmonizar o poder econômico alemão com os interesses europeus e reduzir a influência americana, propõe que a nova moeda tenha um nome francês — *ecu*. Mas prevalece o nome euro.

O euro é um candidato a nova moeda internacional. Sua participação nas reservas internacionais cresceu. Mas o dólar continua a moeda mais importante. A crise na área do euro a partir de 2007 demonstrou como a reforma monetária que criou o euro era incompleta. Faltava e falta uma supervisão bancária europeia, assim como um controle europeu dos déficits públicos dos países-membros. A crise exclui, pelo menos no curto prazo, um crescimento maior do euro como moeda reserva internacional.

A Alemanha é o maior exportador mundial. Maior do que a China em termos absolutos. Mas a China é o país mais importante no comércio internacional, a maior exportadora logo depois da Alemanha e a maior importadora. Acumula grandes reservas, principalmente em dólares. O renminbi, moeda chinesa, poderia ser a nova moeda internacional. No horizonte previsível, entretanto, os mercados financeiros chineses são muito regulados, o governo controla a economia e fluxos financeiros internacionais e a estabilidade das leis chinesas não tornam o renminbi um candidato importante para substituir o dólar.

A desvalorização do dólar com relação à moeda chinesa não interessa à China: representaria uma grande perda no valor das reservas que acumulou e mudaria a política seguida há tantos anos, de manutenção da moeda chinesa desvalorizada para impulsionar o emprego e a industrialização no país. No momento, o sistema Bretton Woods, substituído pelo "não sistema", funciona. Enquanto os chineses estiverem dispostos a acumular reservas e manter a moeda subdesvalorizada, os Estados Unidos não precisam ajustar o déficit externo nem se preocupar com o privilégio excepcional de emitir a moeda reserva internacional.

Hoje as moedas internacionais mais importantes são o dólar, o euro, o franco suíço, o iene e o renminbi. O dólar é a mais importante. Mas sua importância está ameaçada num prazo maior.

O dinheiro é líquido em dois sentidos. É líquido porque pode ser trocado por qualquer coisa a preço fixo e imediatamente. Mas é líquido também em outro sentido. Como a água é líquida. Invade todos os lugares, vaza por pequenas frestas, acumula em qualquer irregularidade da superfície. Pois é anônimo, impessoal, homogêneo, divisível e facilmente transportável.

Assim como é difícil impermeabilizar o telhado de uma casa, é muito difícil conter o movimento do dinheiro, isto é, regular o mercado monetário. Com uma dificuldade a mais do que no caso da água — os mercados estão dedicados a procurar lucros maiores, contornando as regulamentações. A água não pensa. O dinheiro pensa e vai atrás do que chamam eufemisticamente de "inovações financeiras". Boa parte das inovações financeiras são formas de obter mais lucro, contornando legalmente as regulamentações financeiras dos bancos centrais e de outros órgãos, como o Banco de Compensações Internacionais (Bank of International Settlements, BIS) e as comissões de valores mobiliários. Um banco é uma empresa composta de advogados e contadores que buscam obter lucro através de inovações financeiras.

Algumas inovações financeiras são realmente inovações, particularmente com o desenvolvimento da computação eletrônica. Os cartões de crédito e débito, por exemplo, anulam muitas das análises que fizemos sobre o papel-moeda em poder do público. A liquidez hoje deveria ser medida por depósitos à vista, mais papel-moeda em poder do público, mais o crédito disponível no cartão de crédito. Este deveria ser descontado pela taxa de juros dos cartões. Se for de 10% ao mês, o crédito disponível para um ano deveria ser dividido por 3,14, que é o que vale um fluxo de doze pagamentos que custam 10% ao mês, e vale portanto um terço do que valeria após um ano.[1]

O sistema eletrônico que compra e vende dólares ou ações em segundos ou frações de segundo nas bolsas de valores é outra inovação. Que cria instabilidade nos mercados e muitas vezes precisa ser desligado.

Mas existem outros tipos de inovação, originados nas regulamentações. Os bancos comerciais americanos e brasileiros eram proibidos de pagar juros sobre os depósitos à vista. Se não existisse a proibição, bancos acabariam remunerando os depositantes e assumindo riscos excessivos que ameaçariam o sistema de pagamentos. Bancos comerciais no passado eram bancos encarregados de operar o sistema de pagamentos, restringindo-se a créditos de no máximo um ano.

Mas havia um ganho a obter se os depósitos pudessem ser remunerados. Nos Estados Unidos, foram criadas as *now accounts*. Um depósito à vista que não rende juros mas tem saldo zero associado a um depósito a prazo que pode render juros pela regulamentação. O depositante emite um cheque sobre a conta de depósito à vista e o banco transfere os recursos imediatamente do depósito à vista para o depósito a prazo. Depois o Federal Reserve reconheceu a existência dessas contas e regularizou o seu funcionamento. Foi uma inovação financeira lucrativa para os bancos, principalmente no início, pois obtinham uma vantagem sobre os competidores. Depois da difusão da prática, a alternativa se tornou menos atraente.

Os depósitos à vista representam encargos para os bancos. Geram depósitos compulsórios no Banco Central e não podem render juros. Uma alternativa para os depositantes é comprar cotas de um fundo que aplica no mercado monetário. São cotas resgatáveis em prazo muito curto e que rendem juros do mercado monetário em aplicações como empréstimos para outros bancos (CDIS). São aplicações alternativas ao depósito à vista, muito líquidas, com um prazo muito curto para resgate. E podem financiar o próprio banco, pois podem aplicar em CDIS. O fundo é administrado por um banco mas pertence aos cotistas. O risco de crédito é do cotista, e não do banco.

Se olharmos a numeração das resoluções do Banco Central, a última, de novembro de 2013, tem o número 4.284. A regulamentação do setor financeiro é um jogo permanente entre as autoridades reguladoras e os regulados. Uma regulamentação gera uma inovação que requer outra regulamentação que produz outra inovação.

Tudo isso para explicar a globalização financeira. O dinheiro é líquido como a água e difícil de controlar. O crescimento do comércio internacional tinha que ser acompanhado pelo crescimento dos créditos em moeda internacional, o dólar, que os exportadores tinham a receber, assim como o débito que os importadores tinham a pagar. São os aceites cambiais.

O Citibank de Nova York pede um empréstimo ao Crédit Lyonnais de Paris. Passa a ter um depósito em dólares em Paris e faz um depósito em dólares em Nova York no Crédit Lyonnais para pagar o empréstimo que tomou do Crédit Lyonnais de Paris. O Citibank de Paris transfere o depósito que tem no Crédit Lyonnais em Paris para seu próprio banco, o Citibank em Paris. E pode emprestar esses dólares para algum cliente na França. O Citibank de Paris agora tem operações em dólares no território francês. A legislação francesa não trata de operações em dólares. E assim essas operações não estão sujeitas à legislação francesa nem à americana. Esse é o mercado de eurodólares.

O que chamamos de globalização financeira é o crescimento espetacular das transações financeiras entre diferentes moedas. O mundo negocia 4 trilhões de dólares todos os dias somente nos mercados cambiais — é o total de transações entre diferentes moedas (dólar por euro, iene, franco suíço, renminbi, libra esterlina) por dia! Além do mercado cambial, o mercado de capitais — ações, títulos securitizados, *bonds*, cotas, debêntures — também se internacionalizou. Você pode comprar um bônus americano em dólares ou em euros em Paris. E um francês em dólares ou em francos suíços em Nova York.

O crescimento das transações financeiras entre diferentes moedas é resultado tanto do crescimento do comércio internacional desde o fim da Segunda Grande Guerra como das inovações financeiras, do movimento permanente do dinheiro para contornar as regulamentações.

As taxas de juros brasileiras hoje são influenciadas pelo mercado financeiro mundial. E inversamente, os juros brasileiros influenciam, ainda que de forma muito menor, os juros do mundo inteiro. O dinheiro, que era um porto seguro contra a incerteza na visão de Keynes, é agora um porto seguro planetário. Se você estiver no Iraque pode fazer aplicações em ativos em dólares na França.

Keynes, nas negociações do Acordo de Bretton Woods, queria que as reservas em dólares dos países superavitários pagassem um juro de 3,5% ao ano. A ideia era quebrar a assimetria do regime de taxas de câmbio fixas que pressiona os países deficitários a se ajustarem, mas não pressiona os superavitários a se reajustarem. A China teria que pagar uma fortuna, 3,5% sobre suas reservas, todos os anos. Evidentemente a ideia não prosperou na época, pois os Estados Unidos tinham grandes reservas. Tobin, na linha genética de Keynes, propôs o "Tobin tax", um imposto devido em todas as transações entre moedas. O propósito do imposto era diminuir a atratividade desse novo dinheiro internacional e reduzir a instabilidade dos mercados cambiais.

47. A crise de 2007-8

O mercado monetário e de capitais nos Estados Unidos passou por diversas crises de liquidez. Em 1998, o *hedge fund* Long-Term Capital Management precisou ser recapitalizado por catorze instituições financeiras. Sofreu uma perda de 4,6 bilhões de dólares e, se não fosse salvo por essas catorze instituições, geraria uma crise financeira internacional. As perdas vieram logo depois da crise financeira russa. O mercado financeiro passou ainda pelas crises asiática (ações de países asiáticos) e pela queda do valor das ações de empresas de nova tecnologia (empresas pontocom).

No século XXI, os preços de imóveis americanos começam a subir juntamente com o crescimento dos empréstimos hipotecários. Imóveis são um ativo especialmente sujeito a processos de alta de preço seguidos por quedas abruptas. São um mercado no qual bolhas especulativas acontecem com frequência, como no mercado de ações.

Mercados de ativos não reproduzíveis — ouro, terra, ações — são vítimas de processos especulativos que não acontecem em outros mercados. Nesse tipo de mercado, os produtos novos são considerados iguais aos produtos usados. Quando os preços começam a subir, todos os participantes do mercado estão do mesmo lado e ganham ao mesmo tempo. A oferta de novos produtos não consegue alterar a expectativa altista — porque a oferta de produtos novos é irrelevante para formar os preços correntes. Se os *traders* de soja começam a especular que o preço da soja vai subir entre duas safras, por exemplo, os proprietários de estoques de soja ganham, pois os estoques que possuem passam a valer mais. Mas os produtores de soja aumentam a produção e mostram aos participantes do mercado qual o custo de produção da soja. Logo no início da safra seguinte, o processo especulativo se desfaz. O mercado tem dois tipos de participantes, que se contrapõem — os donos dos estoques ganham comprando produtos cujos preços estão subindo, mas os agricultores ganham produzindo mais soja, o que derruba o preço excessivo causado pela especulação.

No caso dos imóveis, se o preço começa a subir, os proprietários de imóveis, que são muito numerosos, se sentem mais ricos e não agem contra a elevação dos preços. Mas os incorporadores ganham construindo mais imóveis.

No caso americano, Paul Krugman, em seus artigos no *New York Times*, mostra que o preço dos imóveis está subindo nos centros urbanos da Nova Inglaterra e não no sudoeste americano. E o que está subindo são os preços dos terrenos nessa região, e não o preço de construção do metro quadrado. É portanto uma elevação de preços de um ativo (o terreno) cuja oferta não pode ser aumentada. É um ativo cujo preço é determinado principalmente pela demanda, já que a oferta é inelástica. Não aparece uma informação contrária, que mostre o custo de produção. Todos os participantes do processo especulativo ganham ao mesmo tempo tomando as mesmas decisões — demandando mais terrenos. E do outro lado, os ofertantes de terrenos não conseguem "produzir" mais terrenos. A Lei da Usura limita as taxas de juros que podem ser praticadas no mercado. Tem origem religiosa; a Bíblia e o Alcorão proíbem o empréstimo de dinheiro a juros. Keynes apresenta uma nova razão para a existência dessa lei na Inglaterra. Foi estabelecida para proteger os tomadores de empréstimos hipotecários lastreados em terras rurais.

No caso americano, a elevação dos preços dos imóveis foi originada no mercado de hipotecas. O mercado monetário e de capitais aumenta a oferta de empréstimos hipotecários para a compra ou construção de residências. A casa construída ou comprada serve de garantia ao empréstimo. Quando o preço do imóvel sobe, o valor da garantia sobe, e outro empréstimo pode ser feito com a mesma garantia. Para a compra de outra casa, ou para financiar outros gastos dos proprietários de casas.

Empréstimos hipotecários são ativos financeiros de longo prazo. Têm uma garantia real — o imóvel —, mas em geral são pouco líquidos. Se forem registrados no balanço dos bancos, usam a capacidade de alavancagem desses bancos. O banco pode ter em seus balanços ativos até nove ou dez vezes o total de capital. Um banco com capital de 100 bilhões de dólares pode ter aplicações e empréstimos da ordem de 1 trilhão de dólares. Essas são as regras estabelecidas pelo BIS, fundado em 1930 e encarregado de estabelecer as regras para o sistema bancário internacional. Essas regras são chamadas Basileia I, II ou III, recentemente.

Para contornar essas regras, foram criadas várias inovações financeiras. Os diversos empréstimos hipotecários, heterogêneos e particulares, são reunidos em carteiras com qualidades similares — carteiras de tomadores de pouco risco (classe de renda alta), empréstimos de tomadores mais arriscados (porque são mais pobres ou estão comprando imóveis em áreas menos favoráveis) e empréstimos de alto risco (tomadores de renda mais baixa, garantias de menor qualidade, imóveis nas áreas mais pobres do país). Reunidos em carteira com grande número de empréstimos, têm um risco menor — pela lei dos grandes números é possível calcular uma probabilidade de inadimplência, que geralmente pode ser estimada e prevista quando o número de empréstimos cresce. Essas carteiras de empréstimos emitem cotas que podem ser vendidas no mercado como ativos financeiros que têm liquidez e um determinado risco de inadimplência. Rendem uma determinada taxa de juros e têm um preço de mercado. Aparecem dealers, isto é, operadores de mercado que compram e vendem essas cotas com um determinado spread — compram a preços baixos e vendem a preços altos ganhando uma margem (um spread).

O resultado desse empacotamento dos empréstimos hipotecários e da venda de cotas se chama securitização. O que era uma aplicação de longo prazo para o banco que fez os empréstimos hipotecários se transforma em um ativo que pode ser vendido a qualquer momento. Passa a ser uma aplicação mais líquida que requer menos capital do banco. O banco pode, com o mesmo capital, fazer mais empréstimos hipotecários, securitizá-los, vendê-los no mercado e abrir espaço no balanço para novos empréstimos.

Além disso, pode reunir essas carteiras de empréstimos hipotecários em outras empresas que não são do banco (Special Investment Vehicles), que vendem as cotas. E os empréstimos hipotecários saem completamente do balanço dos bancos que os originaram.

Finalmente, essas carteiras de empréstimos hipotecários de propriedade de empresas que não pertencem mais aos bancos podem solicitar que empresas de rating determinem a qualidade desses ativos. Se tiverem classificação maior do que BBB — o rating dos papéis brasileiros —, podem ser comprados por fundos de pensão, por outros bancos, por fundos de investimento, e assim por diante.

Isso não aconteceu apenas com empréstimos hipotecários. Fala-se hoje na "morte dos empréstimos" em geral.

No período em que o Brasil tomou empréstimos logo após a crise do petróleo, financiados pelos petrodólares (pelas reservas acumuladas pelos países da Opep e aplicadas nos bancos americanos e europeus), os empréstimos eram sindicalizados. Um banco americano ou europeu fazia um empréstimo para financiar a construção de Itaipu, por exemplo, junto com diversos outros bancos reunidos num *syndicate* [sindicato]. O risco do empréstimo era compartilhado por vários bancos, assim como os rendimentos que esse empréstimo gerava. Com a crise da dívida externa, muitos anos depois, esses empréstimos foram renegociados e se transformaram em *bonds* com diferentes taxas de juros, prazos e garantias. E eram negociados no mercado. No caso do Brasil, foram chamados de *bradies* (de James Brady, o secretário do Tesouro que autorizou a securitização). Desde então, os empréstimos bancários passaram a ser securitizados, o que os torna mais líquidos e negociáveis, liberando o capital dos bancos para outras aplicações.

A securitização não é a única forma de tornar esses empréstimos mais líquidos. Ativos financeiros podem ser transformados por derivativos. Assim, um ativo com juros prefixados pode ser transformado em um ativo com juros variáveis através de um "swap de juros". Um ativo em dólares pode ter o risco de variação cambial compensado por um swap cambial. Um ativo de risco x pode ter o risco diminuído por um *credit default swap* (CDS).

Todas essas transformações das características do ativo podem ser feitas pelo banco que originou a operação ou por empresas ligadas aos bancos, chamadas de *shadow banks*, que fogem à supervisão e ao controle do Banco Central do país em que as transformações são feitas. Essas empresas podem ser estabelecidas nos Estados Unidos ou em qualquer país do mundo. Financiadas por dólares, eurodólares ou euros ou ienes.

Apesar de os *shadow banks* não pertencerem formalmente a um banco, estão ligados aos bancos que são garantidos pela Federal Deposit Insurance Corporation (FDIC), o seguro de depósitos americanos, ou pelo Fundo Garantidor de Crédito, no Brasil. E ainda que os *shadow banks* não tenham acesso ao mercado de reservas dos bancos, estão associados formalmente ou não aos bancos que as criaram. Os ativos que emitem, as cotas que representam a propriedade desses ativos são comprados pelos bancos.

Assim, a securitização e os derivativos transformam operações do mercado de capitais (empréstimos de longo prazo, empréstimos hipotecários ou empréstimos a grandes empresas transformados em *bonds*) em ativos muito líquidos (com cotação de preço de mercado) e com as características que o tomador exigir (juros variáveis de curto prazo, juros fixos no longo prazo, expressos em moeda nacional ou dólar, com risco alto ou baixo). E o mercado monetário, no qual se negociam reservas, títulos públicos curtos (*bills*), passa a financiar o mercado de capitais. *Shadow banks* ligam o mercado monetário ao mercado de capitais.

Quando, no segundo semestre de 2007, o preço dos imóveis começa a cair, o primeiro resultado é que as garantias dos empréstimos hipotecários se tornam insuficientes. Os papéis securitizados que representam cotas desses empréstimos perdem valor. E apesar de serem emitidos por *shadow banks*, representam perdas significativas para todo o setor financeiro. O Lehman Brothers sofre grandes perdas e é liquidado pelo Federal Reserve. A AIG, que fazia CDS, não consegue honrar seus compromissos e quebra também. O Tesouro americano precisa capitalizar bancos americanos como o Citibank e outros. Há uma grande "destruição" de créditos, isto é, de ativos financeiros nos Estados Unidos, na Europa em segundo lugar, e no restante do mundo. O receio que se instala nos mercados monetários e de capitais faz com que os bancos reduzam os seus ativos e aumentem suas reservas. Com a paralisia do mercado de capitais e os riscos de inadimplência no mercado monetário, a atividade econômica não tem mais financiadores e o sistema de pagamentos é ameaçado.

O Federal Reserve passa a dar liquidez, isto é, a comprar papéis de todo o mercado financeiro. Refinancia os empréstimos hipotecários das carteiras dos bancos, os empréstimos hipotecários das agências Fannie Mae e Freddie Mac. O Federal Reserve, que antes redescontava a carteira dos bancos, diante da falta de liquidez, passa a redescontar títulos da dívida dos bancos e títulos emitidos por outras empresas do mercado monetário. É o que foi chamado de Quantitative Ease, uma política de redesconto que não se restringe a redescontar empréstimos das carteiras dos bancos, mas redesconta também outros papéis, como empréstimos hipotecários securitizados ou *bonds* das empresas.

As taxas de desemprego nos Estados Unidos aumentam. O Congresso americano não autoriza gastos fiscais que compensem a queda da demanda agregada, resultante do "empobrecimento" dos consumidores que agora têm casas que valem menos e da paralisia no mercado monetário e de capitais. A política monetária passa a ser o único instrumento disponível para atenuar a crise e retomar o crescimento da economia americana, a maior do mundo. As taxas de desemprego crescem no mundo inteiro. Apesar da experiência com a crise de 1930, a política fiscal está congelada. A radicalização da política americana, através dos representantes do Tea Party que aparecem do lado republicano, não é um resultado surpreendente. Na crise de 1930, a política também se radicaliza à direita e à esquerda.

A crise de liquidez americana se estende ao mundo inteiro. Porque o mercado monetário e de capitais do mundo inteiro está integrado.

48. A regulamentação e a desregulamentação dos mercados financeiros

O crescimento do setor financeiro a partir dos anos 1970 foi saudado por economistas como Ronald MacKinnon e outros,[1] que batizaram as regulamentações dos países emergentes como o Brasil de "repressão financeira". A crise que começou em 2008 foi atribuída a esse processo de desregulamentação.

O dinheiro, como dissemos antes, é líquido no mesmo sentido em que a água é líquida. É muito difícil, portanto, criar barreiras de impermeabilização, ou regulamentar. O entusiasmo de alguns economistas com o processo de desregulamentação não é nem o único nem o mais importante fator para explicar a globalização financeira e todas as "inovações financeiras" que a acompanharam — o crescimento das transações entre diferentes moedas, o eurodólar, por exemplo, "a morte dos empréstimos", a ligação entre mercados monetários (de curto prazo, para financiar e compensar pagamentos) e o mercado de capitais (de baixa liquidez e de longo prazo) são acontecimentos que fazem parte da natureza do dinheiro.

No mercado financeiro, todos os ativos querem ser dinheiro

— ter liquidez (isto é, poder ser comprados e vendidos a qualquer tempo em grande quantidade sem que seu preço se altere). Vale a pena produzir liquidez — ser dealer, operador de mercado que compra e vende títulos públicos, ou ações, ou *bonds*, de empréstimos hipotecários ou não. Vale a pena inventar derivativos que modificam as qualidades dos ativos — ativos em moeda estrangeira que não têm risco de variação cambial (swaps cambiais), ativos com juros fixos que são transformados em ativos com juros variáveis, ativos de alto risco de crédito que são transformados em ativos de baixo risco de crédito etc. Essas operações reduzem o tamanho dos ativos dos bancos, que estão sujeitos a regulamentações e limitados pelo tamanho do capital de cada banco.

Novas regulamentações criam novas oportunidades de arbitragem e lucro e logo são contornadas pelos mercados financeiros.

A regulamentação ou a nova regulamentação deve ter objetivo limitado — evitar desequilíbrios e crises como a de 2008. O mercado financeiro não se equilibra sozinho — precisa de um Banco Central que garanta a liquidez do setor e ao mesmo tempo não forneça incentivos para riscos e prejuízos que acabam sendo pagos pelo próprio Banco Central, isto é, um banco que não permita *moral hazard* [risco moral] (em relação a um seguro, por exemplo, o *moral hazard* não impede a assunção de riscos pois o segurado sabe que será ressarcido pelo segurador). O Banco Central precisa garantir liquidez, como o Federal Reserve está garantindo agora para o mercado financeiro americano, mas a um custo. Redescontar sempre mas com uma grande penalidade.

A nova regulamentação deve ter como objetivo garantir a liquidez com custo alto. Não pode supor que o mercado financeiro encontrará um novo equilíbrio automaticamente. Não deve supor também que as "inovações financeiras" não vão conseguir contornar as regulamentações. Particularmente se as regulamentações criarem oportunidades de arbitragem e lucro.

O setor financeiro continua sendo o cérebro da economia capitalista. Capaz de transformar ideias em projetos. Quando os fluxos de caixa esperados são consistentes com os compromissos assumidos, os projetos estão certos, dão resultados e a economia cresce. Quando não, temos crises financeiras que precisam de um ator que não tem como objetivo o lucro, mas a estabilização da liquidez do setor financeiro — precisamos de um Banco Central, emprestador de última instância. E as inovações financeiras continuarão tentando transformar ativos pouco líquidos em ativos mais líquidos — pela securitização, pela ação dos dealers e pela utilização de derivativos.

A crise de 2008 não foi a primeira nem será a última das crises financeiras da economia capitalista. A regulamentação e a ação dos bancos centrais devem ter como objetivo evitá-las e dar liquidez para que não impactem tão severamente a economia real. A política fiscal deveria ser coprotagonista na tarefa de atenuar as crises geradas pelo setor financeiro. Mas os obstáculos culturais e políticos para a política fiscal estarão sempre presentes.

49. A crise na zona do euro

Como definir qual o melhor território para utilizar a mesma moeda? O Brasil deve ter uma moeda única, o real, ou valeria a pena ter duas moedas: uma para o Nordeste, a moeda "nordeste", por exemplo, e outra, o "real" para o restante do Brasil?

A resposta ao problema depende de dois tipos de considerações: econômicas, em primeiro lugar, e relativas às condições monetárias ou bancárias, em segundo lugar.

Do ponto de vista econômico, podemos dizer que o Nordeste e o restante do Brasil têm a mesma moeda se a taxa de câmbio nordeste por real for fixa. E a resposta depende das vantagens e desvantagens de o Nordeste ter uma taxa fixa da sua moeda com relação ao real.

O nível geral de preços do Nordeste será dado por uma média de preços de produtos "importados" do resto do país convertidos em moeda nordestina por uma taxa cambial (quantas unidades monetárias nordestinas n são necessárias para comprar um real) e por produtos produzidos localmente.

Se a parcela dos produtos for muito grande na economia

nordestina, isto é, se a participação das exportações para o resto do Brasil e importações do resto do Brasil representar uma parcela grande e se a taxa de câmbio for flutuante, o nível geral de preços do Nordeste será instável. Assim o poder de compra do nordeste será instável. E a liquidez do nordeste, menor do que a liquidez do real. Em equilíbrio, a taxa cambial do nordeste precisaria ser subvalorizada, isto é, estaria em equilíbrio se valesse menos do que o poder de compra que representa. Pois é uma moeda que tem poder de compra estável sobre uma parcela menor de produtos. Sob o critério liquidez, é melhor que o nordeste tenha uma taxa de câmbio fixa com relação ao real. Ou que o Nordeste use o real como moeda.

O segundo critério econômico se refere à mobilidade de produtos e de fatores de produção. Se os mercados de produtos do Nordeste forem bem integrados com os mercados do resto do Brasil, os preços dos *tradables* no Nordeste serão iguais, menos o custo de transporte, aos preços dos *tradables* do resto do Brasil se a taxa de câmbio for fixa, ou se o Nordeste e o resto do Brasil usarem a mesma moeda.

O mercado de produtos não comerciáveis é representado especialmente pela mão de obra. Se os sindicatos do Nordeste forem mais fracos do que os sindicatos do resto do Brasil, é possível que os salários nominais no Nordeste sejam fixados em nível mais baixo do que os do resto do país. As empresas localizadas na região pagarão salários mais baixos do que no resto do Brasil e provavelmente terão vantagens sobre as importações e as exportações do Nordeste para o resto do Brasil. O Nordeste se tornará um lugar mais rentável para as empresas se localizarem.

Com taxas cambiais fixas, desequilíbrios do "balanço de pagamentos" entre o Nordeste e o restante do Brasil se ajustam por migrações de mão de obra entre a região e o resto do país.

Assim, se houver mobilidade de mão de obra entre o Nordeste e o resto do Brasil e mobilidade de capitais (empresas) entre as duas regiões, é melhor que o Nordeste use o real como moeda, isto é, tenha taxas cambiais fixas. A escolha entre a adoção do real e a adoção de uma moeda regional depende da mobilidade de mão de obra entre as duas regiões e da integração do mercado de produtos. As duas condições econômicas são preenchidas: os estados do Nordeste fazem parte da Federação, obedecem à mesma Constituição, falam a mesma língua. A moeda única entre as duas regiões é a melhor solução.

Se o mercado de mão de obra for fragmentado, isto é, se os salários pagos no Nordeste forem diferentes e reagirem diferentemente a variações na demanda e na oferta, pode ser que valha a pena adotar taxas flexíveis de câmbio. Suponhamos que o custo da mão de obra no Nordeste seja mais alto do que no resto do Brasil. Os salários nominais são iguais aos do resto do Brasil mas, por diversas razões, a produtividade da mão de obra é menor. O custo da mão de obra é dado pela divisão do salário nominal pela produtividade (reais por mês divididos pela produção por trabalhador). Nesse caso, o Nordeste acabaria produzindo menos do que o resto do país, isto é, aumentariam as importações do Nordeste provindas do resto do país.

A desvalorização cambial do nordeste em relação ao real pode resolver o problema. Se os trabalhadores não aceitam salários nominais mais baixos, mas reagem pouco à desvalorização cambial, os custos da mão de obra nordestina podem ser reduzidos por uma taxa cambial nordeste/real mais elevada. Ainda que o custo da mão de obra seja mais alto, os preços dos *tradables* produzidos no Nordeste poderiam ser mais baixos, comparativamente ao resto do Brasil, porque a taxa cambial é mais alta. Se no Nordeste o custo da mão de obra para produzir um automóvel é $x\%$ mais alto do que no resto do Brasil, uma taxa cambial $x\%$ mais alta compensa a diferença. E as empresas do resto do Brasil podem se instalar tanto no Nordeste quanto em qualquer outra região. Isso seria possível se os trabalhadores sofressem de "ilusão cambial". Não aceitassem uma redução do salário nominal expresso em nordestes, mas aceitassem uma desvalorização cambial do nordeste sem pedir aumento de salários.

Em conclusão: uma região deve usar a mesma moeda de outra região se houver mobilidade de fatores de produção entre as duas regiões.

Existem ainda as condições bancárias para que o Nordeste use a mesma moeda que o resto do Brasil. Se os bancos do Nordeste usam o real, isto é, se criam depósitos em real e têm acesso às políticas de redesconto do Banco Central do Brasil, precisam ser supervisionados e obedecer às regras de risco e prudência impostas pelo Banco Central do Brasil. Diante da falta de liquidez, contam com o Banco Central do Brasil, que só atenderá aos pedidos de empréstimo de curto prazo se tiver poder de fiscalização e controle sobre esses bancos.

E os tesouros estaduais da região precisam obedecer a regras de endividamento. Não podem emitir dívidas públicas que não conseguem pagar ou que pagam apenas com mais dívida pública. Pois essas dívidas serão compradas pelos bancos e, caso se tornem impagáveis, criam um problema para o Banco Central, que é o emprestador de última instância. A dívida pública de um estado é uma dívida soberana. O estado não pode legalmente ir à falência nem leiloar bens públicos para honrar suas dívidas. Se as dívidas públicas se tornarem impagáveis, cria-se um problema bancário que afeta o Banco Central em sua tarefa de apoiar os diversos bancos brasileiros. A Lei de Responsabilidade Fiscal, no Brasil, tenta impor esses controles ao endividamento dos diversos entes da Federação, estados e municípios.

A Comunidade Europeia integrou os mercados de produtos criando uma área de tarifas nulas entre os seus integrantes e uma tarifa externa comum. E possibilitou uma integração maior entre os mercados de trabalho. A integração dos mercados de trabalho, porém, é limitada por restrições à mobilidade de mão de obra — por causa da língua, por causa de fatores culturais e políticos e porque os países têm sistemas de seguridade social diferentes. A Comunidade Europeia, contudo, resolveu usar uma moeda comum, o euro, a partir de 1999. O Tratado de Maastricht impôs limites ao déficit e ao endividamento público dos países que quisessem fazer parte da zona do euro.

Na crise de 2008, a zona do euro, isto é, dos países da Europa que usam o euro como moeda, traz à tona problemas novos. A dívida pública dos países do sul da Europa — Portugal, Espanha, Grécia —, assim como da Irlanda, passa a ser vista como excessiva para o mercado. Fica claro que a união monetária europeia carece de uma união bancária — isto é, de um sistema de supervisão bancária europeu que permitisse regular o funcionamento dos bancos que operam com euros e uma supervisão fiscal ou uma união fiscal.

Se pensarmos no Brasil como uma região de moeda única, o real, o Banco Central tem poder de fiscalização sobre os bancos de todo o país. E opera como emprestador de última instância para todos os bancos autorizados a operar em território nacional. Já que é o banco desses bancos, estabelece regulamentações para eles — capital mínimo, nível de risco que podem assumir, tipos de operações que podem fazer. E garante a liquidez dos depósitos à vista através do Fundo Garantidor de Crédito.

Os governos estaduais não podem tomar empréstimos internacionais sem autorização legislativa do Senado. E não podem tomar empréstimos nacionais se não obedecerem aos limites impostos pela Lei de Responsabilidade Fiscal. Assim, a dívida pública estadual é regulamentada pela União.

Na zona do euro, essa regulamentação supranacional dos bancos dos diversos países não existe.

O Banco Central Europeu (BCE), emprestador de última instância para os diferentes bancos nacionais, não tem poder de regulamentar e supervisionar os bancos da zona do euro. E, apesar do Tratado de Maastricht, os tesouros nacionais não limitaram o endividamento público como acordado.

Assim a Grécia pode emitir dívidas públicas financiadas em euros, de acordo com a sua legislação. Bancos gregos e bancos europeus compram essas dívidas e, em caso de elas se tornarem excessivas ou impagáveis, não existe autoridade fiscal que possa controlá-las ou impedir que sejam emitidas. Nos mercados financeiros do euro, a crise de liquidez de um banco grego que carrega grande volume de dívida grega que se desvalorizou não pode ser solucionada pelo Banco Central Europeu. Pois o banco grego obedece apenas às regulamentações do Banco Central da Grécia, que não emite euros para salvá-lo. E o excesso de endividamento do Tesouro grego depende apenas do governo grego, mas afeta os bancos gregos, que não conseguem redescontar seus ativos junto ao BCE.

A crise tornou o descontrole visível. O problema se agravou com a situação especial do balanço de pagamentos dos diversos países. A Alemanha negociou uma política salarial com os trabalhadores alemães que controlou o aumento de salários nominais. Dada a taxa cambial fixa entre a Alemanha e o resto da Europa, já que usam a mesma moeda, o euro, a Alemanha passou a apresentar grandes superávits externos com relação ao mundo inteiro. Ou seja, os bancos alemães passaram a acumular dívidas do restante da Europa. Os demais países europeus, particularmente os da periferia — Grécia, Espanha e Portugal —, passam a ser devedores em euro e tornam-se incapazes de pagar suas dívidas.

Com a crise de liquidez criada pela crise financeira americana esses problemas se tornam evidentes. O Banco Central Europeu não pode dar liquidez aos bancos dos países endividados. A única solução, no curto prazo, é encolher as despesas governamentais dos países do sul para gerar superávits fiscais que estabilizem o crescimento da dívida pública desses países.

Desde 2008, a Europa se debate com esses problemas. Cortes de despesa fiscal exatamente no momento em que aumenta o desemprego pela falta de crédito e de liquidez. Há avanços lentos na criação de uma supervisão bancária europeia a cargo do Banco Central Europeu. E propostas de controle fiscal dos diversos países por uma autoridade fiscal supranacional, o que será mais difícil, mas imprescindível para a sobrevivência da zona do euro.

50. Monetaristas e keynesianos nas reações às crises

As crises de 2007-8 e a crise do euro são crises que ameaçam o valor dos ativos financeiros dos bancos e investidores. As perdas com créditos concedidos pelos bancos como hipotecas põem em risco o valor e a liquidez dos investimentos em fundos e os depósitos feitos junto a esses bancos. A dívida pública dos países periféricos da zona do euro parece impagável e ameaça a solvência dos bancos que a compraram e os diversos ativos financeiros europeus.

A solução das crises é a recomposição do valor dessas dívidas de forma a recompor o valor da riqueza que investidores do mundo inteiro imaginavam que possuíssem.

As propostas em discussão há sete ou oito anos tratam de dar liquidez a esses ativos financeiros através do refinanciamento do Federal Reserve chamado de Quantitative Ease. Na Europa, o mesmo refinanciamento é oferecido pelo Banco Central Europeu, mas com mais parcimônia.

As propostas de solução da crise poderiam ser classificadas em dois tipos: a proposta dos bancos, da Alemanha e dos organismos internacionais, que poderíamos chamar de monetarista, pretende que os tesouros nacionais reduzam as despesas e ofereçam recursos para pagar essas dívidas. É um esforço contraproducente. Exatamente no momento em que a demanda do setor privado se reduz, o governo é chamado a reduzir a demanda agregada a fim de economizar recursos que serão utilizados para pagar as dívidas. A economia se contrai, o desemprego aumenta e reduz-se a receita tributária. Os tesouros que já aumentaram o déficit para socorrer os bancos são pressionados adicionalmente a produzir recursos tributários livres para pagar a dívida pública. O objetivo é honrar dívidas e salvar dinheiro e ativos financeiros. O custo é o desemprego e a recessão.

As propostas keynesianas se preocupam antes com o emprego e a produção, depois com o valor dos ativos financeiros. O setor público deveria fazer ou manter gastos para que a retração da demanda privada fosse compensada ou atenuada. Os ativos financeiros deveriam ser protegidos por uma política monetária mais flexível, que não exigisse o esforço fiscal.

Existe outra solução, perigosa. A inflação que corrói automaticamente o valor dos créditos, mas ameaça a estabilidade política e econômica e é incontrolável.

Do ponto de vista da produção e do emprego, a proposta monetarista para a salvação do setor financeiro e do valor dos créditos a receber é inconsistente. Quanto maior o aperto do setor público, menores a produção e a receita de impostos e mais difícil se torna salvar créditos públicos e privados. Quanto menor é a produção do setor privado, mais difícil é honrar as dívidas contraídas. O ajuste dificilmente será obtido. A decisão privada de demitir e cortar custos é, do ponto de vista agregado, contraproducente. Por isso é necessária a ação pública, isto é, a intervenção monetária e fiscal. Mais flexibilidade dos bancos centrais e mais gastos públicos.

As decisões individuais das empresas não geram um resultado favorável quando consideradas no agregado. As empresas na luta pela sobrevivência querem manter a liquidez: menos despesas e menos produção. Os bancos: menos crédito e mais liquidez. A ética capitalista se opõe ao refinanciamento das dívidas públicas dos países periféricos e à salvação dos bancos privados. "Se cantaram durante todo o verão, que dancem no inverno."

A macroeconomia trata exatamente dessa contradição. O setor privado, que vê a moeda como um bem escasso, "que não dá em árvores", precisa ser compensado pelos bancos centrais, para os quais o dinheiro realmente "dá em árvores". O mito deve ser preservado.

V. SÍNTESE E CONCLUSÕES

51. O debate

O debate entre monetaristas e neoclássicos, que continua com novos clássicos e novos keynesianos, gira em torno da passividade ou da proatividade da política monetária. Repete os temas da discussão entre Banking School e Currency School. Os monetaristas privilegiam a estabilidade monetária e a manutenção do valor dos ativos financeiros. Os keynesianos se preocupam com o crescimento e o emprego.

A polêmica se renova a cada nova fase da história da moeda. Se no período do padrão-ouro a política monetária dependia apenas da situação do balanço de pagamentos e, portanto, era independente das decisões do governo, a crise de 1930 modifica a situação e exige uma política monetária ativa.

Os monetaristas, inicialmente, tentam recompor o automatismo e a independência da política monetária através da imposição de regras fixas para o crescimento da oferta de meios de pagamento. São os guardiães do templo do dinheiro.

O desenvolvimento dos mercados financeiros torna essas regras obsoletas. E os novos clássicos voltam à carga, mostrando agora que a política monetária é ineficaz, isto é, pode ser prevista pelos agentes econômicos, que se adaptam antecipadamente através das expectativas racionais.

Os novos keynesianos continuam preocupados com o desemprego, mas deslocam a atenção para o funcionamento dos mercados e para a explicação racional da existência de preços rígidos. Todo o pensamento econômico, keynesiano e monetarista, se desloca para o lado conservador nos últimos trinta anos.

O novo regime monetário, o regime de metas de inflação com câmbio flutuante, é uma adaptação sincrética do pensamento conservador dos monetaristas. Incorpora a visão keynesiana ou neoclássica de que são os preços que determinam o valor da moeda, e não o contrário, admitem a presença de uma relação entre desemprego e inflação, ainda que no curto prazo, mas reafirmam que o objetivo único da política monetária é a estabilidade do valor da moeda e que o desemprego, abandonado como objetivo da política monetária, é um fenômeno temporário e de curto prazo. Assim, a reviravolta conservadora do pensamento econômico que se inicia nos anos 1980 incorpora pedaços do pensamento keynesiano sem a preocupação fundamental do keynesianismo, que é com o desemprego como um problema imanente da economia capitalista.

A inflação, para os monetaristas e seus descendentes, continua sendo resultado do excesso de moeda ou de crédito originado no mundo político — nos parlamentos e no Executivo preocupados com as eleições. Para os keynesianos de qualquer tipo a inflação decorre dos preços — da presença de preços nominais rígidos ou de fatores externos (preço do petróleo, por exemplo) — e requer uma política de rendas (controles de preços, leis salariais).

No Brasil e na América Latina, apesar de condições particulares como a indexação, o debate não é diferente, embora os participantes sejam batizados com nomes locais — desenvolvimentistas e monetaristas. E se altera quando se altera a história dos mercados monetários e de capital. Se Eugênio Gudin, nos anos 1950, afirmava diariamente nas páginas de *O Globo* que a inflação acabaria se o governo parasse de emitir, os neoliberais afirmam que a inflação acabaria se o déficit público fosse menor e a base monetária crescesse menos.

Desde 1994, a inflação brasileira é baixa se comparada aos padrões históricos de inflação no país. Mas acompanha a redução da inflação no mundo inteiro desde 1980, com a guinada política conservadora do período que chamamos neoliberal. Thomas Piketty afirma que a inflação é um problema do século XX. Não podemos dizer o mesmo para a América Latina e especialmente para o Brasil.

A independência do Banco Central é um tema permanente no mundo inteiro. A criação de um Banco Central nos Estados Unidos sempre foi combatida por defensores dos pequenos produtores rurais e empresários industriais que viam na presença de um Banco Central uma ameaça à vida democrática (já que o banco concentraria grande poder, ainda que seu presidente não fosse eleito ou tivesse mandato de representação eleitoral). O presidente Andrew Jackson, no século XIX, se contrapôs fortemente ao Banco dos Estados Unidos, um banco privado mas com poderes excepcionais. E somente em 1913, alguns anos depois de uma crise financeira, foi criado o Federal Reserve, um Banco Central, mas cujo controle era contrabalançado pelo seu caráter federativo — não só Wall Street estava representada no conselho do Fed, mas todas as unidades da federação americana.

No Brasil, a criação do Banco Central leva pelo menos 25 anos, desde a criação da Sumoc, em 1945, até 1964, quando o governo militar cria o Banco Central. Mesmo assim, antes do primeiro plano de reforma monetária, o Plano Cruzado, o Banco do Brasil continua a ser o banco do governo, através da Conta Movimento, e o Banco Central se torna banco de fomento, através de uma carteira de crédito rural e fomento. Só em 1994 o Banco Central passa a ser independente, ainda que, até hoje, seu presidente não tenha um mandato fixo. A história brasileira da criação do Banco Central não difere muito da história do Fed em termos de objeções a sua independência.

A natureza básica do debate se refere ao conflito entre o poder político do Parlamento e do Executivo e o poder econômico dos mercados. Enquanto os conservadores — clássicos ou monetaristas — defendem os interesses dos mercados, keynesianos ou desenvolvimentistas estão ao lado da política.

A política monetária brasileira desde 1999 é consistente com o que se consideram as "melhores regras" no mundo inteiro — regime de metas de inflação e taxas cambiais flutuantes. Mas não é garantido que essa seja a melhor combinação de instrumentos a objetivos no caso de uma economia como a brasileira. Pode ser que o regime que prevaleceu na primeira fase do Plano Real, até 1998, fosse a combinação ideal — taxas de câmbio fixas e juros determinados pelos juros internacionais. O problema é que âncoras como a taxa cambial são frágeis e difíceis de serem fixadas. O deslocamento da âncora ou a desvalorização cambial podem deslanchar um novo processo inflacionário.

A inflação brasileira, relativamente alta para padrões internacionais, é o resultado de vários fatores: a pequena elasticidade de substituição de produção ou, em palavras mais simples, as grandes variações de preços relativos necessárias para um país com infraestrutura deficiente, Justiça lenta e assoberbada por muitos processos e o conflito distributivo. Mas pode ser também um resultado do longo período inflacionário que experimentamos.

A experiência da indexação por trinta anos tornou a economia brasileira uma economia clássica, ou seja, uma economia na qual a moeda é apenas um véu ou simplesmente meio de pagamento. Trabalhadores e empresários foram treinados para desconfiar do mito "real". Carregam uma dúvida permanente sobre o valor da moeda que é parte do noticiário cotidiano, com informações mensais ou mesmo semanais sobre índices de preços, como os clássicos e os novos clássicos das expectativas racionais gostariam que o mundo se comportasse. O resultado é instabilidade do valor da moeda — viés inflacionário.

Se o dinheiro tivesse um valor estável permanentemente ou fosse uma mercadoria como qualquer outra, ouro, por exemplo, como os clássicos imaginavam que fosse, seria então um verdadeiro porto seguro do capital, um mito não ameaçado pela verificação do seu poder de compra. Nesse mundo de moeda estável, a economia se comportaria como Keynes supôs, concorrendo com os investimentos reais e permitindo a permanência do desemprego como uma situação de equilíbrio estável.

O sonho clássico de uma moeda mercadoria de valor objetivo e estável transforma a economia clássica numa economia keynesiana. E a moeda de um mundo não enfeitiçado pelo dinheiro, como os keynesianos proporiam, transforma a economia numa economia clássica na qual o dinheiro serve apenas como expediente que facilita as trocas.

52. Uma economia monetária

Marx e depois Keynes e Minsky falam da economia capitalista como uma economia na qual o objetivo é acumular dinheiro. O esquema de circulação de Marx, no qual mercadorias são trocadas por dinheiro, depois por outras mercadorias, é substituído na economia capitalista pelo circuito no qual dinheiro é trocado por mercadorias para serem trocadas por mais dinheiro, que se valoriza. O sujeito da economia é o capital (o dinheiro?), cujo objetivo é se valorizar.

Keynes vê a economia da mesma forma. O dinheiro é um fetiche que esconde a visão do que está por trás dele, um mito, segundo a definição de Barthes. Para Minsky, a empresa capitalista é uma empresa que administra fluxos de caixa e luta pela liquidez, que é a garantia de sua sobrevivência. Ele propõe mesmo que as estatísticas relevantes para a macroeconomia não são as contas nacionais, mas os fluxos de fundos (de recursos financeiros) dos diversos setores da economia.

Assim, a economia capitalista é uma economia enfeitiçada pelo dinheiro. Trabalha para acumular dinheiro, *outside money*, dinheiro não criado por crédito, mas dinheiro "real" (ouro até o século XX) ou dólares, que são "reais" para todos os países do mundo menos os Estados Unidos.

Se analisarmos o desenvolvimento das economias capitalistas veremos que pelo menos nas fases iniciais são lideradas pelo esforço exportador, que produzem e vendem produtos supérfluos ou produtos de luxo (que têm alta elasticidade-renda). As viagens de Marco Polo e o desenvolvimento das cidades italianas no período da Renascença dependiam da importação de seda e de outros produtos da China. Na era dos descobrimentos da América, os conquistadores procuravam ouro e especiarias que não podiam mais ser obtidos na Índia depois do fechamento das rotas marítimas do Mediterrâneo pelos muçulmanos. O Brasil foi colonizado a partir da exploração do pau-brasil, da produção de açúcar, da exploração do ouro e depois da produção de café, um produto de sobremesa. Todos produtos de luxo que não atendiam à demanda de bens de primeira necessidade da população desses países.

Mesmo a China no século XX, uma economia planificada submetida a um governo autoritário, inicia o seu processo de desenvolvimento com a exportação, inicialmente, de produtos de luxo e bugigangas, depois de produtos industriais em geral. Acumula imensas reservas de dólar e só agora, depois da crise de 2008, pretende aumentar o consumo interno e depender menos das exportações para crescer.

O mundo parece que ainda é mercantilista. Enquanto no período mercantilista a acumulação de ouro e metais preciosos tinha como objetivo o fortalecimento dos incipientes Estados-nação da Europa, hoje a economia capitalista se desenvolve exportando, isto é, procurando obter mais moedas estrangeiras, mais dinheiro "real", ouro ou dólares.

Um economista caído do céu vindo de um mundo desconhecido e encarregado de propor uma estratégia de desenvolvimento para algum país pobre da África faria planos para aumentar a produção interna de alimentos, habitação, serviços de saúde, Justiça, educação e transportes. Poderia propor o crescimento das exportações necessárias à importação de bens e serviços que o país não conseguisse produzir a preços razoáveis. Seria uma estratégia racional ou de bom senso para o economista vindo de Marte.

    Um economista brasileiro ou de Wall Street proporia o desenvolvimento de algum setor de exportação de petróleo ou de minérios que gerasse divisas para a importação. Começaria pelo supérfluo para o país africano para mais tarde, talvez, voltar a produção do país para as suas reais necessidades. Uma estratégia racional ou de bom senso para o mundo capitalista que trabalha para ganhar dinheiro. Deus escreve certo por linhas tortas.

53. As crises

Não sabemos se as crises recentes de 2007-8, nos Estados Unidos antes, na Europa depois e por fim no mundo inteiro, inauguraram uma nova era que vai suceder o período conservador dos últimos trinta anos. A política fiscal norte-americana e europeia está paralisada pela radicalização política nos Estados Unidos e pela assimetria das posições dos países centrais da Europa, como a Alemanha, em relação aos países da periferia.

Existe uma expectativa de que novas regulamentações financeiras e bancárias venham a evitar outras crises financeiras. Mas a liberdade do dinheiro e dos mercados financeiros é sua característica essencial. E novas regulamentações somente serão bem-sucedidas se criarem mecanismos que garantam a liquidez de um novo mercado monetário que é global e ligado ao mercado de capitais, isto é, de um mercado financeiro que procura dar liquidez a ativos financeiros antes pouco líquidos. Bancos centrais terão que se adaptar à nova situação — redescontando ativos financeiros que antes eram carregados por bancos e agentes financeiros autorizados e agora são carregados por *hedge funds* e fundos de pensão que estão fora dos limites da regulamentação atual.

Não devemos esperar que as novas regulamentações evitem definitivamente novas crises com repercussão mundial. Evitarão crises como a atual se desenvolverem mecanismos que garantam a liquidez dos ativos financeiros que até a crise não podiam ser redescontados pelos bancos centrais. O Quantitative Ease do Federal Reserve talvez se transforme nas novas regras de redesconto do mundo dos mercados financeiros que agora se inicia.

Os economistas que davam as boas-vindas ao fim da "repressão financeira" foram os cronistas da história que se desenrolava. A globalização financeira caminhava célere e a despeito dessas opiniões. Foi assim também com outras crises — Roosevelt nos Estados Unidos, Vargas no Brasil e Hitler na Alemanha aumentavam gastos governamentais e o déficit público porque não conseguiam controlá-los, como no caso do Brasil, ou porque essa era a solução de bom senso que se apresentava. Mesmo assim, só a Segunda Grande Guerra resolveu, com muita crueldade, o desemprego. Keynes e Minsky formularam a teoria que justificava e tornava imperativo o uso de políticas governamentais ativas para a solução da crise. Mas foi a realidade que criou imperfeitamente as soluções.

54. À guisa de conclusão

Qual a melhor teoria para estabilizar o valor da moeda e o emprego nas economias capitalistas? Qual a teoria "verdadeira", o monetarismo ou o keynesianismo? Qual teoria garante estabilidade do valor da moeda e baixo desemprego? Clássicos e keynesianos ou seus herdeiros formam um dueto. O barítono monetarista soturno e ameaçador clama pela disciplina, pela ordem que garanta estabilidade do valor dos créditos e do capital acumulado. A disciplina que mantém a estabilidade dos salários nominais mesmo que à custa do desemprego. Os tenores keynesianos cantam a favor do desemprego e da desigualdade na distribuição de renda que ameaça o capitalismo.

Não é possível escolher entre as duas vozes com dados empíricos ou testes estatísticos. Cada uma sonha e faz propostas para dois desejos diferentes, dois mundos diferentes. Um mundo de indivíduos autônomos, responsáveis por seu próprio futuro, livres de qualquer obstáculo para viver o seu destino. Ou um mundo harmonizado pela intervenção do Estado que ameniza o sofrimento dos desafortunados, que pode ameaçar a estabilidade da democracia. A partitura é dada pela curva de Phillips — mais desemprego ou mais inflação? Ou mais desemprego e mais inflação ao mesmo tempo? A cada crise da economia capitalista, começa um novo dueto no qual tenor e barítono se revezam.

Os clássicos refletiam sobre uma nova organização social que acabava de nascer. Seus descendentes propõem teorias originadas naquela época e reprogramadas para cada etapa da economia capitalista e dos mercados financeiros. São os guardiães do mito, se o dinheiro for um mito. Os sacerdotes que mantêm os ritos necessários ao estabelecimento da moeda como instituição soberana. São monetaristas, apesar de afirmarem que a moeda é neutra, que os preços devem ser flexíveis em termos nominais e que não há ilusão monetária.

Para Girard, a moeda como instituição ou "rito sacrifical" está sempre sujeita a crises. É o rito sacrifical — a ovelha sacrificada no templo ou o rei degolado na revolução que restabelecem o bode expiatório — e a instituição soberana, externa à economia e superior a todas as coisas. As crises monetárias reinstituem a soberania da moeda através das reformas monetárias. Corte de gastos, novas regulamentações bancárias, novos arranjos internacionais. Apesar de mito, o dinheiro é um evento que se renova através das crises financeiras, guerras e revoluções.

Para os que querem acompanhar o debate, para quem foi escrito este livro, é preciso ler os monetaristas como defensores da disciplina da instituição monetária. Grandes polemistas, criativos, puxam a política monetária para a defesa dos créditos e do mercado financeiro. Nas crises, apontam a regra de cada momento como a que foi violada pela irracionalidade das autoridades econômicas ou pelo populismo dos políticos. São de fato os guardiães da moeda, os produtores de mitos, os sacerdotes do templo.

Os keynesianos querem desmitificar a moeda, reduzir sua atratividade como investimento. Propõem jogar areia nas engrenagens tão lubrificadas do mercado financeiro internacional, como o imposto de Tobin ou a proposta de criação do bancor por Keynes.

As boas intenções dos keynesianos se chocam de frente com a ética do capitalismo nos piores momentos de crise. Exatamente quando o capitalismo é ameaçado e é preciso restaurar a ética capitalista, quando o Estado é eleito como bode expiatório de todas as vicissitudes do capitalismo, quando a crise ameaça. Tiveram sucesso maior quando a economia capitalista era desafiada pelo aparente sucesso da União Soviética.

Como instituição soberana, o dinheiro é ameaçado frequentemente. Não suporta as mudanças bruscas de preços causadas por preços importantes nem as crises que o próprio setor financeiro engendra. Desvalorizar o câmbio ou mudar o preço do petróleo causa ondas de reajustes. Capitalistas e trabalhadores decidem e se movem guiados por preços nominais que flutuam e oscilam como ondas num mar agitado, mas são os guias mais importantes para o navegador da economia capitalista.

O dinheiro faz parte do mundo imaginário. Depende da apreciação dos eleitores (todos nós) e dos proprietários do dinheiro (muito poucos entre nós e os espectadores mais importantes).

Talvez o melhor keynesianismo — no sentido de salvar o capitalismo de si mesmo — seja a combinação de políticas e discurso conservador para as questões monetárias com gastos públicos que atenuem o sofrimento, diminuam o desemprego e melhorem a renda dos eleitores. É uma estratégia quase impossível.

A política monetária é ágil e decidida em comitês. E tende a ser conservadora. A política fiscal depende de aprovação parlamentar, é lenta e apontada como culpada por todas as mazelas da economia. O governo que administra "o meu dinheiro, o seu dinheiro, o nosso dinheiro" é amarrado por regras formais de administração pública que impedem que seja rápido, flexível e eficiente.

Ao utilizar a política fiscal, abre os flancos para que a oposição critique sua ineficiência e aponte casos de corrupção. Ilhado no meio de um setor privado rápido e eficiente, que contrata os melhores talentos enquanto o próprio governo está impedido de contratar por regras que limitam os salários pagos no setor público.

A administração pública no Brasil tenta, reiteradas vezes, se descentralizar e tornar-se mais eficiente. Começa com a criação de autarquias, depois com as estatais e mais recentemente com as Organizações Sociais e as Organizações da Sociedade Civil de Interesse Público (as Oscips). Com as crises, os controles impostos a cada novo tipo de organização pública ou a cada nova prestadora de serviços públicos restringem a flexibilidade dessas inovações e recuperam a centralização administrativa, acompanhada de mais morosidade e ineficiência. A política fiscal se vê novamente amarrada pelas regras da administração pública.

A política fiscal, portanto, enfrenta obstáculos políticos e administrativos. Enquanto a política monetária é ágil e flexível. A dificuldade é que a política monetária pode ser insuficiente, principalmente em momentos de crise, enquanto a política fiscal eficiente é paralisada pelas regras da administração pública e, mais importante, pela sua visibilidade, o que a torna alvo de críticas e oposição.

Apesar da utopia com que os progressistas sonham, não apareceu ainda uma forma de organizar a sociedade capitalista e democrática que não seja em torno da moeda. O dinheiro talvez seja a instituição necessária para manter uma distância asséptica entre os indivíduos, a paz num mundo dilacerado pela rivalidade mimética.

Um expediente que permite o funcionamento de uma grande e complexa economia de trocas apesar da ação dos políticos? Seguro-desemprego do capital financiado por impostos? Mágica que transforma olhos humanos úmidos de lágrimas e cheios de ternura em olhos de vidro?

O debate não superou as dificuldades da economia capitalista. Os conservadores ou monetaristas são as vozes ranzinzas, severas e necessárias à manutenção da estabilidade do valor da moeda. Os progressistas ou keynesianos lutam pelo trabalho civilizatório da política e do Estado para prover saúde, educação e segurança para todos, a condição necessária à sobrevivência da sociedade democrática e do próprio capitalismo. Não reconhecem que perdem, na sociedade civil, para o pensamento hegemônico, o que garante a estabilidade do valor do mito ainda que à custa de tantos sofrimentos.

Quando o debate terminará? Talvez quando o mundo estiver pronto a usufruir de toda a prosperidade material proporcionada pelo capitalismo, quando o crescimento perder a prioridade para outros objetivos, como a oferta de bens públicos, que garantam igual oportunidade para todos. Nesse momento, teremos substituído o mito do dinheiro por outros mitos que organizarão a vida e o sentido da vida e gerarão outros debates e outros conflitos.

Apêndice

1. O modelo de Leontief para quantidades

Dois produtos, x_1 e x_2.

$$x_1 = x_{11} + x_{12} + y_1$$

x_1 é a produção bruta, isto é, a produção destinada à produção de x_1 mesmo e de x_2, ou seja, x_1 tem dupla contagem. A produção final de x_1 que pode ser destinada ao consumo, ao investimento ou à exportação é dada por y_1 parcelas da produção de x_1 que são usadas na produção de x_1 mesmo e de x_2, respectivamente.

A mesma coisa para x_2

$$x_2 = x_{21} + x_{22} + y_2$$

		SETORES		DEMANDA	PRODUÇÃO
		1	2	FINAL	BRUTA
SETORES	1	x_{11}	x_{12}	y_1	x_1
	2	x_{21}	x_{22}	y_2	x_2
Margem de lucro		m_1	m_2		
Trabalho		L_1	L_2		
Produção bruta		x_1	x_2		

Hipótese sobre a produção de x_1 e x_2 — coeficientes fixos, isto é

$a_{11} = x_{11}/x_1$ ou $x_1 = a_{11}.x_{11}$

e em geral

$a_{ij} = x_{ij}/x_j$

x_1 usa L_1 de mão de obra e x_2, usa L_2
Escrevendo em termos de matriz:

$$A = \begin{pmatrix} a11 & a12 \\ a21 & a22 \end{pmatrix} x = \begin{pmatrix} x1 \\ x2 \end{pmatrix} y = \begin{pmatrix} y1 \\ y2 \end{pmatrix}$$

E

$$\begin{pmatrix} x1 \\ x2 \end{pmatrix} = \begin{pmatrix} a11 & a12 \\ a21 & a22 \end{pmatrix} . \begin{pmatrix} x1 \\ x2 \end{pmatrix} + \begin{pmatrix} y1 \\ y2 \end{pmatrix}$$

$L = Lx$

$$L = (L1 \quad L2) . \begin{pmatrix} x1 \\ x2 \end{pmatrix}$$

Ou

$x = Ax + y$ \quad (1)
e
$L = Lx$

Onde x é um vetor coluna, A é a matriz de coeficientes técnicos e y é o vetor coluna de produtos finais.

L é o vetor linha de coeficientes de trabalho utilizado para cada produto e L o total de trabalho disponível para a economia.

Podemos reescrever (1) assim

$(I-A)x = y$

Ou seja, a produção final é dada pela matriz identidade I, menos a matriz de coeficientes técnicos.

E para saber quanto devemos produzir em termos brutos de cada produto, basta resolver para x, isto é, $x = (I-A)^{-1}.y$, isto é, a matriz I-A invertida vezes o vetor y.

2. O modelo de Leontief para preços

Supomos que cada produto gera uma margem de lucro dada por m_1 para o produto x_1 e m_2 para x_2.

O preço de x_1 é dado por:

$p_1 = a_{11}p_1 + a_{12}p_2 + wL_1 + m_1$

E o preço de x_2 é dado por:

$p_2 = a_{12}p_1 + a_{22}p_2 + wL_2 + m_2$

Ou seja, o preço de p_1 é igual aos custos de produção dados pelos coeficientes técnicos de utilização de x_1 e x_2 vezes os respectivos preços unitários, mais o salário w vezes o coeficiente de mão de obra mais uma margem m_1.

Em termos matriciais, podemos escrever o vetor de preços como

$$p(I-A) = w.L + m$$

$$(p1 \quad p2) \begin{pmatrix} 1-a11 & a12 \\ a21 & 1-a22 \end{pmatrix} = w\,(L1 \quad L2) + (m1 \quad m2)$$

Onde p é um vetor linha de preços e m um vetor linha das margens.

Resolvendo para p, podemos escrever o vetor de preços como:

$$P = (w_1 + m)\,(I-A)^{-1}$$

$$(p1 \quad p2) = [(wL1 \quad wL2) + (m1 \quad m2)].\left[\tfrac{1}{det\,(I-A)}\begin{pmatrix} 1-a22 & -a12 \\ -a21 & 1-a11 \end{pmatrix}\right]$$

Ou seja, o vetor de preços é dado por $(w_1 + m)$ vezes o inverso de $(I-A)$.

3) O deflator implícito do produto pode ser definido como:

$$P = py/p_0.y$$

Isto é, o valor do produto nacional py medido a preços correntes sobre o valor do produto nacional a preços do período inicial, p_0.

Podemos escrever

$$py = p(I-A)x = (w_1 + m)\,(I-A)^{-1}.\,(I-A)x = (wL + m)x$$

$$p = (p1 \quad p2) . \begin{pmatrix} y1 \\ y2 \end{pmatrix} = (wL2 + m1 \quad wL1 + m2) . \begin{pmatrix} x1 \\ x2 \end{pmatrix}$$

A derivada de $py/p_0.y$ com relação a qualquer margem, levando em conta os efeitos diretos e indiretos, é dada por $x_i/p_0.y$, isto é, pela participação da produção bruta do produto cujo preço foi aumentado no produto nacional.

Notas

INTRODUÇÃO [pp. 11-16]

1. Para Marx, a mercadoria é que define a economia capitalista. Para Michel Aglietta e André Orléan, não há mercadoria sem dinheiro.

2. Existia dinheiro na Antiguidade, mas não tinha a importância nem desempenhava o papel que desempenha nas economias capitalistas.

3. Eugene Fama, Robert Shiller e Lars Peter Hansen. Fama e Hansen são da Universidade de Chicago e Schiller, da Universidade de Yale.

4. Deirdre N. McCloskey, "The Rhetoric of Economics". *Journal of Economic Literature*, v. 21, n. 2, pp. 482-517, jun. 1983. Para abalar ainda mais a postura conservadora da economia, Donald McCloskey submeteu-se a uma operação e transformou-se em mulher, Deirdre McCloskey.

I. O DEBATE ENTRE KEYNES, OS CLÁSSICOS E SEUS HERDEIROS

1. A SÍNTESE NEOCLÁSSICA [pp. 19-22]

1. Nicholas Wapshott, *Keynes Hayek: The Clash That Defined Modern Economics*. Nova York: W. W. Norton & Company, 2011.

2. Sigla em inglês para "Investment Saving-Liquid preference Money supply".

3. John R. Hicks, "Mr. Keynes and the 'Classics': A Suggested Interpretation". *Econometrica*, v. 5, n. 2, pp. 147-59, abr. 1937.

4. Rudiger Dornbusch e Stanley Fischer, *Macroeconomia*. 5. ed. São Paulo: Makron Books do Brasil, 1991.

5. Paul Samuelson, *Introdução à análise econômica*. Rio de Janeiro: Agir, s.d. 2 v.

2. O PRODUTO NACIONAL [pp. 23-7]

1. Leda Paulani, *Do conceito de dinheiro e do dinheiro como conceito*. São Paulo: IPE-USP, 1992. Tese (Doutorado em Teoria Econômica).

2. A renda nacional é medida pela renda dos fatores. O produto nacional pelo valor da produção. Existe uma diferença entre os dois: os impostos indiretos que modificam o preço dos produtos e não fazem parte das rendas, isto é, da renda nacional.

3. O LADO REAL [pp. 28-32]

1. A soma de um número infinito de parcelas que crescem multiplicadas por um número menor do que 1, que chamamos de r, é dada por $1/(1 - r)$.

4. O LADO MONETÁRIO [pp. 33-6]

1. Michel Aglietta e André Orléan, "Prefácio". In: _____. *A violência da moeda*. São Paulo: Brasiliense, 1990.

6. DESEMPREGO E SALÁRIOS NOMINAIS RÍGIDOS [pp. 42-4]

1. Paul Davidson, "Money and the Real World". *The Economic Journal*, v. 82, n. 325, pp. 101-15, mar. 1972.

7. COMO SE FAZ POLÍTICA MONETÁRIA NOS MODELOS DOS ECONOMISTAS [pp. 45-50]

1. A base monetária é o resultado do total do papel (*PME*) menos o caixa que o Banco Central mantém. O papel-moeda emitido menos esse caixa do Banco Central é chamado de papel-moeda em circulação (*PMC*), que é o total emiti-

do, impresso e assinado pelo ministro da Fazenda e pelo presidente do Banco Central, mas que não saiu do Banco Central.

Os bancos comerciais fazem depósitos no Banco Central chamados de reservas. Uma parte dessas reservas é compulsória (RC), fixada como porcentagem dos depósitos privados nos bancos comerciais. O Banco Central exige uma quantidade mínima de depósitos dos bancos privados no Banco Central para garantir a liquidez dos bancos comerciais. Outra parte é voluntária (RV), mantida no Banco Central por decisão autônoma dos bancos comerciais. Assim, do total do papel-moeda emitido, uma parte fica no Banco Central mesmo.

A parte que sai do Banco Central e vai para os bancos comerciais ou para as pessoas é chamada de papel-moeda em circulação. Subtraindo do papel-moeda emitido o que fica no Banco Central e nos bancos comerciais, temos o papel-moeda em poder do público ($PMPP$).

Portanto, o Banco Central deve ao setor privado o total emitido menos o que não saiu do Banco Central. O papel-moeda em circulação é a base monetária (B). O resto é o papel-moeda emitido que finalmente fica em poder do setor privado não bancário, isto é, o papel-moeda em poder do público ($PMPP$). Podemos apresentar o raciocínio como a seguir:

1. Papel-moeda emitido (PME) — Papel-moeda impresso e assinado pelo ministro da Fazenda e pelo presidente do Banco Central.

2. Papel-moeda em circulação (PMC) — Papel-moeda emitido menos o caixa do Banco Central. Papel-moeda emitido que saiu do Banco Central.

3. Papel-moeda em poder do público ($PMPP$) — Papel-moeda em circulação menos reservas compulsórias ou voluntárias dos bancos comerciais.

Assim, a base monetária é dada por

$$B = PMC = (RV + RC) + PMPP$$

PMC ou a base monetária é o montante líquido que o Banco Central deve ao setor privado. Ele é resgatado ou pago com o mesmo instrumento, isto é, só pode ser pago por ele mesmo, reais pagos por reais.

O que é o dinheiro, ou seja, o ativo mais líquido da economia, que pode ser trocado por outros ativos a um preço fixo e imediatamente?

A resposta depende do momento específico que a economia e o setor financeiro estão vivendo. Durante uma crise bancária e num período em que bancos podem falir, dinheiro é apenas o papel-moeda em poder do público. No período do padrão-ouro, dinheiro era apenas o ouro, embora houvesse papel-moeda emitido como "vale-ouro", ou seja, como comprovante de ouro depositado no Banco Central ou no próprio banco comercial que emitiu o "vale-ouro". O dinheiro seria o ouro mais os "vales-ouro".

No século XX, depois da Segunda Grande Guerra, dinheiro foi definido como papel-moeda em poder do público mais os depósitos à vista junto ao sistema bancário.

Assim, a oferta de moeda (M) é dada por $M = PMPP + DV$. A definição não é apropriada para os dias atuais, quando temos títulos públicos de curto prazo e alta liquidez, cartões de crédito que garantem um certo montante de crédito aos portadores, depósitos de poupança que podem ser sacados em qualquer data etc. Hoje, a definição de moeda como papel-moeda em poder do público mais depósitos à vista seria inadequada.

Se a aceitamos como ponto de partida para a exposição, como é possível que o Banco Central controle M se tem poder apenas para controlar a base, B? O Banco Central controla

$$B = PMC = (RV + RC) + PMPP$$

e a oferta de dinheiro é dada por

$$M = PMPP + DV$$

A resposta pode ser dada de forma simplificada com as seguintes hipóteses:

1) suponhamos que as pessoas mantêm em caixa uma proporção a dos depósitos à vista, i.e.,

$$PMPP = a.DV;$$

2) que os bancos mantenham no Banco Central uma proporção b dos depósitos à vista de forma voluntária e c como reservas compulsórias, i.e.,

$$RV = b.DV \text{ e } RC = c.DV$$

3) então

$$M = PMPP + DV = a.DV + DV = (1+a)DV$$

e a base

$$B = PMPP + RV + RC \text{ ou } B = (a + b + c)DV$$

4) dividindo M por B temos

$M/B = [(1 + a)/(a + b + c)]$

ou

$M = [(1 + a)/(a + b + c)].B$

ou seja, o Banco Central controla B, que, multiplicada pelo coeficiente acima, resulta na oferta de meios de pagamento. O coeficiente é chamado de multiplicador da base monetária.

O controle da liquidez é indireto. Além disso, as proporções a, b e c dependem da taxa de juros. Quando as taxas de juros são muito baixas, os bancos não emprestam dinheiro e mantêm uma grande proporção dos depósitos à vista como reserva, ou seja, b aumenta e o multiplicador da base se reduz.

Se M é igual a papel-moeda em poder do público mais depósitos à vista, o sistema bancário privado cria moeda, isto é, cria depósitos à vista.

80 + 80% de 80
+ 80% de 80% de 80
+ 80% de 80% de 80% de 80
+ ...

soma de um número infinito de parcelas cada vez menores. O total dessa soma é dado por $100/(1 - 0,8) = 100/0,2 = 500$. Os cem reais iniciais de depósitos gerarão quinhentos reais de depósitos se as reservas mantidas por cada banco forem de 20%.

Esse cálculo é apenas um exemplo. Na fórmula apresentada acima, a taxa de reservas voluntária mais reservas compulsórias seria de 20%. Foi apresentada para chamar atenção para o papel dos bancos privados na criação de moeda. Os coeficientes $b + c = 0,20$ não são fixos, nem a multiplicação de depósitos é automática; $b + c$, a parcela dos depósitos não emprestada, depende das taxas de juros. Em momentos de incerteza, são os bancos que procuram se resguardar, já que o rendimento dos empréstimos será muito baixo. As reservas serão muito altas e a criação de depósitos, muito pequena. Em momentos de expansão, acontecerá o contrário: $b + c$ será muito baixo, e os bancos criarão muita moeda.

A ligação apresentada entre base monetária e oferta de meios de pagamento é bastante simplificada.

2. Onde M é a oferta de meios de pagamento.

3. James Tobin, "Commercial Banks as Creators of "Money"". In: _____. *Essays in Economics*. Chicago: Markham Publishing Co., 1971. v. 1: *Macroeconomics*.

4. Marcos Antonio Macedo Cintra e Aline Regina Alves Martins (Orgs.). *As transformações no sistema monetário internacional*. Brasília: Ipea, 2013.

8. A REAÇÃO MONETARISTA [pp. 51-6]

1. Milton Friedman, "The Quantity Theory of Money: A Restatement". In: Richard S. Thorn (Ed.). *Monetary Theory and Policy: Major Contribution to Contemporary Thought*. Nova York: Random House, 1966, e Milton Friedman, *Studies in the Quantity Theory of Money*. Chicago: University of Chicago Press, 1956.

9. A QUANTIDADE ÓTIMA DE DINHEIRO PARA OS MONETARISTAS: UMA PROPOSTA RADICAL [pp. 57-9]

1. Martin J. Bailey, "The Welfare Cost of Inflationary Finance". *Journal of Political Economy*, v. 64, n. 2, pp. 93-110, abr. 1956.

10. MOEDA E CRÉDITO [pp. 60-5]

1. James Tobin, "Money, Capital, and Other Stores of Value". *American Economic Review (Papers and Proceedings)*, v. 51, n. 2, pp. 26-37, maio 1961.

2. John G. Gurley e Edward S. Shaw, *Money in a Theory of Finance*. Washington: Brookings Institution, 1960.

3. O estoque de moeda, o saldo médio de depósitos à vista no banco, é dado por Y, o gasto mensal, dividido por dois, se esse saldo for mantido durante um mês. Quem ganha cem reais por mês e deixa esse dinheiro no banco para ir sacando diariamente tem um saldo inicial de cem e um saldo de zero no final do mês. O saldo médio é de 100 + 0 dividido por dois. Se deixar no banco apenas cinquenta como depósito à vista e cinquenta aplicados em algum ativo que renda juros, gasta os cinquenta nos primeiros quinze dias. Depois saca os cinquenta que deixou aplicados, transfere para os depósitos à vista e no fim do mês tem zero. O saldo médio nos primeiros quinze dias é de 50 + 0 dividido por dois. Nos quinze dias seguintes, novamente 50 + 0 dividido por dois. Durante o mês man-

teve um saldo médio de 25. De forma geral, o saldo médio em depósitos à vista é dado por $Y/2n$, em que *n* é o número de vezes que as aplicações financeiras são resgatadas e deixadas como depósito. Ou seja, é igual ao que vai gastar por mês, Y, dividido por dois, vezes o número de vezes que vai ao banco.

Ao manter esse saldo, deixa de ganhar juros *i* sobre o saldo médio. O custo médio de manter o saldo médio $Y/2n$ é dado por $i(Y/2n)$. Supõe que o custo de transferir o dinheiro aplicado e rendendo juros para os depósitos à vista é dado pelo custo de transação (*ct*).

O custo de manter um saldo médio de $Y/2n$ no banco é dado por:

Custo total de manter um depósito: $i(Y/2n) + n.ct$

Ou seja, é igual aos juros que deixa de ganhar mais o custo de ir ao banco *n* vezes. Minimizando esse custo total com relação ao número de vezes que vai ao banco, chega-se ao saldo médio ótimo, que é dado por:

Saldo médio ótimo $=\sqrt{(y.ct/2i)}$

Portanto, a demanda de moeda por transação é função da renda ou do gasto mensal e uma função inversa da taxa de juros. A elasticidade-renda da demanda de moeda para transações é 0,5 e a elasticidade-juros é negativa. Mesmo sem considerar a especulação, a demanda de moeda varia inversamente com relação à taxa de juros.

4. James Tobin, "Liquidity Preference as Behavior towards Risk". *Review of Economic Studies*, v. 25, n. 1, pp. 65-86, fev. 1958.

11. A REAÇÃO NOVO-CLÁSSICA [pp. 66-71]

1. Thomas J. Sargent e Neil Wallace, "Some Unpleasant Monetarist Arithmetic". The Federal Reserve Bank of Minneapolis *Quarterly Review*, v. 5, n. 3, pp. 1-17, 1981, incluído em Thomas J. Sargent, *Rational Expectations and Inflation*. 2. ed. Nova York: Harper Collins, 1993.

12. A NOVA POLÍTICA MONETÁRIA: O REGIME DE METAS DE INFLAÇÃO [pp. 72-8]

1. Michael Woodford, *Interest and Prices: Foundations of a Theory of Monetary Policy*. Princeton, Nova Jersey: Princeton University Press, 2003.

13. OS NOVOS KEYNESIANOS [pp. 79-81]

1. William Darity Jr. e Warren Young, "On Rewriting Chapter 2 of The General Theory: Keynes' Concept of Involuntary Unemployment". In: Geoff C. Harcourt e Peter Riach (Orgs.). *A 'Second Edition' of The General Theory*. Londres: Routledge, 1997, pp. 20-8.

II. BANCO CENTRAL, MERCADOS MONETÁRIOS E MERCADOS FINANCEIROS

18. A HIERARQUIA DOS DINHEIROS [pp. 100-3]

1. Perry G. Mehrling, "Economics of Money and Banking", Barnard College, Columbia University. Disponível em: <https://www.coursera.org/course/money> (Parte 1) e <https://www.coursera.org/course/money2> (Parte 2).

19. A PRODUÇÃO DE LIQUIDEZ — OS DEALERS [pp. 104-8]

1. Este capítulo se baseia no curso "Economics of Money and Banking", do professor do Barnard College da Columbia University Perry Mehrling, disponível no site coursera.org.
2. Ver, a respeito, Jack L. Treynor, "The Economics of the Dealer Function". *Financial Analysts Journal*, v. 43, n. 6, pp. 27-34, nov./dez. 1987.

III. O QUE É DINHEIRO?

20. O QUE É DINHEIRO — KEYNES E KALDOR [pp. 111-6]

1. Nicholas Kaldor, *Essays on Economic Stability and Growth*. Londres: Gerald Duckworth and Co., 1960, citado em Leda Paulani, op. cit.

24. O QUE É DINHEIRO? GEORG SIMMEL [pp. 133-6]

1. Georg Simmel, *The Philosophy of Money*. Nova York: Routledge, 2011. (Routledge Classics).

2. As hipóteses dos modelos microeconômicos que supõem custos crescentes do lado da produção e preferência pela diversificação do lado dos consumidores garantem que os conjuntos de possibilidades de produção e de preferências dos consumidores sejam convexos. Com essas hipóteses, possibilidades de produção e preferências dos consumidores podem ser separadas por um vetor de preços que permite harmonizar decisões individuais. Ver, a respeito, Tjalling C. Koopmans, *Three Essays on the State of Economic Science* (Nova York: McGraw-Hill, 1957).

25. ARQUEOLOGIA DO DINHEIRO [pp. 137-40]

1. Karl Polanyi, *A grande transformação*. Rio de Janeiro: Campus, 1980. O capítulo está baseado no livro *Primitive, Archaic, and Modern Economies: Essays of Karl Polanyi*. Org. de George Dalton. Garden City, Nova York: Anchor Books, 1968.

2. Andréa C. G. Fernandes, *Ação econômica e ordem social na economia política clássica*. São Paulo: IPE-USP, 1995. Dissertação de Mestrado.

3. Milton Friedman, *Money Mischief: Episodes in Monetary History*. San Diego: Harvest Books/Harcourt and Brace Co., 1994.

26. O DINHEIRO EM MARX [pp. 141-2]

1. Apesar de instado a ler por Joan Robinson.

2. Redimir uma dívida é pagá-la. A palavra redenção ou salvação representa no mundo religioso o fim último da existência humana. No mundo do dinheiro, a salvação ou redenção se refere ao fim último da atividade econômica — o dinheiro?

3. Leda Paulani, op. cit.

27. O DINHEIRO COMO MITO [pp. 143-8]

1. Roland Barthes, *Mythologies*. Paris: Seuil, 1957. O capítulo é baseado no capítulo "Mythologies" do livro que tem o mesmo nome.

2. Mito é uma narração identitária, na qual as personagens são geralmente

deuses ou outros seres sobrenaturais cujos feitos fazem parte da cosmovisão de uma determinada comunidade. Segundo Manuel Antunes, na sua Teoria da Cultura, o mito pode ser entendido como uma história de fundo lendário, em que determinada sociedade ou grupo faz assentar as suas concepções do mundo e da vida, os seus sentimentos, os seus usos e costumes, as suas instituições.

Alexandre Parafita reforça essa teoria reconhecendo que os mitos, enquanto narrações identitárias, são alegorias reinventadas pelos povos para perpetuar as suas verdades e os seus conhecimentos, expressando e justificando princípios, referências históricas e geográficas, conceitos morais, filosóficos ou teológicos.

Para esse etnólogo, que estuda os mitos populares portugueses no seu contexto de uso, é frequente o mito ser confundido com a lenda, devendo fazer-se a distinção com base na ritualização presente ou passada das narrações. Isso porque só há mito onde há rito. "A lenda não se ritualiza. Se tal acontece, então não é lenda, é mito. O rito ilustra-o e dá-lhe sentido. Através das repetições rituais, o mito materializa-se e as comunidades ganham a noção de pertença a um tempo cósmico que permanece por cumprir. Um tempo que, do passado longínquo, traz uma seiva identitária para dar vida e sentido ao presente e ao futuro." Ver Alexandre Parafita, *A mitologia dos mouros* (Porto: Gailivro, 2006). Citação do verbete "Mito narrativo" da Wikipédia.

3. Roland Barthes, op. cit.
4. Roland Barthes, op. cit.
5. O Copom se reúne a cada 45 dias e publica a ata da reunião alguns dias depois. A ata é destrinchada minuciosamente pelos analistas do mercado financeiro.
6. Roland Barthes, op. cit.
7. Roland Barthes, op. cit.
8. Conforme Barthes, op. cit., p. 196.
9. Georg Simmel, *The Philosophy of Money*. Org. de David Frisby. Nova York: Routledge and Kegan Paul, 1991.
10. Roland Barthes, op. cit.
11. Roland Barthes, op. cit.
12. Roland Barthes, op. cit.

28. ANTROPOLOGIA DO DINHEIRO — A VIOLÊNCIA DA MOEDA E O DESEJO DOS OUTROS [pp. 149-56]

1. René Girard, *La Violence et le sacré*. Paris: Grasset, 1972. pp. 63-4.
2. Michel Aglietta e André Orléan, *A violência da moeda*. São Paulo: Brasiliense, 1990.
3. Frase atribuída a Nietzsche, sobre os utilitaristas.

4. Frase de um empresário ao discutir a construção de um "índice de felicidade".
5. Michel Aglietta e André Orléan, op. cit.
6. Michel Aglietta e André Orléan, op. cit.

IV. EVENTOS ESPETACULARES

30. OS CUSTOS DA INFLAÇÃO [pp. 167-74]

1. Ver Bayle, op. cit.
2. James Tobin, Presidential Address at Annual Meeting of American Economic Association, New Orleans, *American Economic Review*, *(Papers and Proceedings)*, dez. 1971.

31. A HIPERINFLAÇÃO ALEMÃ: 1920-3 [pp. 175-83]

1. Gustavo Franco, *Hyperinflations — The experience of the 20s reconsidered*. Cambridge, Massachusetts: Harvard University, 1986. Tese de Doutorado. Mimeo. Caps. 2, 4, 6 e 7.
2. David E. W. Laidler, *The Golden Period of the Quantity Theory: The Development of Neoclassical Monetary Economics, 1870-1914*. Nova York: Prentice Hall, 1993.
3. John Maynard Keynes, *As consequências econômicas da paz*. Brasília: Imprensa Oficial do Estado, 2002.
4. Erich Maria Remarque, *Os três camaradas*. Mem Martins, Sintra: Publicações Europa-América, 1977.
5. Constantino Bresciani-Turroni, *The Economics of Inflation*. Londres: John Dickens & Co., 1968.
6. Phillip Cagan, "The Monetary Dynamics of Hyperinflation". In: Milton Friedman (Org.). *Studies in the Quantity Theory of Money*. Chicago: University of Chicago Press, 1956, também em: José Márcio Rego (Org.), *Hiperinflação, algumas experiências*. Pref. de Luiz Gonzaga Belluzzo. Rio de Janeiro: Paz e Terra, 1988.
7. Milton Friedman, "The Quantity Theory of Money — A Restatement", op. cit.
8. Albert O. Hirschman, *The Passions and the Interests: Political Arguments for Capitalism before Its Triumph*. Princeton, New Jersey: Princeton University Press, 1977.
9. Gustavo Franco, op. cit.
10. A conclusão de Franco pode ser expressa com conceitos da teoria mo-

netarista. Sobre a curva de demanda de moeda, a taxa de inflação esperada é igual à taxa de inflação ocorrida, isto é,

$$\Delta Pe/Pe = \Delta P/P$$

como $\Delta P/P = \Delta M/M$, pois em equilíbrio a inflação observada é igual à taxa de crescimento da oferta de meios de pagamento. Multiplicando $\Delta M/M$ por M/P, temos

$$\Delta Pe/Pe..(P/M) = \Delta M/M\,(P/M)$$

Ou

$$\Delta Pe/Pe(M/P) = \Delta M/P$$

O lado esquerdo dessa igualdade é o imposto inflacionário. E o lado direito, o ganho de senhoriagem, o poder real de compra de mais emissão.

Sobre a curva de demanda de moeda, os ganhos de senhoriagem são iguais ao imposto inflacionário. Pontos abaixo da curva, o ganho de senhoriagem é menor do que o imposto inflacionário. Pontos acima da curva, o ganho de senhoriagem é maior do que o imposto inflacionário.

Nos pontos acima da curva de demanda, $\Delta Pe/Pe$ é maior do que $\Delta M/M$. Nesses pontos a moeda se expande em x% e a inflação esperada aumenta mais do que x%. O Banco Central emite e gera uma expectativa de inflação maior do que a que deveria ser esperada pela emissão adicional. A demanda de moeda cai, o imposto inflacionário cai. O ganho de senhoriagem é compensado por uma diminuição maior da demanda de moeda, o que reduz o total de recursos arrecadados pelo governo com emissão.

Como poucos países estavam em pontos acima da curva, a conclusão de Cagan não se segue. Não foi o controle do déficit público que acabou com a hiperinflação na Alemanha e em outros países.

32. A GRANDE DEPRESSÃO DE 1930 [pp. 184-93]

1. Celso Furtado, *Formação econômica do Brasil*. São Paulo: Companhia das Letras, 2007.

2. Getúlio Vargas, *Diário*. Rio de Janeiro: Siciliano/FGV, 1995. v. 1.

3. Charles Kindleberger, *The World in Depression: 1929-1939*. Berkeley: University of California Press, 1973.

4. Liaquat Ahamed, *Lords of Finance: The Bankers Who Broke the World*. Nova York: Penguin, 2009.

5. Milton Friedman e Anna J. Schwartz, *A Monetary History of the United States — 1867-1960*. Princeton, Nova Jersey: Princeton University Press, 1963.

6. Barry Eichengreen, "Introdução". In: _____. *Golden Fetters: The Gold Standard and the Great Depression, 1919*-1939. Nova York: Oxford University Press, 1992.

7. Nicholas Wapshott, op. cit.

8. Michał Kalecki, "Political Aspects of Full Employment". In: E. K. Hunt e Jessie G. Schwartz (Orgs.). *A Critique of Economic Theory*. Londres: Penguin, 1972.

33. A INFLAÇÃO LATINO-AMERICANA [pp. 194-9]

1. Lênin afirmava que a inflação era a pior inimiga do capitalismo.

2. Affonso Celso Pastore, em *A resposta da produção agrícola aos preços no Brasil* (São Paulo: FEA-USP, 1969. Tese de Doutorado), mostra que a oferta agrícola tem elasticidade e responde aos preços estimando as ofertas com expectativas adaptativas e usando o método de máxima verossimilhança, e João Sayad, em *Inflação e agricultura* (São Paulo: FEA-USP, 1982. Tese de Livre-Docência), argumenta que o impacto dos preços agrícolas na inflação depende não só da elasticidade da oferta agrícola como também da participação dos alimentos nos salários.

3. Antônio Delfim Netto, *O problema do café no Brasil*. São Paulo: Unesp, 2009.

4. Julio H.G. Olivera, "La inflación estructural y el estructuralismo latinoamericano". *Oxford Economic Papers*, v. 16, n. 3, pp. 331-52, nov. 1964.

5. Chamamos de "plasticidade" a curvatura menor das curvas de possibilidades de produção, isto é, a produção de um bem pode aumentar ou diminuir com custos menos crescentes.

34. NÃO EXISTE INFLAÇÃO DE CUSTO [pp. 200-4]

1. William Brainard e Michael C. Lovell, "Some Simple Propositions Concerning Cost-Push Inflation". *American Economic Review*, v. 56, n. 4, pp. 858-66, set. 1966.

2. O aumento de custos será multiplicado por $1/(1-a)$, em que a é a participação dos preços corrigidos pelo índice geral de preços.

35. A INFLAÇÃO BRASILEIRA [pp. 205-12]

1. O IGP é o resultado da média de três índices: o índice de custo de vida na cidade do Rio de Janeiro, o índice de preços por atacado e o índice do custo de construção. No início do cálculo foram atribuídos pesos arbitrariamente para a média ponderada desses três índices. O índice do custo de construção entra no índice geral como uma medida do preço dos ativos (imóveis). O IGP, portanto, mede a inflação dos preços de consumo corrente e dos preços dos ativos. Como considera o índice de custo de vida e o índice de preços por atacado, faz dupla contagem de vários preços — gasolina e petróleo, aço e automóveis, trigo e pão, como exemplos.

36. O PLANO DE AÇÃO ECONÔMICA DO GOVERNO (PAEG) E A INDEXAÇÃO [pp. 213-7]

1. O BNH foi extinto em 1986 como parte das reformas do Plano Cruzado.

37. A ECONOMIA INDEXADA [pp. 218-28]

1. Isso pode ser visto com a expressão a seguir. Podemos classificar os preços em dois grupos: os preços não indexados (agricultura, por exemplo) e os preços indexados (tarifas de serviços públicos, correções salariais, aluguéis etc.). Suponhamos que a participação dos preços indexados no índice geral de preços seja a, e o grau de perfeição (frequência e defasagem) vamos chamar de q. O índice geral de preços pode ser expresso então por

$$P = a.q.p_i + b.p + c$$

em que p_i são os preços indexados, p, os preços não indexados, a e b a participação de cada um no índice geral de preços. E c são as pressões.

A taxa de inflação é dada pelo crescimento dos preços p, não indexados, e c, pressões externas de custo, multiplicados por $1/(1-aq)$. Se o multiplicador também varia no tempo, a taxa de inflação é dada pelo crescimento dos preços p e de c, ampliados pelo multiplicador. A aceleração da taxa de inflação é dada pelas taxas de crescimento de $1/(1-aq)$.

2. Em dezembro de 2013, o ministro da Fazenda, Guido Mantega, anunciou que adiaria a introdução de equipamento de segurança nos automóveis

nacionais por causa da inflação. De fato, carros com esse equipamento, ainda que representem vantagem importante para os compradores, elevariam a inflação, pois o preço desses carros seria comparado com o preço dos carros sem equipamento, e o índice que mede a inflação subiria. Houve uma tentativa de "administrar" o índice, ou o mito, para evitar que subisse. O mito do índice de inflação custaria menos segurança para os motoristas.

Nos Estados Unidos, em anos imediatamente após a guerra, argumentava-se que o índice de inflação superestimava a inflação, pois novos produtos de mais qualidade eram comparados com produtos mais antigos e de menos qualidade.

3. João Sayad, *Rural Credit and Real Rates of Interest*. São Paulo: FEA-USP, 1982. Mimeo.

38. DESINDEXAÇÃO OU INDEXAÇÃO TOTAL [pp. 229-35]

1. André Lara Resende e Persio Arida, *Inertial Inflation and Monetary Reform in Brazil*. Rio de Janeiro: PUC, 1984. Mimeo, e Persio Arida, *Inflação zero: Brasil, Argentina e Israel*. Rio de Janeiro: Paz e Terra, 1986.
2. Francisco Lafaiete Lopes, *O choque heterodoxo: combate à inflação e reforma monetária*. Rio de Janeiro: Campus, 1986.
3. "Tablita" foi o nome dado à correção da taxa cambial na Argentina anunciada previamente a níveis cada vez mais baixos para controlar a inflação. No Brasil, tablita é uma taxa de desconto aplicada a contratos com juros prefixados.
4. Persio Arida.

41. COMO AS TAXAS SELIC INFLUENCIAM A ECONOMIA [pp. 243-5]

1. Michael Woodford, op. cit.

43. REGIME DE METAS DE INFLAÇÃO E TAXAS CAMBIAIS FLUTUANTES [pp. 251-6]

1. Robert A. Mundell, "The Monetary Dynamics of International Adjustment under Fixed and Flexible Exchange Rates". In: _____. *International Economics*. Nova York: Macmillan, 1968, pp.152-76.
2. Paul Samuelson, *Introdução à análise econômica*. Rio de Janeiro: Agir, 1992.

44. MUDANÇA DE REGIME: UM EXEMPLO PRÁTICO DO QUE É DINÂMICA [pp. 257-9]

1. No tempo das taxas cambiais fixas no Brasil, até 1998, dizia-se que os exportadores sempre achavam que a taxa cambial estava sobrevalorizada em 30%.

46. O SISTEMA FINANCEIRO INTERNACIONAL DEPOIS DE 1973 [pp. 264-73]

1. Mas é uma inovação financeira real. No modelo que apresentamos sobre a demanda de moeda e os custos de transação com os cartões de débito, o custo de ir ao banco é zero.

48. A REGULAMENTAÇÃO E A DESREGULAMENTAÇÃO DOS MERCADOS FINANCEIROS [pp. 281-3]

1. Ronald MacKinnon, *Money and Capital in Economic Development*. Washington: Brookings Institution, 1973.

Índice remissivo

Abolição da escravatura (1888), 34
ações, 31, 36, 52-3, 61, 63-5, 69-71, 76, 78, 92, 94, 105, 114, 163, 186, 187, 244-5, 248, 270, 272, 274, 282
Acordo de Bretton Woods, 40, 45, 51, 66, 192, 265, 267, 269, 272
açúcar, 303
acumulação de capital/ riqueza, 25, 122-3, 126, 137-8, 186-8, 190, 265, 268-9, 278, 302, 303, 307
administração pública, 309-10
África, 194, 234, 304
Agência de Reparações, 177
Aglietta, Michel, 155, 317-8n, 326-7n
agricultura/ agricultores, 138, 153, 176, 186, 191, 195-8, 201-2, 216, 223-4, 229, 238, 250, 254, 275, 329-30n
AIG (seguradora), 76, 279
Alcorão, 276
Alemanha, 20, 49, 52, 131, 152, 174-8, 180-3, 188-9, 191, 216, 264, 267-8, 289, 291, 305-6, 328n

algoritmos, 117-8
Aliados (Primeira Guerra Mundial), 175-6, 264
Aliados (Segunda Guerra Mundial), 205
alimentos, 78, 123, 199, 261, 304, 329n
alíquotas, 67, 179
aluguéis, 26, 31, 78, 216, 231, 330n
Amazon, 94, 118
ambientais, problemas, 135
América Central, 24
América espanhola (século XVI), 160
América Latina, 52, 67, 174, 177, 194-5, 198-9, 201, 298-9
American Finance Association, 106
anglo-saxão, economia como um campo de conhecimento, 197
animal spirits, 21, 83
antropologia do dinheiro, 149-56
aplicações, 35, 43, 92, 95, 101, 103, 107, 240, 244-5, 271-2, 276-8, 323n
aquecimento global, 135

Aranha, Osvaldo, 185
argent, 130
Argentina, 128, 152, 173-4, 178, 331*n*
arqueologia do dinheiro, 137-40
artesãos, 133
Ásia, 138, 194; *ver também* Sudeste Asiático
ativos financeiros, 26, 48, 52, 58, 62-4, 85, 89, 102, 104, 106, 108, 129, 163, 167-8, 215, 223, 227, 230, 234, 254, 261-2, 274, 276-7, 279, 281, 291-2, 297, 305-6
Áustria, 175
automóveis, 24, 78, 124, 202, 206, 258, 330-1*n*
autoridades econômicas, 71, 76-7, 308

Bagehot, Walter, 91, 102
Bailey, Martin, 260
Baker, James, 237
balanço de pagamentos, 59, 85, 91, 165, 186-9, 191, 246-8, 250-5, 258, 266, 285, 289, 297
bananas, 24, 249
Banco Central, 38-9, 46-9, 55-6, 63-4, 70, 72-7, 90-3, 95, 100-2, 106-8, 118, 122, 125, 127, 129, 159, 161-5, 171-2, 180-1, 199, 214, 218, 225, 227, 230, 232, 238-42, 245-6, 248, 251, 253, 257, 260, 262, 271, 278, 282-3, 287-91, 299, 318-21*n*, 328*n*
Banco da Inglaterra, 12, 45, 90-1, 100, 102, 114, 145, 186, 214
Banco de Compensações Internacionais *ver* BIS
Banco do Brasil, 45, 214, 299
Banco dos Estados Unidos, 299
Banco Nacional (Brasil), 93

bancor (moeda internacional), 58-9, 309
bancos, 11, 31, 36, 39, 46-51, 55, 60-1, 66, 72-3, 75, 85, 90-3, 97-8, 100-2, 105, 107-8, 118, 123, 129, 144, 160-2, 164, 170, 172, 176, 186-8, 196, 199, 201, 216, 224-5, 234, 240-1, 244-5, 249, 254, 258, 261, 264, 267, 269-71, 276-80, 282-3, 287-9, 291-3, 305-6, 319-21*n*
Bankers Trust, 186
Banking School, 89-91, 156, 297
banqueiros, 83, 186
Barro, Robert, 68
base monetária, 46-9, 55, 68, 72, 74, 101, 126, 161-4, 180, 234-5, 261, 299, 318-9*n*, 321*n*
Basileia I, II ou III (regras do BIS), 276
Bavária, 177
BBB (rating dos papéis brasileiros), 277
BCE (Banco Central Europeu), 289
Beethoven, Ludwig van, 15
beggar-thy-neighbor, 191
Bélgica, 174
bem-estar coletivo, 24, 82
bens de capital, 78, 192
Bíblia, 143, 276
bid price, 105
bills, 163, 279
BIS (Bank of International Settlements), 270, 276
bitcoins, 117-9
Black, Fischer, 106
Black-Scholes, equação de, 106
BNH (Banco Nacional da Habitação), 214, 330*n*
bolsas de valores/ mercadorias, 76, 121, 123, 125, 127-8, 184-7, 270
bonds, 52, 63, 272, 278-80, 282

Bósnia, 175
bradies, 237, 278
Brady, Nicholas, 183, 278
Brainard, William, 201, 329n
Brasil, 11, 20, 24, 34, 45, 67, 72, 76, 90, 92-3, 101-2, 104, 131, 145, 152, 167, 169-70, 172-4, 177-8, 180-2, 185, 189, 196, 201, 206-7, 214, 237, 240, 241, 250-1, 254, 258, 260, 278-9, 281, 284-8, 298-9, 303, 306, 310, 318n, 328-9n, 331-2n; *ver também* economia brasileira
Brasília, construção de, 206
Bresciani-Turroni, Constantino, 177, 327n
Buenos Aires, Universidade de, 197
burgos medievais, 133
Bush, George W., 193

café, 24, 34, 185, 196, 303, 329n
Cagan, Phillip, 177-9, 181-2, 327-8n
Califórnia, 67
call price, 105
câmbio/ taxas cambiais, 21, 45-6, 51, 61, 75, 85, 90, 106, 113-4, 162, 168, 171, 182-3, 186, 188-92, 196, 199, 206, 214-6, 218, 221, 225, 228, 231-2, 236-40, 246-61, 265-7, 273, 284-6, 289, 298, 300, 309, 331-2n
Cambridge, Universidade de, 19
Camob (Caixa de Mobilização Bancária), 214
Campinas, Universidade de, 195
capital físico, 52
capital humano, 52
capitalismo, 14-5, 31, 83, 141, 307, 309, 311, 329n
Capone, Al, 185

Cardoso, Fernando Henrique, 173, 235, 240
Cared (Carteira de Emissão e Redescontos), 214
Caribe, 194-5
Carter, Jimmy, 66-7
cartões de crédito, 119, 121, 270, 320n
cash, 130
Castro, Antonio Barros de, 195
CDI (Certificados de Depósito Interbancário), 240, 271
CDS (*credit default swap*), 278-9
Cepal (Comissão Econômica para a América Latina e o Caribe), 194-5, 197
cestas básicas, 115, 123-7
Charles, príncipe de Gales, 152
Checoslováquia, 131, 175
Chicago, Universidade de, 26, 52, 54, 65, 68, 177, 317n
Chile, 152, 194, 216
China, 268-9, 273, 303
chuchu, preço inflacionado do, 221-2
cifrão/ *cifr*, 131
CIP (comissão interministerial de preços), 213
circulação de moeda, 33-5, 53-4, 83, 180
Citibank, 271, 279
City de Londres (centro financeiro), 186
clássicos, economistas, 11, 13-6, 21, 24-5, 30-3, 35-6, 42, 44, 53, 70, 74, 80, 82-3, 85, 115, 130, 137, 139, 142, 144, 159-60, 203, 215-6, 219, 224-6, 297, 300-1, 307-8
Clinton, Bill, 67
Colunas de Hércules (representadas no cifrão), 131

comércio internacional, 186, 189, 247-9, 266, 268, 271-2
Comício da Central do Brasil (1964), 206
commercial papers, 61
competitividade, 153
Comunidade Europeia, 287
concorrência, 153, 267
Congresso americano, 280
Conselho de Consultores Econômicos (EUA), 65
Conselho Monetário Nacional, 242
consumidores, 23, 27, 30, 32, 54, 63, 68, 71, 79, 82-3, 153, 195, 243, 280, 325n
consumo, 23-5, 28-33, 37-8, 42, 54, 78, 82-3, 126, 135, 138, 163, 186, 198-9, 202, 220, 243, 303, 313, 330n
contos (de réis), 131
controle de preços, 201, 203
Copom (Comitê de Política Monetária), 241-2, 326n
coronelismo, 196
corporações medievais, 133
correção monetária, 214, 216, 218, 223-4, 234, 236, 262
corrupção, 49, 206, 235, 310
credibilidade, 188, 190-1, 242, 264
Crédit Lyonnais, 271
crédito, 31, 36, 57, 60-1, 81, 84, 89-91, 94, 96, 98, 101-2, 107, 127-8, 144, 155-6, 161, 163, 186, 199-201, 244-5, 249, 253, 261-2, 271, 282, 290, 293, 298, 300, 303, 322n
credores, 168, 171-2, 232, 237, 261, 266
creeping inflation, 194, 198
crise asiática, 76
crise da bolsa de Nova York (1929), 184, 186

crise da dívida russa, 76
crise de 1930, 14, 16, 19, 21, 40, 117, 177, 184, 190, 280, 297
crise de 2007, 16, 50, 291
crise de 2007-8, 95, 117, 184, 274
crise de 2008, 45, 48-9, 71, 76, 98, 108, 193, 283, 288, 291, 303
crises financeiras, 11, 21, 76, 97-9, 117, 120, 128, 156, 186, 267, 283, 305, 308
Cristo *ver* Jesus Cristo
crowding out, 63-4
cruzados, 131-2, 231, 233-5; *ver também* Plano Cruzado
cruzeiros, 131-2, 216, 219, 230-2, 234, 237
currency, 130
Currency School, 89-91, 156, 297
curva de Phillips, 43, 74-5, 241, 242, 308
custos da inflação, 167, 169-71
CUT (Central Única dos Trabalhadores), 231

Dantas, Santiago, 206
Darity Jr., William, 79, 324n
Davi (Michelangelo), 83
Dawes, Charles, 182-3
De Gaulle, Charles, 267
dealers (agentes financeiros), 104-8, 244, 245, 277, 282-3, 324n
debêntures, 52, 61
déficit público, 39-40, 49, 51, 56, 66-7, 160-1, 164-5, 179-82, 185, 190-4, 199, 214, 230, 234, 239, 245, 247, 261, 265, 267-8, 299, 306, 328n
deflação, 23, 43, 58, 95, 120, 155-6, 160, 168, 172, 188-91, 200
demanda agregada, 26, 28-30, 32, 35,

37-40, 42, 51, 55, 58, 64, 70, 80, 85, 90, 128, 164, 194, 229, 232-3, 238, 243, 253, 280, 292
demanda de moeda/ demanda de dinheiro, 28, 33-5, 38, 52-3, 55, 58, 62, 78, 83, 160, 177-81, 243, 323n, 328n, 332n
democracia, 14, 308
democratas (americanos), 172, 192
denário (moeda romana), 130
derivativos, 61, 127, 278-9, 282-3
Derrida, Jacques, 16
desejos humanos, 149
desemprego, 14, 19-21, 23-7, 30, 36, 38, 42-4, 55, 74-6, 79-80, 85, 108, 117, 120, 124-8, 137, 146, 165, 167, 170, 172-3, 184, 188-92, 200, 242, 244, 254, 262, 265, 280, 290, 292, 298, 301, 306-10, 318n
desindexação, 236, 331n
desmatamento, 135
desregulamentação financeira, 92, 281, 332n
Dickens, Charles, 83
dívida externa, 49, 67, 183, 213, 231-2, 237, 278
dívida pública, 31, 40, 46, 48-50, 64, 68, 78, 101-2, 144, 161-4, 171-2, 190, 192, 214, 222-4, 232, 234, 236, 238-40, 244, 247, 260-2, 287-93
dobra/ dobrão (de réis), 131
dólar, 12, 35, 45, 46, 49, 51, 58, 61, 66, 100-1, 103-4, 106-7, 113-4, 118, 128-9, 131-2, 145-7, 160, 162, 172, 174, 176-7, 182-3, 186, 191-2, 197, 219, 231-2, 237-40, 246-7, 250-1, 253, 257-9, 261, 265-72, 274, 276, 278-9, 303
Dom Quixote (Cervantes), 150

Dutra, Eurico Gaspar, 205-6

economia americana, 36, 128, 173, 184, 266, 280
economia brasileira, 24, 148, 204, 215, 218, 227, 300
economia capitalista, 11, 13, 14, 16, 19-21, 24-7, 38, 41, 43-4, 54, 80, 82-4, 95, 97-9, 117, 120, 126, 128, 141-2, 153, 173, 175, 259, 283, 298, 302-3, 308-9, 311, 317n
economia clássica, 300-1
economia de mercado, 14
economia de trocas, 111, 120-2, 125-7, 310
economia indexada, 218-9, 221, 223-4, 226-7, 229, 330n
economia inglesa, 39
economia monetária, 84-5, 127, 141, 302
economia nominal, 94, 108
economias modernas, 61, 156
economistas, 11-3, 15-6, 20, 22, 44-5, 68, 80, 85, 90, 130, 135, 138, 147, 153-4, 156, 179, 181, 194-5, 197, 213-5, 241, 243, 248, 252, 281, 306, 318n
Édipo (personagem mitológica), 145, 149
ego (na psicanálise), 155
egoísmo, 137
Eichengreen, Barry, 187, 329n
elasticidade-renda, 55, 195, 303, 323n
eletrodomésticos, 78
Elizabeth, rainha da Inglaterra, 152
emprego, 12, 20, 23-4, 30, 35, 40, 43-4, 54, 58, 70, 77, 79, 89, 91, 99, 115, 136, 144, 167, 185, 191, 200, 242, 247, 259, 265-6, 269, 292, 297, 307

empresas, 23, 34, 39, 70, 76, 79, 91-2, 94-5, 98-9, 107-8, 153-4, 171-2, 180, 192, 201, 220, 244-5, 258-9, 274, 277-80, 285-6, 292

empréstimos, 39, 46-8, 51, 55, 58, 61, 81, 90-2, 94-5, 97-8, 101-2, 105, 107, 111-4, 122, 128-9, 161-2, 164, 186-7, 214, 224, 227, 232-4, 238, 245, 258, 271-2, 274, 276-82, 287-8, 321n

equipamentos, 33, 63, 122, 128, 206, 244

escassez, noção de, 137

Espanha, 160, 268, 288-9

especulação, 36, 69, 127-8, 187, 240, 248, 275, 323n

Estado de S. Paulo, O, 206

Estados Unidos, 45-6, 52, 55, 59, 63, 66-7, 73-4, 92, 101, 105, 118, 128, 149, 160, 164, 167, 170, 172-3, 176, 182, 185-6, 188, 190-1, 194, 197, 201, 203, 245-7, 262, 264-70, 273-6, 278-80, 299, 303, 305-6, 331n; *ver também* economia americana

Estatuto da Terra, 213

ética, 31, 192, 293, 309

etimologia das palavras moeda/ dinheiro, 130

euro, 16, 268-9, 272, 278, 284, 288-91

eurodólar, 281

Europa, 49-52, 60, 160, 171, 174, 176, 185-6, 190, 213, 262, 264, 267, 279, 288-91, 303, 305, 327n

expectativas adaptativas, 54, 68-9, 74, 171, 329n

expectativas racionais, 68-71, 76, 171, 242, 245, 298, 301

exportações, 21, 90, 102, 164, 185, 188, 196, 202, 214, 239, 249-50, 254, 268, 285, 303-4, 313

Facebook, 62

falências, 81, 91-2, 95, 98, 127, 187-8, 287

Fama, Eugene, 69, 317n

Fannie Mae (agência hipotecária), 280

FDIC (Federal Deposit Insurance Corporation), 278-9

Fed Funds, 73, 240

Federal Reserve (EUA), 45, 56, 61, 67-8, 75, 186-7, 240, 266, 271, 279-80, 282, 291, 299, 306, 323n

Fedra (personagem mitológica), 149

"felicidade, índices de", 154

feudal, sociedade/ senhor, 64, 133, 146, 159

FGV (Fundação Getulio Vargas), 148, 205, 214

fiat money, 57

Fiji, ilhas, 15

filosofia, 149, 243

finanças internacionais, 39, 187

Fipe (Fundação Instituto de Pesquisas Econômicas), 148

Fisher, Irving, 220

fluxos de caixa, 94, 107-8, 112-3, 171-2, 180, 244, 259, 283, 302

fluxos de fundos, 302

FMI (Fundo Monetário Internacional), 40, 51, 58, 172, 247, 265-6

food stamps, 192

Ford T (automóvel), 185

fóruns internacionais, 152

Foucault, Michel, 16

Fraga, Arminio, 240

França, 132, 152, 174-6, 182, 188-90, 264-5, 267-8, 272

Franco, Gustavo, 181, 327n
Franco, Itamar, 235
Franklin, Benjamin, 31-2
Freddie Mac (agência hipotecária), 280
Freud, Sigmund, 16, 149
Friedman, Milton, 27, 52-4, 74-5, 90, 139, 177, 186-7, 200-1, 225, 243, 248-9, 322n, 325n, 327n, 329n
Fundo de Compensações da Variação Salarial, 224
Fundo Garantidor de Crédito (Brasil), 279, 288
Fundo Monetário Internacional *ver* FMI
fundos de pensão, 254, 277, 306
Furnas, Usina de, 206
Furtado, Celso, 185, 195, 328n

García Márquez, Gabriel, 13
gastos públicos/ gastos do governo, 49-50, 63, 68, 164, 191-2, 196, 225, 292, 309
Geisel, Ernesto, 217
Girard, René, 149-53, 155, 308, 326n
gleba medievais, 133
globalização, 12, 16, 40, 45, 71, 247, 271-2, 281, 306
Globo, O, 299
golpe militar (1964), 172, 173, 206-7
Goulart, João, 206, 213
governo militar, 92, 213-4, 219, 223, 232, 299
Grande Moderação, 76, 78
Grande transformação, A (Polanyi), 137, 325n
Grécia, 288, 289
Greenspan, Alan, 76, 78, 245
Gudin, Eugênio, 299

Guerra Civil Americana, 164
Guerra Franco-Prussiana, 45, 175
Gurley, John, 62, 85, 322n

Harding, Warren, 191
Hayek, Friedrich, 19-20, 317n
hedge funds, 274, 306
Hicks, John, 20, 318n
hierarquia de dinheiros, 100, 102
high powered money, 46
hiperinflação, 16, 49, 174-9, 181-4, 189, 194, 231, 327-8n; *ver também* inflação
Hipólito (personagem mitológica), 149
hipotecas/ empréstimos hipotecários, 76, 107, 114, 214, 274, 276-7, 279-80, 282, 291
hippies, 66
Hitler, Adolf, 177, 192, 306
Hong Kong, 128
hotéis, 79
Hungria, 175, 194

ICM (Imposto sobre Circulação de Mercadorias), 213
IDH (Índice de Desenvolvimento Humano), 24
Igrejas cristãs, 143
imóveis, 52-3, 63, 78, 106, 112, 163, 186, 216, 274-6, 279, 330n
Império Austro-Húngaro, 175-6, 190
Império Britânico, 11, 175
Império Otomano, 175
Império Russo, 175
importações, 21, 90, 102, 128, 164, 188, 195-6, 205-6, 214, 231-2, 239, 247, 249-50, 258, 285-6, 303-4
imposto de renda, 67, 179

imposto inflacionário, 169-70, 173, 178-9, 181-2, 328n
Imposto Territorial Rural, 213
impostos, 29, 30, 39-40, 49, 55-7, 64, 67-8, 70, 118, 170, 172, 179-81, 193, 196, 213, 215, 228, 288, 292, 310, 318n
inadimplência, 107, 277, 279
incesto, interdição do, 149-50
indexação total, 229-31, 236-8, 331n
Índia, 303
Índice de Desenvolvimento Humano ver IDH
índices de preços, 78, 148, 205, 215-6, 218-20, 222-3, 225-6, 236, 301
indivíduos livres, 133, 155
indivíduos, sociedade de, 133-4, 154-5
industrialização, 185, 195, 196, 206, 269
inflação, 11, 14, 21, 23, 26-7, 34-6, 43, 54-5, 60, 63, 65-8, 70-9, 85, 92, 106, 120, 122, 124, 126-8, 142, 148, 155-6, 159-74, 176-83, 187-91, 194-203, 205-7, 214-43, 246-7, 251-8, 260-2, 264, 292, 298-300, 308, 328-31n; ver também hiperinflação
infraestrutura, 261, 300
Inglaterra, 21, 45-6, 66, 91, 103, 114, 164, 173, 175-6, 182, 186, 188-91, 197, 265, 275; ver também economia inglesa
insaciabilidade, noção de, 137
inside information, 69
internet, 117, 119
Introdução à análise econômica (Samuelson), 22, 32, 252, 318n, 331n
investimentos/ investidores, 21, 23, 26, 28, 30-3, 36-40, 42, 51-2, 58, 62-5, 68-71, 77-8, 83, 84, 90, 92-3, 95, 97-9, 101, 103, 111, 113, 122, 125-8, 130, 163-4, 187-8, 191-2, 196, 202, 213, 243-5, 254, 277, 291, 301, 308, 313
IPCA (Índice Nacional de Preços ao Consumidor Amplo), 241
IPI (Imposto sobre Produtos Industrializados), 213
Iraque, 272
Irlanda, 288
IS-LM, modelo, 20
Israel, 216
Itália, 175, 268, 303

Jackson, Andrew, 299
Japão, 52, 95, 262, 267
Jesus Cristo, 143, 151-2
Joachimsthal, 131
Johnson, Harry, 65
judeus, 143, 152
Juno Moneta (deusa romana), 130
juros/ taxas de juros, 21-2, 30-1, 33, 35-40, 43, 48-9, 53, 56-8, 63-5, 67-8, 73-6, 78, 90, 95, 101, 103, 107, 111-6, 122, 124-6, 128, 137, 147, 162-3, 168, 170-2, 177-8, 182, 187-91, 214, 216, 218, 224-6, 228, 230, 234, 236-40, 242-5, 247, 251-8, 260-5, 270-3, 275-9, 282, 300, 321-3n, 331n

Kaldor, Nicholas, 111, 115, 324n
Kalecki, Michał, 192-3, 329n
Kennedy, John, 65
Keynes, John Maynard, 15, 19-22, 35-6, 43, 44, 58, 62-4, 70-1, 77, 79, 108, 111, 113-5, 131, 139, 142, 144, 176, 185, 226, 243, 245, 272-3, 276, 301-2, 306, 309, 317-8n, 324n, 327n

keynesianismo, 13, 298, 307, 309
keynesianos, 11, 14-6, 30-1, 36, 49, 58, 74, 79-80, 82-5, 111, 130, 291, 297-8, 300-1, 307-9, 311, 324n
Kindleberger, Charles, 186-7, 328n
Krugman, Paul, 118, 275
Krupp, 192
Kubitschek, Juscelino, 206

Laspeyres, índice de, 220
lastro, 100, 160, 164, 225
lavagem de dinheiro, 118
Lehman Brothers, 76, 279
Lei da Usura, 275-6
Lei de Responsabilidade Fiscal (Brasil), 239, 287-8
Lei Glass-Steagall (EUA), 92
Lei Seca (EUA), 185
leite, 205, 221
Leontief, Vassily, 201-2, 313, 315
Lessa, Carlos, 194
Lewis, W. Arthur, 195
liberdade política, 136
libra esterlina, 160, 190, 272
Lindbergh, Charles, 185
linguagem semiótica, 143
linhas de montagem, 185
liquidez, 31, 36, 39, 48-9, 57, 62, 91, 94-5, 99, 102-8, 127, 163-4, 168, 180, 187-8, 195, 200, 228, 234-5, 238, 240, 244-5, 248-50, 253, 259, 261-2, 266-7, 270, 274, 277, 280-3, 285, 287-91, 293, 302, 305-6, 319-21n, 324n
"Liquidity Preference as Behavior towards Risk" (Tobin), 62, 323n
London School of Economics, 19
Long-Term Capital Management, 274
Lopes, Francisco, 230, 240

Lovell, Michael, 201, 329n
Lucas, Robert, 68
lucro, 14, 26, 36, 52, 70, 77, 82, 94-6, 105, 112, 122, 202, 243, 248-9, 269, 282-3, 315
Lula *ver* Silva, Luiz Inácio Lula da
luxo, produtos de, 233, 303

MacKinnon, Ronald, 281, 332n
macroeconomia, 20, 24, 26, 68, 80, 258, 293, 302
macroeconomistas, 12
Madame Bovary (Flaubert), 150
Madoff, Bernie, 95
máfia, 170
Maluf, Paulo, 152
Mantega, Guido, 330n
mão de obra, 22, 24, 42, 122, 124-5, 164, 285-6, 288, 314-5
Marco Polo, 303
mark up, 197
Marshall, Alfred, 35
Marx, Karl, 14, 16, 25, 27, 141, 142, 155, 302, 317n
marxianos, 11, 15
matérias-primas, 41, 122, 248
McCloskey, Deirdre, 13, 317n
medicina antiga, 21
Mediterrâneo, mar, 303
Mehrling, Perry, 100, 244, 324n
Mello, Fernando Collor de, 235
Mello, Zélia Cardoso de, 234
Menem, Carlos, 173
mercado de bens, 22, 64
mercado de capitais, 12, 36, 61, 63-4, 69-71, 106, 272, 279, 281, 305
mercado de trabalho, 22, 42-3, 80, 115, 165, 192
mercado financeiro, 22, 65, 67, 71, 89,

92, 94, 98, 100, 105, 130, 162, 186, 201, 231, 244, 254, 264, 266, 269, 272, 274, 280-2, 289, 297, 305-6, 308-9, 324n, 326n, 332n
mercado futuro, 111-2, 114, 122
mercado imobiliário, 78, 114; *ver também* imóveis; hipotecas/ empréstimos hipotecários
mercado monetário, 12, 16, 26, 33, 36-7, 71, 80, 85, 89-91, 98, 170, 186, 244, 258, 269, 271, 274-6, 279-81, 299, 305, 324n
mercado spot, 111-2, 122
mercadorias, 25-6, 35, 57, 61, 83, 90, 104, 111, 120-8, 132, 134, 141-2, 144-5, 147, 153, 155, 159, 176, 225, 301-2, 317n
mesopotâmica, civilização, 137
metas de inflação *ver* regime de metas de inflação
México, 173
Michelangelo, 83
Mill, John Stuart, 13-4
mil-réis, 131
mimetismo, 149
Minsky, Hyman, 70, 94-5, 98, 142, 171, 244, 302, 306
mito, dinheiro como, 143-8
mitologias, 145, 149
mobilidade de capitais, 21, 39-41, 253-4, 286
modelo clássico, 30
modelo keynesiano, 30, 33, 76
modelo neoclássico, 21, 258
moeda e dinheiro, diferença entre, 130
moeda internacional, 58, 66, 90, 101, 160, 174, 265, 267-8, 271
moeda nacional, 34, 39-40, 42-3, 46, 55, 57, 89, 102, 104, 108, 113, 115, 128, 132, 162, 164, 190, 216, 223-5, 230, 231, 249-50, 255, 267, 279
moedas estrangeiras, 40, 100, 265, 303
monetarismo, 13, 235, 307
monetaristas, 11, 14-6, 21, 44, 49, 52-5, 57-8, 60-2, 69, 71-2, 74, 80, 82-4, 91, 100, 108, 111, 132, 137, 144, 160, 165, 168, 170, 177, 224, 230, 256, 297-8, 300, 308, 311, 322n
monetização da economia, 180, 232
Money in a Theory of Finance (Gurley & Shaw), 62, 322n
monnaie, 130
Montenegro, 175
moral hazard, 282
muçulmanos, 303
Mundell, Robert, 251, 255, 331n

nazismo, nazistas, 20, 184
neoclássicos, 16, 61-2, 73-4, 80, 82, 85, 91, 100, 108, 164, 243, 297
neokeynesianos, 44
neoliberal, período, 299
Neves, Tancredo, 206
New York Times, The, 275
Nietzsche, Friedrich, 16, 326n
Nixon, Richard, 61, 160, 201
Nobel, prêmio, 12, 13, 69, 106, 182
Nóbrega, Maílson da, 233-4
non tradables, 250
Nordeste brasileiro, 284-7
Nossa Senhora Aparecida, imagem de, 144
Novo Mundo, 60
now accounts, 48, 170, 270

Obama, Barack, 193
oligopólios, 153-4
Olivera, Julio, 197, 199

ONU (Organização das Nações Unidas), 172, 205
open market, 240
Opep, 66, 165, 200-1, 278
Operação Twist (EUA), 65
operários, 39, 41, 122; *ver também* trabalhadores
opinião pública, 233, 235, 237
ordem capitalista, 15
Oriente Médio, 66, 176
Orléan, André, 155, 317-8n, 326-7n
ORTN (Obrigações Reajustáveis do Tesouro Nacional), 214, 215
Oscips (Organizações Sociais e as Organizações da Sociedade Civil de Interesse Público), 310
ouro, 27, 39-41, 60-1, 63-4, 66, 70, 77-8, 84, 90, 100-1, 103, 114, 116, 118, 131, 140-2, 144-5, 147, 155-6, 159-60, 186-8, 190-2, 216, 218-9, 224-5, 264-5, 267, 274, 301, 303, 319-20n; *ver também* padrão-ouro
outside money, 101-3, 108, 114, 142, 160-1, 182, 302

Paasche, índice de, 220, 223
Pacífico Sul, ilhas do, 137, 139, 155
padrão-ouro, 39, 40-1, 45, 57, 61, 70, 77, 100, 102, 114, 118, 131, 142, 156, 159-60, 164, 175, 186-92, 216, 219, 225, 246-7, 264-5, 297, 319n
Paeg (Plano de Ação Econômica do Governo), 213, 215
países emergentes, 106, 281
países pobres, 194, 198-9
países ricos/ desenvolvidos, 198-9
Panamá, 249-50
pão francês, 205
papel de imprensa, 206
papel-moeda, 39-40, 46-8, 57, 60-1, 63, 72-3, 97, 130, 161-2, 168-9, 172, 214, 216, 218-9, 234, 262, 270, 318-21n
"paradoxo da parcimônia", 32
parlamentarismo, 206
Partido Nacional Socialista (Alemanha), 192
Pastore, Affonso Celso, 235, 329n
pataca/ patacão, 131-2
pataxó, índios, 37-8
pau-brasil, 303
PayPal, 119
Pazzianotto, Almir, 231
Pereira, Luiz Carlos Bresser, 237
Período Dourado da economia capitalista, 175
petrodólares, 278
petróleo, 66, 75, 121-4, 132, 165, 197, 200-3, 207, 217-20, 226, 232, 246, 278, 298, 304, 309, 330n
Phillips, William, 43
PIB (Produto Interno Bruto), 20, 22-5, 35, 54, 102, 172, 261
Picasso, Pablo, 15
Pikkety, Thomas, 299
planificação/ economia planificada, 97-9, 134, 303
Plano Cavallo (Argentina), 128
Plano Collor, 234, 246
Plano Cruzado, 173, 233-4, 299, 330n
Plano Marshall, 51
Plano Real, 76, 90, 93, 172-3, 181-2, 207, 216, 236-8, 257
Plano Verão, 233-4
Platão, 26, 143
PNB (Produto Nacional Bruto), 20
poder de compra, 42, 132, 142, 145-6,

148, 180, 203-4, 215, 218, 220, 225-6, 258, 285, 301, 328n
Polanyi, Karl, 137-9, 325n
política econômica, 15, 68-9, 76, 185, 195, 207, 221, 251, 255
política fiscal, 39, 48, 51, 54, 68-9, 185, 193, 247, 266, 280, 283, 305, 309-10
política monetária, 12-3, 16, 38-40, 44-6, 48-9, 51, 53-4, 61-8, 70, 72-6, 91, 102, 108, 160-1, 164-5, 170, 173-4, 187-91, 194, 199, 214, 240, 247, 250-1, 265-6, 280, 292, 297-8, 300, 308-10, 318n
"Political Aspects of Full Employment" (Kalecki), 192, 329n
Ponzi, efeito, 95, 98
Portugal, 174, 268, 288-9
poupança, 23, 26, 30-2, 37-8, 48, 57, 70, 73, 164, 214, 320n
PP (Partido Progressista), 152
Prebisch, Raúl, 195
preço do dinheiro, 34, 84, 146, 224-6, 228
pré-colombianas, civilizações, 137
preços, 11, 21-2, 24-6, 34-6, 43, 53, 58, 61, 66, 68-70, 75-80, 83-5, 90, 104-6, 112, 115, 121, 123-5, 127, 132, 134, 145, 148, 159-60, 163-8, 170, 172-3, 182, 186-8, 191, 195, 197-203, 205, 207, 213-6, 218-30, 232-3, 236-8, 241, 243-4, 248-50, 253-5, 258-9, 261, 265, 274-7, 284-6, 298, 300-1, 304, 308-9, 315-6, 325n, 329-30n
presidencialismo, 206
Primeira Guerra Mundial, 11, 45, 175, 186-7, 189, 190, 264
Produto Interno Bruto ver PIB
Produto Nacional Bruto ver PNB

produtos, 22, 25, 41, 78, 83, 104, 123-5, 135, 138, 159, 163, 171-2, 176, 186, 195, 197-8, 201-3, 206, 216, 221, 223-4, 228, 233, 238, 249, 253, 258, 274, 284-7, 303, 313, 318n, 331n
Proer (Programa de Estímulo à Reestruturação e ao Fortalecimento do Sistema Financeiro Nacional), 93
prosperidade, 14, 185, 311
protestante, ética, 31
PSDB (Partido da Social Democracia Brasileira), 152
psicanálise, 155
PT (Partido dos Trabalhadores), 152
PTB (Partido Trabalhista Brasileiro), 172
publicidade, 154
pulsões/ desejos, 149
Putsch de Munique (1923), 177

Quadros, Jânio, 206
Quantitative Ease, 280, 291, 306
"Quantity Theory of Money: A Restatement, The" (Friedman), 52, 177, 322n, 327n

random walk, 69
rating, 254, 277
Reagan, Ronald, 12, 56, 66-8, 76, 179, 193
recessão, 92, 234, 292
recursos naturais, 14, 135, 137
redemocratização do Brasil, 217
reforma tributária, 180, 196, 213
regime de metas de inflação, 72, 75-8, 107, 240-1, 247, 251, 253-4, 256, 260, 298, 300
regra de Taylor, 74-5, 242

regulamentação financeira, 85, 99, 108, 270-1, 281-3, 288, 306
réis, 131
Remarque, Erich Maria, 177, 327n
Renascimento, 303
renda nacional, 20, 23, 26, 28, 38, 318n
renminbi (moeda chinesa), 268-9, 272
republicanos (americanos), 172
reserva compulsória, 47
reservas internacionais, 59, 164, 188, 267-8
restaurantes, 79
Revolução de 1932, 185
ricardiana, hipótese, 70
Ricardo, David, 13
riqueza, 53, 58, 122-6, 171, 291
ritos sacrificiais, 150-1, 308
rivalidade mimética, 150-2, 154-5, 310
Roosevelt, Franklin Delano, 77, 185, 191, 306
rotas marítimas, 303

salários, 26, 31, 34, 42-3, 53, 68, 70, 79, 84-5, 90, 115-6, 120, 139, 164-6, 171-2, 201, 203, 215, 217, 219, 225-6, 228, 231-3, 236, 258, 261, 285-6, 289, 307, 310, 318n, 329n
salário mínimo, 132, 143, 206
salário nominal, 22, 42-3, 70, 79-80, 85, 115, 120, 139, 165-6, 172, 215, 231, 258, 285-7, 289, 307, 318n
salário real, 42-3
Salinas, Carlos, 173
Samuelson, Paul, 22, 32, 252, 318n, 331n
Santa Lúcia, ilhas de (Caribe), 195
Santiago (Chile), 194
Sargent, Thomas J., 68, 323n
Sarney, José, 173, 234

Say, lei de, 25-6
Schoenberg, Arnold, 15
schumpeteriana, economia, 99
SDR (Special Drawing Rights), 266
securitização, 277-9, 283
Segunda Guerra Mundial, 40, 44, 177, 184-5, 272, 306, 320n
seguridade social, 77, 191, 288
Selic, taxa, 75, 234, 238, 240-1, 243
semiótica, 132, 143
senhoriagem, 61, 225, 267, 328n
Sérvia, 175
serviços, 23-8, 37, 52, 82-3, 119-20, 122, 138, 170, 197, 304, 310, 330n
setor bancário, 63, 93, 162, 164
setor financeiro, 12, 71, 75, 84, 92, 95, 97-8, 108, 127, 171, 196, 227, 241, 259, 261, 271, 279, 281, 283, 292, 309, 319n
setor privado, 46-7, 63-4, 71, 77, 102, 162-3, 169-70, 191-2, 231-2, 234-5, 240, 262, 292-3, 310, 319n
setor público, 163, 169, 191, 196, 292, 310
shadow banks, 108, 278-9
Shaw, Edward, 62, 85, 322n
Shiller, Robert, 69, 317n
Siemens, 192
signo linguístico, 143
Simmel, Georg, 133, 325-6n
Simonsen, Mário Henrique, 236
Simonsen, Paul, 229
sindicatos, 42, 77, 165, 190, 215, 219, 285
síntese neoclássica, 15, 19, 28, 37, 39-40, 45, 74, 243, 317n
sistema bancário, 12, 55, 61, 89, 91, 93, 164, 234, 276, 320-1n

sistema financeiro, 48-9, 61, 92, 95, 98, 122, 189, 214, 216, 246, 264, 332n
sistema monetário, 89, 91, 117, 140, 322n
Smith, Adam, 13
sociedade capitalista, 137, 141, 310
sociedade moderna, 133, 154
sociedade totalitária, 20
sociedades primitivas, 137-8
Special Investment Vehicles, 277
spread, 105-6, 277
Stendhal, 150
Strong, Benjamin, 186
subprimes, 107-8, 186
Sudeste Asiático, 52
Sumoc (Superintendência da Moeda e do Crédito), 206, 299
Sunab (Superintendência Nacional de Abastecimento), 205
Sunkel, Osvaldo, 195
superávits, 59, 63-4, 85, 162, 164, 171, 176, 182, 186-8, 247, 255, 266-8, 289-90
supply side, 67, 179
swaps, 278
syndicate, 278

"tablita", 230
Tanzi, efeito, 180, 215
tautologia, 146
Tavares, Maria da Conceição, 195
Taylor, Paul, 73
Tea Party, 49, 280
tecnologia, 41, 68, 74-6, 181, 274
teoria geral, 21-2, 39, 44
Teoria geral do emprego, do juro e da moeda (Keynes), 15, 19-20, 63, 77, 79-80, 89, 111, 140, 226
teoria keynesiana, 15, 21-2, 25

teoria monetária, 14-5, 21, 61, 147, 177
teoria quantitativa da moeda, 35, 54, 61, 65, 76, 83, 118, 142, 163, 177, 224
terras rurais, 276
Tesouro alemão, 182
Tesouro americano, 49, 65, 67-8, 183, 237, 266, 279
Tesouro argentino, 128
Tesouro nacional, 161-3, 214, 224, 228, 239, 244
testes econométricos, 13
Tetra Pak (embalagem), 221
thaler/ tal (dólar), 131
Thatcher, Margaret, 66, 174
títulos públicos, 31, 46, 55, 63-5, 73, 162-3, 165, 216, 240, 279, 282, 320n
Tobin, James, 62, 63, 65, 85, 89, 100, 169, 244-5, 273, 309, 322-3n, 327n
tostão, 31, 131, 216
trabalhadores, 27, 31, 34, 42-3, 68, 70, 115, 123-4, 126, 134, 166-8, 172, 192, 197, 220, 231-3, 254, 286, 289, 309
tradables, 285-6
traders, 83, 275
traficantes de droga, 170
transporte público, 58, 78, 196, 254
Tratado de Maastricht (1992), 288-9
Tratado de Versalhes (1871), 176
Três camaradas, Os (Remarque), 177, 327n
tribos africanas, 15, 138
Tríplice Aliança, 175

UDN (União Democrática Nacional), 172
União Soviética, 20, 52, 98, 268, 309
United States Steel, 201

UPC (Unidade Padrão de Capital), 214, 216
urbanização, 195-6, 199, 201
Uruguai, 206
URV (unidade referencial de valor), 236-8

vagrancy/ vagabondism, 189
vale-ouro, 60, 319n
valor da moeda, 12, 76, 85, 97, 102, 117-8, 159-60, 164, 171-4, 200, 224-6, 228, 242, 244, 260, 298, 301, 307, 311
Vargas Llosa, Mario, 13
Vargas, Getúlio, 148, 185, 306, 328n
VAT (Value Added Tax), 213
Veiga, João Pimenta da, 231
velocidade-renda, 35, 53-4, 165, 180
Venezuela, 174

Vênus de Milo, 83
Vermelho e o negro, O (Stendhal), 150
Vietnã, Guerra do, 66, 267
vintém, 131
violência, 66, 138, 149-52, 154-6, 326n
Violência da moeda, A (Aglietta & Orléan), 155, 318n, 326n
Vitória, rainha da Inglaterra, 175
Volcker, Paul, 55-6, 67, 73-4, 76, 105

Wall Street, 83, 186, 299, 304
Walras, lei de, 22
Weber, Max, 31
Woodford, Michael, 77-8, 243, 323n, 331n

Young, Warren, 79, 324n

zona do euro, 284, 288-91

TIPOLOGIA Minion
DIAGRAMAÇÃO Spress
PAPEL Pólen Soft
IMPRESSÃO Geográfica, setembro de 2016

A marca FSC® é a garantia de que a madeira utilizada na fabricação do papel deste livro provém de florestas que foram gerenciadas de maneira ambientalmente correta, socialmente justa e economicamente viável, além de outras fontes de origem controlada.